宋羽◎著

南京城事

【全新升级版】

中国社会出版社
国家一级出版社★全国百佳图书出版单位

图书在版编目（CIP）数据

南京城事：全新升级版／宋羽著．—北京：中国社会出版社，2018.6

ISBN 978－7－5087－6004－9

Ⅰ.①南… Ⅱ.①宋… Ⅲ.①南京—概况 Ⅳ.①K925.31

中国版本图书馆 CIP 数据核字（2018）第 122518 号

书　　名： 南京城事（全新升级版）
著　　者： 宋　羽
插图摄影： 宋　羽

出 版 人： 浦善新
终 审 人： 胡晓明
责任编辑： 薛丽仙

出版发行： 中国社会出版社　**邮政编码：** 100032
通联方式： 北京市西城区二龙路甲 33 号
电　　话： 编辑室：（010）58124839
邮购部：（010）58124848
销售部：（010）58124845
传　真：（010）58124856
网　　址： www.shcbs.com.cn
shcbs.mca.gov.cn
经　　销： 各地新华书店

中国社会出版社天猫旗舰店

印刷装订： 中国电影出版社印刷厂
开　　本： 170mm×240mm　1/16
印　　张： 15.75
字　　数： 300 千字
版　　次： 2018 年 8 月第 1 版
印　　次： 2018 年 8 月第 1 次印刷
定　　价： 48.00 元

中国社会出版社微信公众号

代序

有多少岁月，终变成沧桑

文/连三月

金陵于我，有一种难以名状的情愫。离开南京后，我便把这座城市连同大部分记忆，一起打包整理起来，放进了岁月的最底层。

那年初秋，宋羽寄来他的《南京城事》，封面的那张秦淮河的照片，是他的摄影作品，我早先就已见过——青砖黛瓦，白墙花窗，淡淡流水。从前总爱揶揄宋羽："你眼里的世界与我看见的，总是不一般的吧？"

是了，的确有几分不一般。

秦淮河的桨声灯影未曾变过，听的人却是百般滋味落在心头。

南京城里处处可见梧桐，那些源自法国的树木长着浓郁的民国范儿，让人跌进岁月的光晕里。

还有李煜词的惆怅多情，莫愁女的婉约伤感，午朝门的安详深沉，鸡鸣寺的暮鼓晨钟，栖霞山的红叶秋阳，玄武湖的温文尔雅……

每回不经意看到地图，南京这两个字，总会在嘴边和心上多念叨两遍。

南京的大学很多，古韵质朴的南大、浅浅欧风的东大、古典秀美的南师……每所大学若在脑海里幻化出一个人形来，一定会有各色的美好。

在《南京城事》里读到南师随园的时候，眼眶突然湿润，那座袁枚的旧园，经历了太多变故，终究成了学堂。我对它最深的印象，倒不是正门广场前古典端庄的图书馆，而是主道路尽头左方的逸夫楼。好多年前的某个深秋，我在随园老校区考一个证，上课的地点正是在那座楼里。

那段时间，周末总是阳光明媚，光线洒在落满银杏的草地上，很美。下午课程结束，沿着走廊一圈圈散步，坐一坐看看书，等着太阳一点点落下去。后来才知道，"岁月静好"这四个字，用在那时真是恰好。

宋羽在《南京城事》里这样评说随园：“气质中总有一种柔情和诗意。”在这个细雨淅沥的午后再读起这句话，我对南京的回忆莫名就变得温柔起来——当年那些抱着书、束起长发、背着书包、棉布连衣裙的碎花从校园的台阶上匆匆拂过的青春时光，如今已头也不回地离去，想起往日的背影，我也只能独自微笑和沉默了。

那是我岁月中的含蓄和温柔的一小茬，不过是与南京的一面之缘罢了。

前一秒的安静温婉，后一秒的喧嚣尘上，转身之处是毗邻总统府的 1912 街区。小巧的洋楼，高大的水杉，宋羽说这里回荡着“自然的箫声”和“灯光下妩媚的眼神”，纵是千万种的风情，也能找到喜欢的那一种。这样的繁华，装扮了多少况味人生，不过依旧是南京的一瞬罢了。

中西合璧的大华大戏院，出自杨廷宝之手的经典建筑，你方唱罢我登台的又何止是巨星名伶。

贯通南北的津浦铁路，那座江畔的老站台，岂是一篇《背影》和一幕《情深深雨濛濛》就能表达尽的情怀。

老城墙上的“鬼脸儿”，夫子庙旁的江南贡院，紫金山麓的中山陵……南京有道不尽的往事。这些是唱不完的曲，是碰不得的记忆。

《南京城事》里的每一幅照片，宋羽都用了心去拍，独特的视角展现了古城的另一张面孔。我的回忆随着影像移形换步，放肆地回忆开来——对南京，也对我所眷恋的青春。

不管南京城有多少耐人寻味的故事，每年 12 月 13 日，响彻天际的警报会将石城环绕，心中的沉痛和悲悯无以言表。而今，终于读懂了书中对南京性格的总结之词：隐忍。于是明白，岁月的最后，不是谁都能担得起沧桑这两个字。

南京，一座沧桑的城，褪去朱红洒金的背影后，是英雄眼角强忍未落的眼泪。

（连三月，畅销书作家、文学编辑，著有长篇小说《慈悲客栈》《宁负流年不负卿》等）

江流禅寂看金陵

是谁撑一把纸伞，漫步在多情的烟雨中，寻觅昔日遗失在秦淮的旧梦？是谁抚一张古琴，端坐在台城上静静地眺望，独自等待玄武湖畔的柳绿？是谁乘一叶扁舟，在明月如水的霜天，磨洗江水中前朝往事的年华？是谁折一枝桃红，收藏了绝代的暗香，低吟浅唱胭脂井旁俊逸风流的诗篇？

滚滚江水从遥远的三江源澎湃而出，一日千里盘旋于此，奔流不息的长江孕育了江南的亭台水榭，更催生了一座号称“六朝古都”的城市。

南京，自古就有着虎踞龙盘的威名，更有着十朝都会的繁华。

当金粉散尽，当柳暗花明，这座江南的古城，彰显的是深厚的气韵；当王谢燕去，当朱雀草凋，这座江南的古都，正在宣纸上挥毫出流苏一般的水墨诗意。

国父孙中山先生这样评价南京：“其位置乃在一美善之地区。其地有高山、有深水、有平原，此三种天工，钟毓一处，在世界之大都市中，诚难觅此佳境也。”

充沛的雨量，带给了这座江南古城水一般的明净秀丽，亚热带季风的吹拂更让这里尽览四季的风光。正所谓“春有百花秋有月，夏有凉风冬有雪”，茂盛的植被，密布的江流河网，起伏的山川丘陵，四时的变幻里更有数不尽的曼妙与多情。春光明媚时，鸡鸣寺的樱花如潮水般盛开，弥漫成悠远钟声里的浮云；夏日炎炎时，参天的法桐仿佛巨大的华盖，将城市的街道笼罩成祥和的绿荫；秋高气爽时，登临栖霞，去寻找红叶的脉络，看层林尽染的山涧处那一抹红尘的余音；冬雪缥缈时，数三两枝腊梅，品读紫金山麓窸窣的历史遗迹。

襟川带河，钟灵毓秀，携着紫气东来的传说——南京，从诞生之日起就注定会受到千古帝王的瞩目。

帝王爱的是王气，帝王惧的也是王气。战国时的楚威王在梦中见到国都东南有王气袭来，惊恐万分，为防止有人在此称王，便铸造了一对铜人埋在钟山和幕府山下，以镇王气，从此此地得名“金陵”。楚威王也成了中国历史上破坏风水的始作俑者。到秦朝时，始皇帝冬巡会稽，途经栖霞，听说金陵有帝王之气，便下令断山挖河，从此诞生了一条秦淮河。楚王与秦王之举仿佛成了南京命运的一个谶语，随后在南京建都的朝代都很不争气，几十年的短暂寿命一次次验证着这个宿命般的传说。

尽管金陵被始皇帝改名为“秣陵”，但依然被历代帝王们钟爱着。紫金山纵横南北，

仪凤门：位于南京城西北方向，扼守长江，与南边的中华门遥遥对望。昔日的仪凤门气宇轩昂地守卫着大明的国都，今日城门下已经成了通衢大道，见证着一座古城的兴衰荣辱

恰似巨龙潜伏，石头山临江陡峭，则如猛虎盘踞——虎踞龙盘的宝地也因此成了历朝历代刀光剑影的逐鹿之所。

在那个三国争雄的年代，吴王孙权在南京建都称帝，号令三江水军叱咤江天，让辛弃疾油然而生“生子当如孙仲谋”的感慨。

不久两晋更迭，宋齐梁陈亦如过眼云烟、黄粱一梦。300余年的繁华岁月，在陈叔宝《玉树后庭花》的靡靡之音中黯然无声了。隋文帝为了防止有人借南朝故都起事，干脆一把大火烧毁了六朝宫殿，一切归于沉寂。

400年后，这片土地上出现了昙花一现的南唐，虽如流星般短暂，却在中国文化艺术的历史画卷上留下了灿烂的笔墨。“春花秋月何时了，往事知多少？小楼昨夜又东风，故国不堪回首月明中。”无限的伤感的人和事，吟诵出无尽的风流与旧梦。

年华未老，物是人非，一切太匆匆。

风云激变。千年后，一个名叫朱元璋的布衣在紫金山下称帝，开创了200余年的大明王朝。他修整和扩建了六朝古城，终于建成了长达34公里的世界第一石城。

看那数丈高的石城，哪一块城砖不曾目睹过一阵阵渐去渐远的战马的嘶鸣呢？

近代的风云际会也在这里交织。1840年，下关江面上的英军舰船将南京推向了时代的风口浪尖，一纸《南京条约》让这座风华正茂的古城承载了太多的负担。十年后，太平天国在此定都，改名天京大兴土木，建造王府。1866年天京陷落后，清军大肆劫掠，放火焚毁了王府，在今天的总统府、瞻园、朝天宫等历史遗迹中，尚能从幸免于难的建筑上窥见当年一座座宫殿的美轮美奂、金碧辉煌。

中华民国，两千年的帝制伴随着南京城内五色旗的升起悄然终结，一代先行者孙中山在这里颁布了《临时约法》，民主、博爱的呼声从长江两岸传遍华夏大地。

1912年，南京人永远记住了这个时代的符号。

一起被人们铭记的，还有孙中山先生。时至今日，南京城内还有很多以这位民主先驱的名字命名的地方——中山门、中山路、中山北路、中山东路、中山南路、中山码头、中山桥、中山陵、中山植物园、逸仙桥、逸仙小学……孙中山曾有遗嘱："吾死之后，可葬于紫金山麓，因南京为临时政府所在地，所以不忘辛亥革命也。"人们缅怀这位先行者的思想和功绩，在中山陵392级台阶上，每天都有前来瞻仰的人，中山先生手书"天下为公"成了他追求民主的一生质朴的写照。

民国风情开始在南京绽放，礼帽、文明棍、一件件新款旗袍在街市间穿梭，中西合璧的建筑悄悄拔地而起。在老城区，几乎隔不了多远就能看到一幢大楼或者小屋的外墙上挂着"南京近代重要建筑"的大理石牌——中央银行、交通银行、行政院、外交部、交通部、铁道部、最高法院依然器宇轩昂，梅园新村、江苏路、颐和路上的一座座老公馆则在绿树如荫的遮蔽中打着盹儿，淡然地泯却了昔日的恩怨与纠葛。

一直将生命延续至今的是那一株株繁茂的法桐，它们大多已近百岁之龄，斑驳的枝干上布满了岁月的年轮，唯有年年初春树叶新绿时，一根根筋络清晰可见。它们通向时光的隧道，要带你回到半个世纪前那一段波澜壮阔的历史画卷中。

风月秦淮

南京就像一本大书，读来让人荡气回肠。这本书里的旧事，是数点不完的，仿佛烟雨绵绵的春日，细数屋檐上滴落的雨珠，一串串，一声声，空阶滴到明。

往事如雨，滋润着昔日的花开——多情的江南，多情的雨，多情的花……

雨花，这是南京独有的美丽，因此南京土地上诞生了一种叫作雨花的奇石。抚摸南京的历史，仿佛在抚摸一块雨花石，天然的纹样、自然的手迹，一切仿佛命运的造化。你能真切地感觉到那种质朴、温润与祥和，能感觉到石头周身带着佛性的美丽。

南京，如同一块碎裂的雨花石，斑斓的纹样在江水中闪烁，断裂处的棱角渐渐变得圆润，在穿越了无数个时空的阳光的照耀下，艳丽得有些凄美。历经了六朝的风云，见证了大明帝国的争锋，消沉了近代枪炮的轰鸣，岁月的磨洗，让天生丽质的宝石越发显露出质朴的光泽。隐忍、坚韧，这是这座故都在历史的淘洗后积淀下的性格。美丽的雨花石，便是这座古城在一次又一次的荣光与伤痛后炼化而成的舍利。

春意金陵

如今，整个中华大地，以“京”命名的城市只有这一北一南，南方的京城与北方的京城遥遥对望。铁索沉江，折戟沉沙，总觉得——南京，负不起这样的沉重。

也许，它本就不该做一个都城。

定都南京的朝代，气数总是太过短暂，六朝古都，区区300余年尔尔。若加上近代定都于此的太平天国和国民政府，也不过徒增了30个春秋。

可是，气数短暂又如何？中华大地上，能有几座城市如此受到帝王的钟爱呢？

朝朝暮暮，岁岁年年，不断有胜利者以天子的姿态临幸于此。每一次天子垂青后，荣光散尽，留下的总有不为人知的伤痕。

“江雨霏霏江草齐，六朝如梦鸟空啼。无情最是台城柳，依旧烟笼十里堤。”世事如梦，梦醒无痕，谁人解得其中的沧桑？

关于南京，苏童写过一篇文章——《在明孝陵，撞见南京的灵魂》，他写道：“这是一个传说中紫气东来的城市，也是一个虚弱的凄风苦雨的城市，它的荣耀像露珠一样晶莹而短暂，被宠信与被抛弃的日子总是短暂地交替着……所有人都感觉到了这个城市尊贵的气质，却不能预先识破它悲剧的心跳。”千百年来，它经历了太多的变故与争端、太多的起落与沉浮，甚至劫难。然而，永恒的是绝代的风华，阴霾过后，吐露出的依旧是明净与秀美，犹如怀抱沙石的蚌，用自己的隐忍和坚韧在肉体的伤口上绽放出美丽的花朵，凝结出绝美的玉珠。

南京，以诗意的政治模式，演绎了一段俗世性情的人文剧目。寻访南京的历史遗踪，摩挲这座故都遗留下的残片，一如俯拾江水边的碎石。惊涛骇浪过后，粗粝的石头变得细腻而光洁，更为坚硬的性情凝结在了内心深处——不小心从手中滑落，掷地有声。

金陵帝王洲，亦是六朝佳丽地。桃叶渡畔，王献之轻舟迎娶佳人，留下了一段魏晋遗风的往事。还有那香闺深处“秦淮八艳”的传说，在飘摇的烟雨里长袖漫卷，舞尽一个女子的才情与风骨，舞尽一个朝代的婉转与缠绵。

江南的金陵该是怎样让人眷恋？南北朝时，陈伯之北逃，丘迟竟为了劝他回梁，写了

朝天宫：明代的朝天宫是朝廷举行盛典前练习礼仪及官僚子弟袭封前学习朝见天子礼仪的地方

一封书信。信中写道："暮春三月，江南草长，杂花生树，群莺乱飞。"陈伯之读完这短短16个字，顿时心中满生思乡之情，立即回到故乡。

自古就有"天下财富出于东南，而金陵为其会"之说，经济的富庶带来了城市的繁华，也营造了繁荣的文化。李白曾在南京写下这样的诗句："六代更霸主，遗迹见都城。至今秦淮间，礼乐秀群英。地扇邹鲁学，诗腾颜谢名。"在夫子庙前，竖立着一座"天下文枢"牌坊，牌坊的抱柱上刻有乾隆皇帝的一副对联：允矣斯文，为古今中外君民立之极；大哉夫子，会诗书易礼春秋集其成。

南京博物院：其前身是1933年蔡元培等倡建的国立中央博物院，是中国第一座由国家投资兴建的大型综合类博物馆，主体建筑为仿辽代宫殿式，由近代著名建筑师徐敬直设计

这样的殊荣，南京受之无愧。国学大师朱偰在比较了西安、洛阳、南京、北京四大古都后，说："此四都之中，文学之昌盛，人物之俊彦，山川之灵秀，气象之宏伟，以及与民族患难相共，休戚相关之密切，尤以金陵为最。"

南京的文化脉络不是高居庙堂之上的阳春白雪，而是根植于民间的市井传奇，与儒学正统相伴的总有剪不断理还乱的风花雪月、画舫轻舟。

刘斯奋先生历时十余载，创作了描摹明末金陵士人的小说《白门柳》，书成后刘先生赋词一首："钟阜斜阳，秦淮别浦，薰风醉杀花无数。一从鼙鼓渡江来，漫天翻作惊红舞。秃管争晨，孤灯夺暮，华年心力甘分付。妍媸异代未招魂，琵琶一曲凭谁诉。"渐渐远去的诵读之声，仿佛秦淮水上烟柳，满目浸染凄迷之色。

江南的书香墨韵，得到了无数才子佳人的青睐，就算是帝王也甘愿沉浸在诗情画意之中。那一声“春花秋月何时了”的叹惋，让多少后人扼腕？卧己之榻，惶惶然不敢安睡，是否非得如此，才明白“故国不堪回首月明中”的无奈呢？

“山围故国周遭在，潮打空城寂寞回。淮水东边旧时月，夜深还过女墙来。”清凉的季节，明月失去了色彩，寂寥的城头，山水遗忘了历史。金陵的月色，沐浴着江南的烟雨，湿润的光芒里，是诗性的沉默和包容。

“凤凰台上凤凰游，凤去台空江自流。”暮烟轻笼，几许微风载着世事远去，明净无尘的书案上，一壶清茶，一卷诗书，一炉袅袅的熏香。临池翰墨，烟云舒卷，岁月的漂洗流转，借着这一方灵性的水，洗涤一怀至真至性的风骨。

南京是一盘禅寂的棋，你听得见棋子的脉搏，却参不明落子刹那间的玄机。

一个个叱咤风云的人物，演绎了多少家国情仇；一抔抔浑厚凝重的尘土，掩埋了多少风流往事；一首首跌宕起伏的诗词，镌刻了多少前朝旧梦。紫气东来，虎踞龙盘，秦淮烟雨，六朝遗风，南唐诗画，明清繁华，民国风情……所有的身影恰如过眼烟云，它们已经远离了红尘，但并没有彻底消失，总在遥不可及的天边召唤着怀旧的人们。

古老的城墙上，一株荒草在远古的风中喃喃自语。

南京，终究洗尽了铅华，平静而朴实地立在华夏东方。今日的南京仍然以其惯有的大气、包容、质朴抒写着江淮大地的传奇。

旧事遗韵在烟水中散去，十里秦淮，千年后仍然是生动婉约的词章。

朱雀桥边，乌衣巷口，日斜燕飞，王谢的神韵已在寻常百姓的寻常生活中不经意地铺陈开去了。难怪半个世纪前，朱自清在文章中写道：“逛南京像逛古董铺子，到处都有些时代侵蚀的痕迹。你可以揣摩，你可以凭吊，可以悠然遐想……”

波德莱尔有一部散文诗集叫作《巴黎的忧郁》，而在世界的东方，同样有一座略显忧郁的城市，那就是南京。忧郁，是一种气质，是一种情怀，更是一种梦境，让人感动，也让人怜惜，更让人崇敬。此刻，我正走近南京，走近这个古色古香的忧郁的梦——我不愿惊扰了它，且让我踮起脚尖，轻轻地——轻轻地走近……

目录

【循迹：千年石上古人踪】

循迹

【千年石上古人踪】

石城沧桑　潮打空城寂寞回

虎踞龙盘　六朝如梦鸟空啼

南唐往事　春花秋月何时了

大明风云　风去台空江自流

暮鼓晨钟　多少楼台烟雨中

石城沧桑　潮打空城寂寞回

· 鬼脸城:风化在石头上的往事

在南京,下午的时光总是过去得很快,鸟儿的翅膀一点点驮来了迷离的黄昏,于是,这座古老的城市便悠然地享受着黄昏的蔓延。沉醉的夜色缓慢地降临,晚风静静地合上斑斓的幕布,遮住了天边的金光,未曾来得及散去的夕照飘落到城市的街角,跌碎成隐隐绰绰的万家灯火。

此刻,秦淮河畔,那一片错落有致的灯火间,一座"鬼脸城"在朦胧月色的照耀下弥漫着旷古的沧桑。城下的河水中星光点点,仿佛古老的书简上模糊的文字,断断续续地将两千年前的往事娓娓道来。

如果要追溯南京历史上最古老的具有生活、贸易功能的城市雏形,就得从"鬼脸城"说起,这座始建于公元前333年的老城,揭开了楚国设置金陵邑的序幕。战国时期,楚国和越国曾多次交战,最终越国被楚国所灭,楚王随即在长江江畔设立军事机构,并在今天的清凉山上筑城。对于楚王来说,小小的金陵邑不过是镇守吴越旧地的一处邑镇而已,在逐鹿中原的诸侯国看来,这样的边陲之地实在不足挂齿。

"鬼脸城"依傍着清凉山和秦淮河,因城墙壁上有一块突出的椭圆形石壁,嶙峋奇特,壁面上赭、赤、黑、白、灰杂色相间,隐约可见耳鼻口眼,形似人面,又有几分狰狞之色,便被人们戏称为"鬼脸儿"了。石城脚下有一方半圆形的清澈池塘,水面上正好映着"鬼脸"的倒影,俗称"鬼脸照镜子",成了南京城的一处趣味盎然的景观。

“鬼脸城”：一泓湖水倒映着石头城沧桑的面容，古往今来多少变迁都在游人的欢声笑语中渐渐消散了。在这段南京最古老的城墙上，还能找得到东吴时期遗留下的烽火台，遥想当年长江两岸，烽烟遍起，该是何等壮观的景象

南京百姓天天看着这“鬼脸儿”，看久了，老人们就看出了一些可供人遐想的故事来。故事里说，清凉山曾出现过一个山怪，经常出来坑害百姓。一次山怪被过路的仙人发现，逃到山中，隐身于峭壁里，仙人掏出照妖镜将它照住，鬼脸就露了出来，山壁也就成了今天的样子。为了防止山怪逃走，仙人将宝镜置于山崖下，化作一个池塘，这便是“鬼脸照镜”的典故了。其实，这种色泽怪异的岩层主要是由白垩纪晚期的特殊地层组成的，距今约有7000万年到1亿年的历史了，是自然风化和古代战争所形成的独特的历史景观。

正是这些形态奇特的石头让南京有了一个别名叫作“石头城”，《红楼梦》在开篇不多时就写到了这个地方：“那日进了石头城，从他老宅门前经过，街东是宁国府，街西是荣国府，二宅相连，竟将大半条街占了……”原来这传说中的大观园就建在这石头城下，在石头城边讲《石头记》，曹雪芹果然别有一番情趣。

石头城以清凉山西坡天然峭壁为城基，环山修筑，城墙与山石连为一体，坚不可摧。古时候长江绕清凉山麓东去，石头城恰临江峭立，依山傍水，地势险要。传说三国鼎立时期，诸葛亮在赤壁之战前夕出使东吴，特地登上石头城观察山川地形，不禁发出“钟山龙蟠，石头虎踞，真乃帝王之宅”的感叹，南京因此获得了“龙盘虎踞”的盛名。

赤壁之战后，孙权将都城迁到秣陵，并将秣陵改名为“建业”，从此奠定了南京作为十朝都会的基石。孙权在楚国旧城的基础上，“因山以为城，因江以为池”，重新修建城墙，城内设有仓库，古称石头仓，用以贮藏兵器、粮食，供生活、战备之需。因石头城的军事地位举足轻重，东吴水军的总指挥部就设在这里，孙权曾以石头城作为驻军基地，几度西进与曹操争夺淮南。这段历史后来被罗贯中写进了《三国演义》的合肥大战里，今天我们仍能从小说家的笔墨中读到石头城的背影。

从城墙脚下沿着清凉山的坡道拾级而上，还能寻找到古烽火台的遗迹。史书记载，东吴政权在石头城上筑烽火总台，以石头城为中心，沿长江上游和下游两翼分布，遍及江岸险隘之地。据说，只要石头城上燃起烽火，大约 6 个小时就可以传遍长江沿岸，直抵吴国西界西陵（今湖北宜昌）；如果傍晚时在西陵燃起烽火，次日天亮前就能够传到吴郡（今江苏苏州）。所以只要都城出现紧急军情，就能在数小时内调拨驻扎在各地的军队前来增援，如此迅速的情报传递方式让石头城成为江东第一军事要塞。

春日的古城墙：南京的百姓们在和煦的阳光中尽情享受每一个温情脉脉的周末，两千年城墙脚下波涛滚滚的长江已经改变了流淌的轨迹，取而代之是秦淮河平静的水面

公元 279 年冬天，建立了西晋政权的司马氏集团全线进攻东吴，大将王濬率水军从四川顺流东下，直扑石头城。东吴后主孙皓自以为是地下令用铁链和巨石封锁江面，阻挡晋军的舰船，但终如螳臂当车一般溃败在长江南岸。刘禹锡对这座石城感慨颇多，他在《西塞山怀古》中写道："王濬楼船下益州，金陵王气黯然收；千寻铁锁沉江底，一片降幡出石头。人世几回伤往事，山形依旧枕寒流；今逢四海为家日，故垒萧萧芦荻秋。"——险峻的石头城终究没能挽救一个王朝的覆灭，所谓的"金陵王气"在这一刻莫名地变得那么虚弱。

六朝更迭，世事变迁，300 多年的南北战争中，南京始终是兵家必争之地，各方军队往往以夺取石头城决定战争的成败。东晋初年，王敦起兵造反，抢先占领了石头城，致使晋元帝无策可对，忧愤而死；梁武帝时，侯景勾结叛军抢占了石头城，随即便居高临下夺取了都城建康。可以想见，石头城上，那些烽烟四起的年月里，夺目的剑影刀光映红了江畔的落日，猎猎的旌旗战袍浸染着城头的鲜血，一将功成万骨枯，多少悲歌在长风中回荡。

坚守了千年的城池，背依清凉山麓，面对秦淮烟柳，历经多次浩劫，巍然不倒。可是，它终究无力庇护那一个个看似强大的王朝，为什么一代代王侯将相总是来时煊赫，去时寥落，如此匆匆呢？

唐朝以后，长江水道日渐西移，昔日石头城脚下的拍岸惊涛悄然化作了田园村陌。山为城所隐，石头城江防的重要性也日益降低，这座历经战火的古城渐渐远离了帝王将相的视线。唐武德八年(625 年),石头城开始废弃,当刘禹锡写下“潮打空城寂寞回”的诗句时,这里已是一片孤寂荒芜了。300 年后,清凉山上建起了一座兴教寺,从此,石头城作别了金戈铁马,隐居在寺庙、书院的诵经吟诗中,铺就了另一条生命的轨迹。

“鬼脸儿”在城头守望了千年,仿佛一个憔悴了面容的脸谱,要把远去的历史演给今人看。剥落的墙基、厚重的城砖、无言的烽火台,静静的秦淮河,每一道粗糙的沟壑间都铭刻着一页泛黄的竹简,每一页泛黄的竹简上都风化着一个残破的故事。

登临山崖,看青山隐隐、天高水阔,一座石头城,见证了沧海桑田、人世无常。遥想当年孔明羽扇纶巾,公瑾豪迈儒雅,谢安东山风流,而今都已雨打风吹去。

还是元朝诗人萨都剌说得好——“指点六朝形胜地,唯有青山如壁”。

· 台城柳:啼笑因缘

一座疏朗的古城,有了山,便有了包容万象的气度,有了水,便有了钟灵毓秀的俊美。

古台城,依着覆舟山与鸡笼山的山势而起伏,傍着玄武湖的碧波而蜿蜒,在山水环抱之中谱写了一出诗意的历史。

台城即古禁城,是东晋皇宫的遗物,南朝宋齐梁陈四代都依照台城建造皇宫宫城。王朝兴废,如流水消逝,300 年间,有多少次帝王的垂青,有多少回美姬的歌舞,又有多少次兵戎相见,哪一块砖石能够记得清楚呢?诗人韦庄情痴意切,曾脱口吟咏“无情最是台城柳,依旧烟笼十里堤”,一首《台城》,从此成为六朝一梦的千古绝唱。

今天被人们冠以“台城”之名的城墙其实是明代修建的一段废弃工程,却因为古人的诗文成了人们怀古的去处

今天来南京游览历史遗迹,总不该错过的就是位于鸡鸣寺南面的台城。其实,这段城垣已不是六朝时期的宫城了,那段古老的城墙在隋朝灭陈后,被隋文帝杨坚的一把大火焚毁了。如今的“台城”只是明太祖朱元璋修建南京城时的一段废弃的城

墙，600 多年来一直孤零零地立在玄武湖畔，静静地看烟柳的繁华与寂寞，默默地赏荷塘的妖娆与黯淡。

古台城虽已无迹可寻，却因为韦庄的诗而名满天下。后人固执地要将这段明朝的城墙附会为六朝时期的台城，并将玄武湖的长堤烟柳与它联系起来，人们感动于台城烟柳的今昔契合，觉得诗中美丽的风景和渺远的历史就该属于这里，于是成就了一段虽不真实但却优美伤感的因缘。

历史仿佛玩笑似的选择了李代桃僵，让这段明城墙承载了 1000 多年的沧桑和物非人亦非的感慨，那些未了的诗情画意在这里得以延续，那些未尽的前尘往事在这里得以昭示。文人墨客来到南京，总忘不了要登上台城，抚摩斑驳的条石，凭吊一番。东眺钟山龙蟠苍翠，西览古刹黄墙青瓦，北赏玄武十里烟柳，南观九华塔影婆娑，遥想当年的繁华与辉煌，在古寺钟声中留下几多难忘的诗文和深沉的遐思。

台城上，总会想起那个被世人议论纷纷的崇尚佛法的皇帝。

梁武帝萧衍，早年也算是一个有着雄才大略的皇帝，中年以后开始笃信佛法，曾不顾大臣劝阻四次去同泰寺削发为僧，三次被大臣用重金“赎回”，最终在侯景之乱中身穿僧袍饿死在古台城上。死后，这位皇帝倒是获得了殊荣，被尊为“皇帝菩萨”。

尽管梁武帝在佛法研究上没有什么成果，但他倡导的开放的文化是应该为后人所肯定的。他将佛教定为国教，把诚心礼佛作为全国官民共同的思想信仰，但是无神论者范缜照样写了一本《神灭论》，质疑因果轮回之说，还公之于众。梁武帝没有恼怒，一不定罪，二不批判，他理解范缜追求真理的坦诚心怀，于是从全国各地请来 60 多位学者和高僧，让大家各抒己见，开展讨论。这是中国历史上一次著名的佛法大辩论，虽然最终没有能够对“有神”和“无神”作出定论，但是梁武帝对不同思想文化海纳百川的心胸是令人钦佩的，南京也因此积淀下了宽容、大度的文化性情。

沿着明城墙，可以从解放门步行到神策门，城墙东侧就是风光秀丽的玄武湖

“宫殿余基长草花，景阳宫树噪村鸦。云屯雉堞依然在，空绕渔樵四五家。”往事的纷争如烟云散去，一些传说在莺飞柳绿的季节里流淌，一段废弃的城垣，在数百年后成就了一处秀丽的风光，仿佛女娲补天遗弃的顽石，终成千古风流的

佳话。

我常常觉得，台城的存在恰似一个“美丽的错误”，就像那些蜂拥来到南京定都的王侯将相一样，短暂的政权过后，留下的只有无穷无尽的回味。这样的回味，有伤感，有叹息，有遐想，有浓浓的诗情和淡淡的画意。

梁武帝时，侯景勾结叛军抢占了石头城，而此时的梁武帝正第四次出家同泰寺，最终在动乱中饿死在台城之上

台城，这个超然物外的隐者，就这样在“错误”的美丽里看着世事变迁——它本非故事的主角，怪只怪让人啼笑皆非的因缘造化吧。

· 中华门：记忆的栖身之地

石城，环绕南京的一道独特的风景，镌刻了这座六朝古都千百年的沧桑。

今日屹立在金陵大地上的石城基本是明朝城墙的风貌，作为大明王朝的开国都城，南京明城墙开创了中国建城史上空前恢宏的规模。

我愿意把南京的城墙和西安的城墙放在一起比较，因为它们都是明代的城墙，而且是中国目前为数极少的保存较为完好的古城。西安的城，四四方方，庄严而规整；南京的城，如笔走龙蛇，随意而灵秀。江南的地形地貌赋予了南京城独特的形态，这座明代的城墙从此奠定了此后600余年南京的城市轮廓。

《明史》记载，公元1356年，起兵反元的朱元璋召见隐居的老儒朱升，询问夺取天下的策略。朱升只说了九个字：“高筑墙，广积粮，缓称王。”朱升的建议总结起来就是一个词——厚积薄发。这是中国人特有的一种古老的智慧，《易经》即把“潜龙勿用”排在了“飞龙在天”之前，打好根基方能称雄天下。朱元璋欣然采纳了朱升的建议，终在十年后开创了一个新的王朝。定都南京之后，他仍将城防建设作为首要工程实施，对原先的历代城墙进行全面改造。

朱元璋历时 21 年，在东吴、东晋、南朝宋齐梁陈六代城墙的基础上，修建了世界第一规模的砖石城。城周 34 公里，东连钟山，西据石头，南守秦淮，北镇长江。关于老城门，旧时南京流传着这样一句顺口溜："里十三，外十八，一根门闩朝外插。"这"里十三"便是城东的朝阳门，城南的正阳门、通济门、聚宝门，城西的三山门、石城门、清凉门、怀远门、仪凤门，城北的钟阜门、金川门、神策门、太平门这 13 座内城城门。

中华门是明朝南京 13 座内城城门中最雄伟壮观的一座，以雨花台和秦淮河作为天然屏障，自古易守难攻

明城墙城砖：依稀看得出这块砖是当时元州府负责监造的

中华门（原名聚宝门）是南京内城城门中最为雄伟壮观的一座，瓮城结构的军事堡垒设计巧妙，前扼长干桥，后倚镇淮桥，南有雨花台和秦淮河作为天然屏障，地势险要，成为南京城南交通咽喉所在。

作战时，中华门可起到攻守兼备的作用。20 余米高的城墙、4 道拱门、3 座瓮城，两侧各有 80 余米长的马道从城堡底部直通向垛口，是战时往城头运送军需物资的快道，亦可策马快速登城。城墙内侧及马道侧面分布有 27 个藏兵洞，可藏数千甲兵。遇有敌人强攻时，可将城门打开，诱敌深入，接着放下每道拱门上方的千斤闸，将进入瓮城的敌军截为三段，分而歼灭，恰如瓮中捉鳖。在中华门瓮城内，我看到了冷兵器时代设计最精巧的战争机器——藏兵洞、千斤闸、石礌、飞弩、藏身洞中的虎视眈眈的兵士，所有的机关都将目标集中在一处：让血性的生命在剑拔弩张的瞬间灰飞烟灭。

城堡两侧各有80余米长的马道从底部通向垛口，是战时往城头运送军需物资的快道

中华门工程几乎贯穿了整个明城墙的修建始终，仅一座城门就耗时21年。为确保城墙坚固耐用，城砖是用巨型条石、大砖与糯米汁、石灰、桐油搅拌后砌成，每块砖的重量能达到15~20公斤。城砖的烧制任务由南京工部、京师驻军及湖南、湖北、江西、安徽、江苏五省共125个县承担，烧制完成后通过水路运送到南京。厚重的砖石固守着那份沉默和隐忍，虽历经600多年的风雨侵蚀和战火轰鸣，依然保持着当年宏伟的气概和巍峨的雄姿。

在中华门的脚下，流传着一个与江南富商沈万三有关的传说。

据说朱元璋初建聚宝门时，屡建屡塌。术士说是地下的水妖作祟，向朱元璋献策，借用沈万三的聚宝盆，镇在城墙脚下，城就可以顺利建成。朱元璋向沈万三借来聚宝盆，答应五更时归还。聚宝盆埋入土中，城门果然稳稳当当地建好了。为了让聚宝盆永远镇守京城的南大门，朱元璋下令京城内严禁打五更。从此，这座城门就叫作聚宝门了。其实，聚宝门一名的由来，是因为城门南面坐落着一座聚宝山，也就是今天的雨花台，便用“聚宝”来命名这座城门。聚宝山和聚宝门南北呼应，构成了南京南大门最易守难攻的防御体系。

1937年12月，这个冷兵器时代坚固的防御工事展开了与现代战争机器的第一次正面交锋。那年寒冬，日军第六师团以疯狂而密集的火力直扑南京城下，坚若磐石的中华门面对日寇的硝烟镇定自若，恼羞成怒的师团长谷寿夫调用了30余架飞机对付这座孤堡，除镝楼被炸毁，整座城堡迎着枪林弹雨岿然不动。日军久攻不下，谷寿夫一度怀疑自己的指挥能力甚至想到自杀。最终日军只得绕过中华门，炸塌了东侧靠近光华门的一段城垣才侵入城内。在历经了长达1个小时的肉搏战后，坚守雨花台、中华门一线的国民革命军第

88师残部被迫撤离。中华门下的英魂无愧于历史和民族。

中华门瓮城：瓮城城门仿佛一圈圈年轮，记录着古城苍老的面容

如今，光华门附近那段在炮火中坍塌的城垣已经修复，中华门正南面的城砖上还留有凹凸不平的弹痕。岁月无声，永远屹立的是一具不屈的风骨。

石头，因为缄默不言，成为历史忠实的记录者。宋代学者郭熙说："石者，天之骨也，骨贵坚深而不露浅。"走在中华门古城墙上，依稀可见刻在城砖上的斑驳的文字和图案。明政府为确保城砖质量，命令铸造城砖的工匠和监造官员在砖块上压出自己的名字和铸造日期。如今，铸造这些城砖的一双双粗糙的手已经失去了温暖，千百年前的血脉在僵硬的城砖里得以延续。石头是忠于职守的史官，它们以残破的身躯作为纸页，穿越了时光的桎梏，以烙印的形式记录着一幕幕被人们淡忘的画面。

江南的风一旦掠过这些石块，便一扫绵软，增添了几分倔强和坚硬。时间掺了太多的风尘，山河黯淡后，只剩下一把枯瘦憔悴的记忆。作家筱敏说："遗址是记忆的栖身之地，也是记忆的失散之地，人类的手迹流徙在历史的涤荡中，许多风化了的故事在这里萦绕。"栖身也好，失散也罢，记忆终究因遗址的存在而永生。

"淮水东边旧时月，夜深还过女墙来。"无数朝代更迭，再不可一世的帝王也化为了尘土，风云变幻后，唯有石城依旧。

· 神策门：寻觅战火的遗痕

在南京明城墙13座内城城门中，有一座被老百姓戏称为"门闩"的城门，这就是扼守南京北大门的神策门。神策门位于今天中央门立交桥的东南角，曾作为军事禁区被封闭了70多年，它是明代南京城门中保存最完整的一座，也是现存所有城门中唯一保留民国之前的镝楼的城门。

层峦叠嶂的立交桥像一条条翩翩起舞的彩带，载着车水马龙在古老的城门旁穿梭而过，火车站、商场、购物中心、地铁站在四周星罗棋布。在一幢幢拔地而起的大楼面前，这座城门愈发显出老态龙钟的样子，它安详地在绿树环绕的街角打着盹儿，仿佛这些繁华都与它无关，而它，依然属于那段古老的烽烟四起的岁月。

神策门是历经过战火的，它亲眼目睹了战争中的杀戮与鲜血。

神策门是明代南京城的北大门，结合城外幕府山、玄武湖等地形设计建造了面积辽阔的外瓮城，曾一举击溃郑成功的北伐大军

1659年，清军入主中原后不久，南明大将郑成功在台湾起兵，沿着东南海岸线一路北伐，欲创立反清复明的大业。大军所向披靡，直扑东南要地南京。在白士山（今幕府山）下，郑成功的十万大军摆下83座连营，切断了南京城的水陆交通，仅有万余名清军驻守的南京几乎成了一座孤城。神策门外，郑成功的军队与清军开展了两次大规模交战，清军损失上千人，尸体遍布阡陌荒野。熊熊战火映红了每一块城砖，残垣断壁一直绵延到江边。

势单力薄的两江总督郎廷佐再不敢轻易交战，下令紧闭神策门，依靠这座20余米高的要塞与郑军对峙。郎廷佐一方面向别处驻军求援，一方面以缓兵之计麻痹郑成功。他派使者给郑成功送去一封信，信中说："大帅到此，即当开门延入。奈我朝有例，守城者过三十日失城，则罪不及妻孥。今各官眷口悉在北京，乞藩主宽三十日之限，即当开门投降。"

一路所向披靡的郑成功不禁骄傲自大起来，答应了清军宽限一个月的请求，还对清军使者夸口说道："本藩攻此孤城，不过一赋兴耳。"于是下令按兵不动，坐等神策门开启。十万大军就此懈怠下来，军营守备也放松了很多，甚至将围困神策门的部队调回白士山。殊不知，神策门内，一场突然袭击的阴谋正悄然上演。

就在此时，清朝总兵梁化凤已率领援兵从崇明赶赴南京，他与郎廷佐登上城楼，发现郑军"营不整，樵苏四出，军士浮后湖（今玄武湖）而嬉"。原来郑成功生日快到了，将士们都在玄武湖上捕鱼捉蟹，要为大帅庆贺寿辰。梁化凤立刻命令士兵悄悄拆除神策门城门后的防御石块，当天夜里率领500精骑出城，一举攻破了郑军离神策门最近的大营。

神策门前的障碍一排除，城内的军队就进退自如了。天亮时，士气大振的清军多路出击，一路出仪凤门，切断郑成功水陆两军的联系，并烧毁沿岸的敌船；一路出金川门，迎战攻城的郑军；一路骑兵秘密出神策门，绕到白土山后突袭郑成功中军大营。面对前后水陆夹击，郑军大败，损失海船500余艘，士兵数万人，十多名大将战死。郑成功功亏一篑，带领残兵败将退回厦门，历史上被称为"东南大震"的郑成功北伐就这样败在了神策门前。顺治皇帝为庆贺这场胜利，特下诏将神策门改名为得胜门。

走在城墙上远眺紫金山，你会真切地体会到"虎踞龙盘"这个词对于南京的意义

在南京诸多城门中，神策门规模较小，而且地理位置较为偏僻，平日里从此门进出的百姓并不多。可是朱元璋着手修建南京城时，军师刘伯温亲自勘察了四周地形后断定，神策门东邻玄武湖，北扼幕府山，与长江相望，是城北的兵家必争之地，必须在此修筑攻守兼备的要塞。在城门设计上，刘伯温开了两个门洞——平时只开一门，遇紧急战事时可突然开启另一扇城门，派兵出城从侧后部攻击敌军，实现内外夹击。

神策门与中华门同是瓮城结构，不同的是中华门是内瓮城，即瓮城位于城墙内部，而神策门的半圆形瓮城则位于城墙外面，并且瓮城门不正对着内城门。这种特殊的结构也使得敌军突破了瓮城城门后不易寻找到内城城门，守城士兵有较为充足的时间启动千斤闸关闭内城城门，实现对敌人居高临下的毁灭性打击。所以有关南京明城墙的民谣里有一句"一根门闩朝外插"，就是比喻的这座瓮城突兀在城外的神策门。

神策门的没落是伴随着太平天国末期天京城的失陷开始的，在这一次争夺要塞的战争中，古老的石城未能抵挡得住近代火器的猛烈攻击。

1863年，清朝地方团练将领曾国荃率领湘军连续突破太平天国的江北防线，从扬州渡过长江，围攻天京（太平天国政权都城，今南京）。在神策门外，湘军主力与太平军交锋多次，相持不下，曾国荃命令士兵停止进攻，在城墙下挖掘地道。这条地道挖掘了7个多月，终于到达了神策门城墙脚下。深夜，清军将填满地道的炸药点燃，一声天崩地裂的巨响，神策门瓮城城墙坍塌了十余丈。太平军依靠内城城门继续与清军血战，300余条血性的生命在刀光剑影中灰飞烟灭。斑驳的古城砖上已经看不到百年前的血迹，时间悄悄洗去了历史的伤痕，那些或悲壮或凄凉的故事只能在泛黄的纸页间寻找了。

城的轮廓构成了一座城市的躯体，城的伤痕凝练成了一座城市的历史。张爱玲说："长的是磨难，短的是人生。"当漫长的磨难渐渐消退，城的人生依旧在延续，它的生命开始在另一条轨迹上前行，用厚重的历史抒写出了悲壮的面容。

虎踞龙盘　六朝如梦鸟空啼

· 梦断吴宫：写不尽的夕照与苍烟

可曾见过，有一只破茧而出的蝶，穿过历史的迷雾，寻觅台城幽径中的暗香？可曾见过，有一只翩翩起舞的蝶，飞过庄周的梦境，传递覆舟山下的相思？可曾见过，有一只孤独寂寞的蝶，唤醒禅寂的光阴，透迤出某个飞琼烂漫的春天？

寻找南京的六朝遗迹，仿佛总隔着一层缥缈的云雾，你能读到太多的传说，却难触摸到真实的存在。“吴宫花草埋幽径，晋代衣冠成古丘”，走在四牌楼地区的老居民区内，谁能想象得出一幢幢旧住宅楼就坐落在六朝皇宫的故土之上呢？浓荫密布的阡陌小巷里，安详的老人看着孩童玩耍，稚嫩的小手里捏着的泥土早已不是当年残垣断壁的遗迹了。

在长江路上坐落着一座六朝博物馆，所展示的就是那个辉煌灿烂又虚幻缥缈的时代。

公元 299 年，历史的背景里充斥着三国逐鹿的波澜壮阔。那年秋天，孙权将东吴首都从镇江迁回建业，下令改造位于今天进香河西岸的孙策府邸，作为皇宫使用，取名“太初宫”。据考古专家考证，太初宫东起珠江路大石桥，以进香河为宫城城河，西接中山路，南跨北门桥水道，北至唱经楼，占地约 9 万平方米。太初宫东面和北面是皇家花园、皇宫卫队营地和储藏皇家物资的仓城；皇宫西面，约在今天广州路南京大学校园一带是太子花园，名叫“西苑”。后主孙皓即位后，大兴土木，建成了更为宏伟的昭明殿，垒土为山，山上建楼阁，用珠玉装饰飞檐翘壁，遍植奇花异草，并且下令开凿城北渠，将玄武湖的水引入皇宫。太初宫、昭明殿和西苑城共同构成了东吴皇宫，也成了东晋和南朝四代皇宫的雏形。

东南大学四牌楼校区里有一处著名景观叫六朝松,相传这棵1500岁高龄的桧柏是南朝时期梁武帝亲手种下的。昔日的皇家宫阙,今朝已是著名学府,东南大学历届学子在毕业离校前总会在这棵古柏前合影留念。苍翠婆娑的树影将校园衬托得分外静谧和安详,不知道它是否还记得千年前的金戈铁马。

南京六朝博物馆陈列的人像雕塑,展现出1500多年前六朝人超然脱俗的微笑

“江雨霏霏江草齐,六朝如梦鸟空啼。无情最是台城柳,依旧烟笼十里堤。”韦庄所感怀的作为六朝皇宫宫城的台城早已被隋文帝杨坚一声令下,放火焚为了灰烬。那一年,繁华的南京城被攻陷的同时,杨坚就萌生了一个险恶的计划,他要将南京从华夏版图中彻底抹去。也许是出于嫉妒,他嫉妒这座江南古城在310年间接连出了44个皇帝;也许是出于恐惧,他恐惧那紫气东来、虎踞龙盘的传说;也许是出于自卑,他自卑于自己侍奉鲜卑王朝时的“普利茹”姓氏,自卑于无力抗衡江南王朝的正统性和文化上的强大——总之,他要用刀剑和烈火铲除一座古城全部的荣耀。

南京六朝博物馆陈列的辟邪造型容器。辟邪是民间传说中的一种神兽,南朝陵墓石刻中多有辟邪神兽的形象

对于南京来说,这是一次灭顶之灾。杨坚焚毁的不仅是前朝的宫殿,还包括所有的官衙、园囿,以及商铺、作坊、住宅。宽阔的道路全部挖断,蜿蜒的河道全部填平,房屋宅基全部犁翻,繁华的街市变成了农田,昔日商贾云集的建康城一夜之间回到了史前的荒古岁月。

随着南朝陈代的终结,文化艺术辉煌灿烂的六朝时代结束了,魏晋遗风在大一统的隋王朝的变革中消失殆尽。而南京，也在杨坚的政治打压下越发变得隐忍而坚韧。在诗人韦庄看来，多情浪漫的六朝代恰如南柯一梦，唯有玄武湖畔十里杨柳，如烟云一般将远古的人和事娓娓道来。

六朝松：位于今东南大学校园内，是一株年过千岁的桧柏。相传为南朝梁武帝亲手种植

随着近些年旧城改造工程的开展，南京老街巷里不时发掘出六朝宫城的遗迹，杨公井、长白街、大行宫、常府街、游府西街……在现代机器的挖掘下，那些残垣断壁从尘封的地下露出了沧桑的面容，仿佛形容枯槁的老人，茫然地面对沧海桑田的变迁。

仰望东南大学校园内那棵浴火重生的古树，让人生发无穷喟叹。因年代久远，桧柏已显出垂垂老态，树干内部的躯体已经死去，仅靠树皮传输养分；几根钢杆从它的枝丫间穿过，支撑着这个老者的身体。令人惊讶的是，古树的树冠仍然枝叶葱茏，显示出一股神奇的生命力，也许，它的身上流淌着的仍然是南朝的千年文脉。

“只今惟有西江月，曾照吴王宫里人。”吴宫的风云犹如一串断了线的珍珠，散落在城市不为人知的角落。

既然历经了时光枯荣，又怎能免于一身瘀伤？南京，以其独有的大度与包容冰释了前尘的恩怨，只在讳莫如深的眼神里隐约透露出一道陈旧不愈的伤痕。

不留无谓的纠缠，亦不留浅薄的回忆，让世人叹惋的是昔日宫阙脱俗的背影。

吴宫花草，晋代衣冠，南朝物华，都付诸夕照苍烟。金陵的梦，像流水中的落花一样轻盈，在岁月失散的深处，有情有意地醒着。

· 王谢风流：夕阳斜照野草花

秦淮河畔，有一条叫作乌衣巷的古道，乌衣巷不远处还有一座名叫朱雀桥的石拱桥，这正是“朱雀桥边野草花，乌衣巷前夕阳斜”的诗句中说到的古地名。这条曾让刘禹锡咏叹的金陵古街巷，如今是秦淮河畔的繁华之地。百姓们靠在巷子口议论着每一天的柴米油盐，唠叨着日复一日的寻常家事，人们唯有从路边立着的石碑上才知道1600年前的这里曾是东晋显赫一时的王谢府邸。历经变迁后，一切已物是人非，一抹斜阳洒在青灰色的瓦檐上，抖落满地璀璨，一如幽然脱俗的晋时花木。

秦淮水畔，总能品读到当年的魏晋遗风。

魏晋人的骨子里时常透露着一股真性情，他们超然物外的处世态度是最接近于中国传统文化中“士”的性格的。想象中，潇洒的魏晋人常常在幽幽林泉下把酒吟歌，那些散淡的日子如同琴弦，拨动的都是轻音，一点一点隐于风里。建安七子如此，竹林七贤如此，“采菊东篱下，悠然见南山”的陶渊明亦如此。当《广陵散》烟消云散，成为一个渺远的梦境后，一个时代也渐去渐远了。但是，锦绣灿烂的文章和超凡脱俗的精神却在历史的册页里深深地镌刻下来了。

短暂的西晋王朝在“永嘉之乱”后走向了衰亡，司马睿五马渡江，在南京重新建立了东晋王朝，魏晋士人的性情从此出现了转折。北有前秦铁蹄，西有胡人战马，大一统的中原王朝只剩下了半壁江山，唯有赖着长江天堑守护着锦绣江南的温柔梦乡了。往日里不问

乌衣巷：三国时期此地为东吴军队的营地，因士兵着黑色军衣而得名

王导和谢安是六朝名士的代表，在他们身上体现出浓郁的“士人”气质，是古代东方贵族精神的代表

世事的士人逐渐从幽篁深处走出，徘徊在凡尘琐事与琴瑟诗酒之间，灵魂仍然悬浮在市井瓦栏之上，但肉体已不得不蹒跚在地面，为人间多舛的命途而忧思和牵挂了。

这一段故事就从东晋时期南京的乌衣巷说起，故事的主人公是王导和谢安，刘禹锡诗中说到的“王谢堂前燕”正是抒发的对两位独领风骚的士人的感慨。

在司马睿渡江称帝建立东晋的过程中，王导是重要的辅佐大臣，他官居宰相，手握军权，历经了元帝、明帝、成帝三朝，为东晋政权的稳固起到了强有力的奠基作用。匆匆南下的晋元帝根基较为薄弱，处处依赖于王导，将王导比作自己的“萧何”，当时民间就有“王与马，共天下”的说法。

王导虽然身居高位，却不贪功不专权不僭位，颇有汉初张良的隐士之风。他性情谦和宽厚，有恻隐仁爱之心，善于调解各方面的矛盾。面对南北士族的冲突时，他积极斡旋其中，终于将江南望族纳入了东晋政权之内。王导所追求的是一种相对的稳定，他将政治重点放在安抚内部矛盾上，对于北伐中原并不关注。在后世儒家学者看来，这是典型的“偏安一隅”，但是王导的做法却给历经了“八王之乱”的国家带来了安宁。毕竟，生命里总有一种沉浸于散淡中的渴望，放逐凡尘也许才是魏晋士人真正的理想。

说王导是政治家，毋宁说他是风雅名士。王导本质上是魏晋士人的遗族，他的理想更多的是在个人修养方面，他更希望过一种超然脱俗的艺术化的生活。王导是王羲之的叔父，擅长行草，《书断》称他的书法“风棱载蓄，高致有余，类贾勇之武士，等相惊之戏鱼”。人们常说，字如其人，身为大将军的王导本就是一个兼有勇武与风雅的高尚之士。

王导的志趣也影响着家族的后人，王氏家族门庭显赫，人才辈出。当时，太傅郗鉴希望从王家选一个年轻人做自己的女婿，王导满口答应，领着太傅来到家中。太傅一进门，就看到竹席上躺着一个袒胸露腹的年轻男子，顿时满心欢喜——做人就该这般坦荡，不遮不掩，心底无私。亲事当即拍板定了下来。这个袒胸露腹的年轻人就是王羲之。

王羲之，以及他的胞弟王珣、儿子王献之都是东晋的大书法家。就在乌衣巷，三王分别写就了《快雪时晴帖》《伯远帖》《中秋帖》，清朝的乾隆皇帝经常在养心殿暖阁阅读这三部法帖，称它们为“三件希世珍宝”，于是为暖阁起名为“三希堂”，这三部法帖也就合称为《三希堂法帖》而流传于世了。

乌衣巷的另一位主人公谢安，更是为后代文人所仰慕，唐朝诗人李白将其视为心中的偶像，把酒挥毫曰：“但用东山谢安石，为君谈笑尽胡沙。”

谢安 4 岁时就聪颖多智，少年时已有很大名声，连王导都对他有所耳闻。江南士族对谢安寄予了很大希望，当时人们常说：“安石（谢安字）不肯出，将如苍生何？”然而青年谢安对仕途毫无兴趣，尽管多次接到举荐信，他仍然每天与王羲之、许询、孙绰等名士畅谈玄理，游赏山水。直到胞弟谢万在军事上的指挥失误导致被革职，谢安才为了家族的兴旺，从山水之间走到了庙堂之内。

在仕途之上，谢安依旧保持着名士风范。当时东晋第一大门豪桓温一心想取代简文帝自立门户，危急时刻谢安力劝简文帝立下遗诏，传位太子，以防桓温篡位。桓温得知后，恼羞成怒，带领大军回到建康。面对杀气腾腾的桓温，满朝文武纷纷匍匐在地，无不惊恐，唯有谢安镇定自若。他从容地走到桓温对面，平静地说："我听说诸侯有道，就会命令守卫之士在四方防御邻国入侵，明公入朝，会见诸位大臣，哪用得着布置这么多人马呢？"桓温没想到在这样剑拔弩张的关头，谢安仍旧不改其旷达风度，不禁心生敬佩，连忙赔笑，震惊东晋朝野的危机在谢安的笑谈中悄然化解了。

六朝出隐者，很多士大夫徘徊于出世与入世之间。竹因脱俗飘逸之态成为那个时代名士们的所爱，才子王子猷曾指竹曰"何可一日无此君"

有礼有节，不卑不亢，能以四两拨千斤者，必有常人难以企及的内在的力量。

"青砖小瓦马头墙，回廊挂戟隔花窗"，这是古人对乌衣巷内谢家府邸的描述，朴实而不失雅趣。静处院内竹枝下，做遁于红尘的隐士，白云为伴，山水为邻，不求功贵，飘然忘尘，这便是谢安独特的人格魅力。清风明月间，他汲取的是山水的灵气，红尘人烟里，他滋润的是超然的人生。

想当年淝水之战，前秦王苻坚统兵百万，挥师南下，以"投鞭断流"的气概直逼长江两岸，眼见东晋王朝危在旦夕，天下苍生皆望谢安。乌衣巷内，一壶清茗，一盘残棋，魏晋士子的风流儒雅一举击溃了前秦大军；八公山下，风声鹤唳，草木皆兵，一代枭雄苻坚惊惶之中大败而归，给后世留下了千古笑谈。

王氏与谢氏的人生，是文人心目中理想的典范，能成就一番功业，亦能不失自己的真性情，能在艰险中匡扶国家，亦能不行卑躬屈膝之事。"旧时王谢堂前燕，飞入寻常百姓家"，如今在南京人的生活中，似乎还能寻觅到1600年前的王谢遗风，那种去留无意，宠辱不惊的大度之气依然随着秦淮河的流水荡漾到今朝。

史书记载，谢安曾与王羲之一同登高望远，面对江南的大好河山，谢安感慨说："人世茫茫，林泉高致，醉卧清谈，这样度过也当不负此生。"言谈之间，处处皆是潇洒与豁达，这样的心境，已不知高出了常人多少。

在漫长的历史记忆里，王谢，几乎成了一个时代的代名词。在东晋金陵特殊的风景中，他们把酒临风站在秦淮水畔，成了一组永不褪色的雕塑。

朱雀桥边，乌衣巷口，秦淮河的流水中承载了太多的历史

朱雀桥边，花开花谢，乌衣巷内，燕去燕来。

大抵南朝多旷达，可怜东晋最风流。风流飘逸的魏晋遗风留给后人的，是一种坚守自我的操守，面对外界的纷争和个人的沉浮，保持着置之度外的态度。

我相信，刘禹锡读懂了乌衣巷，他在贞观元年的政治革新中遭到贬谪，失意之中漫游秦淮，以一首千古名篇诠释了王谢遗风的真谛。

风华与衰老紧挨着，乌衣巷、朱雀桥，这些古老的街道显得有些陈旧了，曾经显赫一时的楼阁瓦檐隐约在回廊的拐角，暗藏在鸟巢一样的阁楼里，只让流水折射的阳光照亮自己并不十分黯淡的容颜。

显赫也好，黯然也罢，夕阳斜照下的野草花依旧淡然安详地享受着属于它们的时光。

· 莫愁湖：宠辱不惊在红尘

去南京，没有理由不去看看莫愁湖，读懂了莫愁湖，你就读懂了南京，读懂了这座经历诸多劫难却仍然保持着乐观心态的古城。莫愁——莫愁——放在心里默默念着，全身心都沉浸在了一片舒畅与平和之中。

莫愁湖不大，窄窄的一圈堤岸行不了太多的繁华和喧闹；莫愁湖不深，浅浅的一汪湖水载不起太多的心事与缠绵。她就像一块翡翠，不张扬，不冶艳，静静镶嵌在城市的衣袂上，精致细密的纹样里沉淀着岁月的痕迹。在那些平淡的、多姿的日子中，她或远或近地吸引着你，只须一见，便足以倾心。

莫愁湖的美，美在她曼妙的名字，更美在与一个善良女子有关的传说。

莫愁本是一位聪明美丽的洛阳姑娘，她会采桑、养蚕、纺织、刺绣、辨识草药，父母双亡后，15 岁的莫愁被南京石城湖畔的卢员外收养，成了卢员外的儿媳。虽然夫妻恩爱，生活富足，但是莫愁还是时常想念家乡，想念已故的父母。不过，莫愁从来不露出忧伤的神情，她总是带给人们快乐的笑容，附近的百姓们都说：“我们有了什么病痛什么苦恼，只要见了莫愁，就什么忧愁都没有了。”

一天，梁武帝听说卢员外庄园内牡丹花盛开，就前来赏花。姹紫嫣红的花朵如锦如霞，梁武帝看得如痴如醉，于是问卢员外：“此花何人所栽?”卢员外不敢撒谎，回答说：“此乃儿媳莫愁所栽。”梁武帝传见莫愁后，不禁怦然心动，便设计征卢公子服役戍边，接着传旨召莫愁进宫为妃。对爱情忠贞不渝的莫愁得知后，微笑着含泪自沉石城湖。

梁武帝闻讯，既羞愧又悔恨，写下了一首《河中水之歌》，纪念莫愁纯洁而短暂的一生：“河中之水向东流，洛阳女儿名莫愁。莫愁十三能织绮，十四采桑南陌头，十五嫁为卢家妇，十六生子字阿侯。卢家兰室桂为梁，中有郁金苏合香。头上金钗十二行，足下丝履五文章，珊瑚挂镜烂生光，平头奴子擎履箱。人生富贵何所望，恨不早嫁东家王。”洛阳牡丹几度开落，金陵荷塘几度芬芳，萍水相逢的，是生生不息的眷恋……

人们深深怀念这个善良美丽的姑娘，他们相信莫愁没有死去，而是化作了湖中的一泓清波，从此石城湖就被人们叫作莫愁湖了。

赏荷厅内莫愁女塑像

莫愁活在了自己的名字里，活在了清澈的涟漪里。纯真的莫愁，坦然接纳了命运的坎坷，包容了生命的磨难，她并非没有忧愁，她只是乐观地面对苦难，一颗纯洁的心永远那样洁净，纤尘不染。南京人打心眼里怜惜这个远嫁而来的姑娘，怜惜了何止千年。南京读懂了莫愁的柔弱，更读懂了莫愁的坚强。

湖畔，坐落着一座小小的庭院，叫作“赏荷厅”，厅前的荷塘内立着莫愁女的汉白玉雕像，她一袭长裙，不施粉黛，颔首微笑，轻轻提着裙裾，采撷新生的桑叶。清秀的面容、娉婷的身姿，仿佛一株出水芙蓉，让无数游人为之倾倒和赞叹。

其实，莫愁湖的诞生比莫愁女的传说要晚得多。六朝时期这里还是长江的一条支流，与秦淮河交汇，直到北宋年间才形成了湖泊，文人们喜欢“莫愁家住石城西”的传说，便将莫愁的名字送给了这一泓湖水。

不愿再纠缠于传说的真实与虚幻，宁愿相信——莫愁女是早生了四个世纪的青莲，在凡间的尘网里寻找失散的倒影；莫愁湖是姗姗来迟的浮萍，在时间的长河里追寻远去的足迹。终于，在这里相遇。

轻风吹散了千年前的恩怨，水中洇开一墨丹青，幻化出隔世的遐想。

苦恼的时候，去莫愁湖边上走一走，微风会轻轻地劝慰你：“不要忧愁，不要忧愁……”看看悠扬的柳和亭亭的荷，忧愁果然已忘却。快乐的时候呢，不妨也去莫愁湖边上走一走，湖水会轻轻地叮嘱你：“不要喜形于色，不要乐而忘形……”听听水鸟的鸣叫和树叶的低语，果然明白了悲喜本是人生的常态，我当泰然处之。

莫愁湖无疑是上苍赐予南京的福祉，她用动人的传说和美丽的名字抚慰着这座古城饱经沧桑的灵魂。面对命运的起落沉浮，南京人是坦然的、乐观的、豁达的，他们有着江南人的灵秀与善感，却不伤感与多愁——莫愁，莫愁，掬一捧莫愁湖的水，所有的忧伤便已忘却，何须再借酒浇愁呢？

一泓清澈的流水，让红尘中的南京明白了宠辱不惊的道理。

· 玄武湖：静看生命中的雾霭晴岚

盛夏时节，或者隆冬之日，去玄武湖赏荷，眼中看到的是不一样的风景，心中感悟到的亦是不一样的况味。盛夏的荷塘，满眼的鲜活和艳丽，碧绿的裙裾托着妖娆的腮红，亭亭玉立在清波之上，犹如二八佳人轻歌曼舞；而冬日的荷塘，只有枯荷败叶凋零在冰霜中，宁静又寂寞，无声地回忆那些六朝金粉的传说。

对于玄武湖来说，季节中风景的起落早就习以为常了。历史上，像玄武湖这样命运多舛的湖泊并不多见，它有过无限风光，也有过命悬一线的危难，除了经常被迫更换名称，湖面也常常被人为改造，甚至填埋。花期有长短，花落终有时，玄武湖的命运就像荷塘一般，在经历了一代代王朝更迭后，在剔透的冰面上淡然地直面自己憔悴的容颜，气定神闲地面对自己的荣辱悲欢。

玄武湖是江南地区最大的城中湖，至今已有1500多年的历史，位列江南三大名湖之首。湖中有五块绿洲，风光明媚，景色各异。整个湖泊长堤卧波，翠带环绕，早春的午后，微风拂过，淡淡的阳光从柳枝间穿过，在一片片嫩绿的柳芽上留下了一圈金色的光芒，闪耀在粼粼的湖光中，宛如烟云舒卷。

玄武湖荷塘：在湖中泛舟、赏荷，已成了南京人夏日里的一件风雅的事情

玄武湖风光

玄武湖古名桑泊，是在岩浆侵入体和断层破碎的软弱部位风化剥蚀而成的湖盆。据科学考察，早在800万年前，玄武岩浆沿着蒲石河断裂带首次喷发，形成了玄武岩柱状，其后又经历了三次岩浆喷发，逐步形成了罕见的三级玄武岩柱状聚合为一体的奇观。在水与火的历练中诞生，不平凡的身世似乎也暗含了玄武湖命运的波澜。

秦始皇灭楚国后，见金陵东南方向有金光闪耀，认为是龙脉所在，于是下令断山凿渠，挖断"龙脉"，并将金陵改名为秣陵县，这片湖泊即改名为秣陵湖。三国时期，吴王孙权引湖水入宫苑后湖，玄武湖开始为帝王所青睐。玄武湖在六朝初期名叫北湖，因为其位置在紫金山的西北部，"玄武"是中国神话中的"四神"之一，指北方之神，与青龙、白虎、朱雀分别代表四个方向。南朝宋将北湖更名为玄武湖。宋文帝曾对玄武湖进行过大规模的疏浚，将挖出来的湖泥堆积成了"神仙三岛"，就是今天玄武湖中梁洲、环洲和樱洲的前身。

六朝时期，玄武湖是帝王的欢娱游乐之地，刘宋大明三年(459年)在湖中设立了上林苑、乐游苑、华林苑，湖水环绕，景色秀丽宜人；齐武帝甚至将行宫设置在湖中，半夜出宫，到钟山、幕府山狩猎，还带着宫女盛装陪同，游猎至天色明亮听见鸡叫了才回宫。唐代的李商隐在《南朝》一诗中写道："玄武湖中玉漏催，鸡鸣埭口绣襦回。谁言琼树朝朝见，不及金莲步步来。"锦绣江山终在一片声色犬马中一点点耗尽了气数。

秋日的玄武湖:薄薄的晨雾里萦绕着淡淡的清澈和伤感

玄武湖也曾是训练和检阅水军的基地。孙权就在此训练过东吴水军,宋孝武帝刘骏两次在湖泊西岸阅兵和操练水师;陈太建十年(578年),陈宣帝在玄武湖布阵阅兵,参阅的步兵骑兵达到十万,楼船舰只五百余艘,角鼓震天,旌旗蔽日,后人在诗中描述:"五百楼船十万兵,登高阅武阵云生。定知战艇横瓜步,应有军牙拥石城。湖上秋空丝竹支,江头潮涌鼓鼙声。"七年后,后主陈叔宝在后庭歌舞中驾船于玄武湖上,这个沉迷于诗词歌舞中的皇帝也想举行一场盛大的阅兵式,殊不知此时离隋军攻破乐游苑仅剩下三年时间了。醉翁之意不在酒的陈后主阅兵结束后立刻在玄武湖上大宴群臣,与宠妃张丽华欣赏美景,华丽的阅兵式不过是一场歌舞盛宴的前奏而已。

玄武湖是今天的南京人休闲的好去处,在这里能感受到江南的精致细腻和古老的文化底蕴

南朝陈代的灭亡对玄武湖而言是一次浩劫,定都长安的隋文帝为了避免有人利用南朝古都发起事端,下令彻底焚毁了南京城,所有的宫苑、民居、商铺、街道一律夷平,玄武湖也成为一片杂草丛生的荒芜之地。唐朝的诗人怀念金陵昔日的繁华,留下了许多怀古祭奠的诗篇。"亡国生春草,离宫没古丘。空余后湖月,波上对江洲。"这后湖便是当年秀丽的玄武湖,连浪漫的李白见到此番凄凉的景象也不免伤感叹惋了。

到北宋时,那个写下"春风又绿江南岸,明月何时照我还"浪漫诗句的王安石,对待玄武湖却没有丝毫的浪漫眼光,反以"废湖还田"的政策将湖泊填为了田垄。从个人情感上来说，我是不喜欢王安石的，与同为“唐宋八大家”的苏东坡相比，王安石少了许多文人的生活情趣，多了些官僚的现实主义，总让人觉得他是个官员，而非真正的诗人。若是让苏东坡来主政诗酒风流的南京，说不定玄武湖就能变成另一个西湖了。

宋代以后，玄武湖的境况一直不容乐观。明朝修建南京城，玄武湖成为东北段城墙的护城河，面积仅剩六朝时期的三分之一了。清军入关，太平天国混战，玄武湖几经战火硝烟，成了人迹罕至的荒郊土岗，六朝古韵消失殆尽。

直至南京国民政府成立，玄武湖才开辟为公园，并逐步修复和完善沿湖景观。如今，环洲、梁洲、翠洲、樱洲、菱洲五座岛屿以及梁代昭明太子读书处、湖神庙、览胜楼、古点将台等历史景观都已基本复原，呈现出绿树环绕、花团锦簇、碧波荡漾的美丽画面。

春去秋来，精致的画舫在山水的映衬下穿行于杨柳莲叶之间，数不尽的诗情画意；位于环洲怀抱中的樱洲素有“樱花之海”的美誉，初春时节，岛上樱花轻舞，如笑靥如云霞；菱洲上的飞禽世界里修竹茂盛，雪松如盖，鸟语花香，一派盎然的生机。

佛经上说：生命如花。花之流年，城之岁月，六朝的湖水，滋养了别样的湖光山色。南京，这就样在繁华褪尽的风光里拈得莲心一瓣，静看生命中的晴岚雾霭。

· 胭脂井：犹忆南朝后庭花

丽宇芳林对高阁，新装艳质本倾城。
映户凝娇乍不进，出帷含态笑相迎。
妖姬脸似花含露，玉树流光照后庭。
花开花落不长久，落红满地归寂中。

——《玉树后庭花》陈叔宝【南朝】

历史回到1400年前，那一年，建康城结绮宫内，一个名叫张丽华的歌姬在丝竹管弦的靡靡之音中轻歌曼舞，绮丽的歌声让她才华横溢的爱人放下了万里江山。她不知道，贵为天子的他为她写下的歌会成为亡国之曲的千古佐证；她更不知道，不久后的一个火光冲天的午后，她多情的胭脂色会遗落在井栏的石脉上，丰姿丽容，魂断清溪，成就一段穿越千年的风流传奇。

陈叔宝，南朝陈代最后一个皇帝，如果不是生于帝王之家，他不失为一个流芳百世的诗人。命运就是这样无常，和南唐后主李煜一样，陈叔宝不幸做了皇帝，横溢的才华却成为对一个亡国之君最无情的戏弄和嘲讽。

“结绮临春草一丘，尚残宫井戒千秋。奢淫自是前王耻，不到龙沉亦可羞。”王安石留下的这首诗在以史为镜的同时也写下了绵绵不绝的无奈与伤感。

一曲后庭花，一口胭脂井，台城烟柳间，留下多少香消玉殒的往事。

据《景定建康志》和《至正金陵新志》记载：“胭脂井，原名景阳井，在台城内，后淹没。”传说这口古井的井栏非常奇特，用丝帛在上面擦拭，可以擦出淡淡的胭脂痕，温婉而凄艳；打上来的井水总是微微泛着红色，附近的女子常用这里的井水洗脸，相传可以让青春常驻。前来井边汲水或是瞻仰前朝旧迹的人们总会津津乐道地谈论起那些隔世的传说。

在世人眼中，陈后主是一个沉迷在淫靡之音与佳丽美色中的昏庸之君，终日寻欢作乐，朝政荒芜。他在光照殿前建造了临春、结绮、望仙三座高阁，窗牖、壁带、悬楣、栏槛皆用檀香木制作，又用金玉珠翠装饰屋檐门楣。楼阁之下，积石为山，引水为池，植以奇树，杂以花药，微风吹过，香闻数里，朝日初照，光映后庭，宛如人间仙境。

结绮阁就是后主宠妃张丽华的住处。相传张丽华长发七尺，黑亮如漆，美目盈盈，光采奕奕，宫中遥望，飘若神仙。她在做龚贵嫔的侍儿时，得到后主宠爱，被封为贵妃。后主常常在朝堂上将张丽华置于膝上，同议国事，张丽华生下的儿子也被立为太子。

在今天东南大学四牌楼校区的教学区与宿舍楼之间，有一条小河，叫作珍珠河。珍珠河是当年南朝皇宫中的御河，据说陈后主携张丽华游河时，张贵妃佩戴的珍珠坠入河中，后主命令竭河取珠，因此得名。

虽说鸡鸣寺旁的“景阳井”并非当年的“胭脂井”，但是游人来到这里还是要抒发一番世事沧桑的感慨

在南朝日复一日的莺歌燕舞中，隋已统一了北方，正虎视眈眈金陵的繁华。

588年，50万隋军兵分八路，挥师南下，大将韩擒虎亲率500名精锐士卒夜渡采石矶，直扑朱雀门。陈后主笑曰：“我有长江天险，占金陵王气，其奈我何？”光照殿内依旧歌舞升平，一派花团锦簇的祥和。正如杜牧诗云：“整整复斜斜，隋旗簇晚沙。门外韩擒虎，楼头张丽华。”

直到台城外杀声震天，陈后主才慌不择路，带着张丽华和孔贵妃躲进宫殿的井中，最终三人都被隋军生擒。张丽华被隋军用箩筐载着拉上来时，脸上的胭脂蹭在了井栏上，用水濯洗，殷红如故，从此诞生了一口胭脂井。

这口带着几分幽怨与凄艳气息的古井究竟身在何处，至今说法不一。

陈后主经常携宠妃及大臣在玄武湖上歌舞饮酒

在今天鸡鸣寺的景阳楼下，有一口古井，人们习惯将这口井看作是南朝遗迹的旧址。古井不大，井口已经泛白，寻不到半点胭脂的痕迹了，边上立着一块“古胭脂井”的石碑，朱自清在他的散文《南京》中写道：“豁蒙楼一排窗子安排得最有心思，让你看的一点不多，一点不少。寺后有一口灌园的井，可不是那陈后主和张丽华躲在一堆儿的‘胭脂井’……”

其实，在东南大学校园六朝松附近，也留有一口古井，经南京博物院专家考证，井栏所用的是明代的石材。胭脂井在古代被视作亡国耻辱的代表，在元朝时被拆掉了井栏，明朝时重新修复。不少专家认为，六朝时期的皇宫位于鸡笼山（今鸡鸣寺所在地）和覆舟山（今九华山）之南，即古台城，今天的四牌楼地区就基本位于当年的皇宫内，东南大学里的这口古井才是胭脂井的遗迹。至于今天被人们称为“台城”的鸡鸣寺北边的一段城墙，是朱元璋筑城时变更了城墙走向后废弃的工程，并非那无情烟柳的原址。

元文宗时，诗人萨都剌移居金陵，在那首脍炙人口的《满江红》里念道：“玉树歌残秋露冷，胭脂井坏寒螀泣。到如今，只有蒋山青，秦淮碧。”毕竟是往事如风，许多记忆凋零后，只剩下了无法触及的背影。

寻访胭脂井遗踪，寻不到当年的风华，只依稀听得见后庭花的余音。

青溪桥头，张丽华被晋王杨广下令斩首，一代佳人香消玉殒；后主陈叔宝被押赴隋都，死后追赠大将军衔，封长城县公。

金陵山水风物依旧，而六朝繁华已然消歇，胭脂井究竟身在何处，确难说得清了。也许，它就守候在某个不为人知的街角，任世事铅华覆盖住粗糙的砖石；而它，只带着点点尘埃落定的从容与坦率，在繁华中沉静，在沉静中淡忘，在淡忘中数点一生……

南唐往事　春花秋月何时了

· 祖堂二陵：绝响的诗歌

翻开中国的历史长卷，有一个短暂的朝代常常被人们忽视，它偏安江南一隅，在华夏五千年的政治长河中无所作为，轻如鸿毛；但是，这个朝代却又常常被人们提及，它所创造的文学艺术的辉煌成了人类精神宝库中的珍藏。千余年后的今天，人们渐渐淡忘了当年的宫闱旧事，五花马、美娇娥都已化作了祖堂山下的一抔尘土，人散尽，曲未终，无数动人的诗篇穿越了时光的桎梏，依然在传唱。

这个朝代名叫南唐，一个诞生于五代十国乱世纷争中的王朝，它以盛世大唐的名号装点自己的威仪，却终究如诗如画一般成为历史的一个幻梦。

在南京南郊，有一处形似巨龙的山脉，连绵起伏的群山以鬼斧神工之姿守护着这座江南古都的王气。祖堂山恰位于龙首的位置，在这个风水绝佳的宝地上坐落着两座陵墓，刚好位于祖堂山西南麓的“龙口”之内，仿佛巨龙口中含着的宝珠。这两座陵墓便是南唐烈祖李昪和中主李璟的皇陵。

南唐的背影是镌刻在石头上的——石头砌的南京城，石头堆的祖堂山。

我常常想，在中国的历史中，南唐扮演的究竟是怎样的角色？

它的存在，似乎无关于五代十国的纷争，亦无关于逐鹿中原的壮志。南唐，当我轻声念出这个名字的时候，我的脑海中呈现出的是江南的淡雅和大唐的绚丽。因为南唐，淡雅中有了博大的胸襟，绚丽中有了浅浅的愁绪，当大唐的诗篇在战火中化作一缕青烟的时候，江南却以其柔韧的筋骨承载起了另一片诗情画意的天空。

南京在经历了隋朝的毁灭性破坏后，结束了300余年的六朝繁华，走向了生命轨迹上的一次低潮。隋唐统治者以中原地区为统治中心，害怕在南京出现新的割据政权，于是将南京降级为普通的州县，灰飞烟灭的六朝遗迹从此只能成为文人墨客的诗作中缅怀的对象了。而南唐，让南京重新成为显赫之都，恢复了昔日东南重城的地位，带来了江南社会的繁荣，开创了中国经济文化中心从中原地区向江南地区转移的先河。

钦陵：南唐开国皇帝烈祖李昪的陵寝

南唐政权的管辖区域最广阔的时候也仅有今天的江苏、安徽、江西、湖南、福建五个省，由于扼守着长江天堑，这个并不强盛的政权有效阻止了中原军阀的南下，在短暂的时间和有限的地域内创造了丰厚的文化遗产。南唐的皇帝似乎都有一颗爱民之心，李昪称帝后，实行“保境安民”的政策，在国内奖励农桑，让百姓获得了休养生息的机会。李昪死后，其子李璟即位，在位的18年中，他充满雄心壮志地与北方大国后周对抗，却节节败退，于958年割让了长江以北的土地，并且“去帝号，称国主”，向后周称臣，最终抑郁而亡。

烈祖李昪的钦陵按照皇陵规格建造，分为前、中、后三间主室，十间侧室，均为砖石结构

与北方政权相比，南唐虽然在政治、军事上处于劣势，但文化艺术上的辉煌却是无可比拟的。江南的流水和空气中处处充满着诗情与画意，南唐中主李璟就是一个才华横溢的诗人，他经常与宠臣韩熙载、冯延巳等饮宴赋诗，“时时作为诗歌，皆出入风骚”。当唐诗走完了灿烂辉煌的历程，晚唐的最后一抹霞光悄然散去，这个钟情于歌筵舞榭风格诗词

的君王在那个动荡的年代独自走向了十世纪中国文学的巅峰。对于李璟来说，他无力开创一个盛世强国，但为词的鼎盛奠定了一块坚硬的基石。

南唐二陵是五代十国时期规模最大的帝王陵寝，二陵最初的地面建筑今已无存。尽管二陵早年都多次被盗，但是1950年至1951年由南京博物院组织发掘时，仍出土玉哀册、陶俑等文物600余件

“手卷真珠上玉钩，依前春恨锁重楼。风里落花谁是主？思悠悠。青鸟不传云外信，丁香空结雨中愁。回首绿坡三峡暮，接天流。”李璟在艺术的形式里抒发对乱世纷争的疑惑和壮志难酬的感慨，一双形而上的眼睛关注的不是人间的疾苦，而是如何用抽象的文字描绘那些具象的情感。艺术家成为国家的统治者，是百姓的不幸，是艺术的尴尬——陈后主如此，李后主如此，宋徽宗亦如此。

历史偏偏要作这样的选择，是刻意的嘲讽还是无心的巧合呢？

一代诗情君王在风雨飘摇的纷争中遗憾地闭上了双眼，在远离人烟的深山石窟内，静静地沉睡着，沉睡在某一首未完的诗歌中。生前，他用艺术装点自己的人生，死后，依然让艺术伴随着自己的灵魂。欣赏南唐二主陵，亦如欣赏一件令人赞叹的立体工艺品，虽然因为年代久远，二陵的地面建筑早已不复存在，地宫也多次遭到盗挖，但是陵墓石刻依然是中国石刻艺术中的瑰宝，成为上承秦汉下启宋元的石刻艺术的典范。

烈祖李昪的钦陵规模较大，是按照皇陵的规格建造的，分为前、中、后三间主室，十间侧室，均为砖石结构，墓壁上绘有牡丹、莲花、海石榴、祥云等鲜艳的彩画，是目前发现国内最早的附属在柱枋部分的彩画遗迹。主室的墙壁上都刻有栩栩如生的浮雕，后室穹顶上绘有彩色的天象图，抬头看去，无数星辰在空中闪耀，与脚下曲折的黄河、长江石刻遥相呼应，彰显着君临天下的威仪。中主李璟的顺陵位于钦陵西侧，与钦陵相比显得简朴了许多。李璟在位时，南唐国势已开始衰弱，被迫去掉了帝号，向后周称臣，墓室和棺座上已经不能再使用龙形浮雕了。

诗人总是过于浪漫地看待现实的世界，而现实总会毫不留情地将浪漫吞噬，这仿佛是

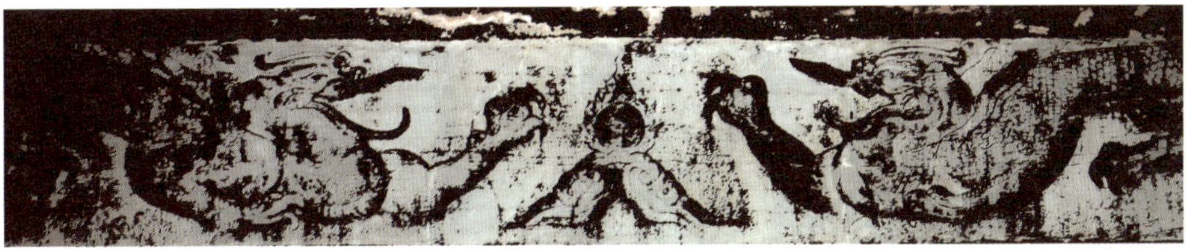

钦陵内分为前中后三室，中室北壁上方有青石横额，至今仍能清晰地看到双龙戏珠浮雕

躲避不掉的命运。这座并不完整的江山，飘浮在浅浅的梦境里，终究成就了纸页间的幸福。造物弄人，冥冥中的一只手在无可预知的情况下操纵着乾坤，安排着普天下芸芸众生或欣喜祥和或啼笑皆非的命运。

“细雨梦回鸡塞远，小楼吹彻玉笙寒。多少泪珠无限恨，倚阑干。”婉约缠绵的词曲中，李璟给儿子李煜留下了三千里的秀丽江山，这个文化艺术的国度正散发着夺目的光彩，却已难以抵挡肉体上的哪怕最轻微的打击了。那一年，战乱不断的五代十国悄然步入了时代的晚期，北方中原大地上，赵匡胤建立起了一个强大的王朝，正谋划着吞并天下的野心。

一个朝代即将随着皇陵的封闭走向终结，瑰丽的艺术珍品却在千年后依然演绎着生动的篇章。

· 李煜：人生长恨水长东

当赵匡胤把目光聚焦于江南的金陵时，他看到的是一个儒雅的男人的身影。

李煜，一个本无意为政却被推上君主之位的诗人，一个满腹诗词歌赋却无力抵御外侮的国君，他痛苦地徘徊在自己充满悖论的生命轨迹里，无奈、彷徨。

在南京的历史上，如果少了李煜这样一个国君，人们不会在意，但如果少了李煜这样一个诗人，南京就会留下永远的遗憾——何止南京，中国3000年的诗歌艺术也会因此黯然失色。李煜不是一个好君主，但他是一个真性情的好诗人。

978年，七月初七。开封，陇西郡公府。

这一年的七夕之夜显得无比平静和诡异，傍晚时分，雨霁微晴，天边残留着几朵巧云，勉强为这个浪漫的日子装点着几许情感上的慰藉。“迢迢牵牛星，皎皎河汉女。盈盈一水间，脉脉不得语。”李煜踱步在院内的芭蕉旁，心里念起了古人的诗句。诗，让他感到轻松和愉悦，十多年来，有过无数次这样的瞬间，他沉浸在诗和画的世界里，忘却了自己的身份，也忘却了那个支离破碎的天下。

就在这个宁静的夜晚，突然响起了一阵敲门声，一个不速之客走进了李煜的府邸。来人将一壶酒和一盘巧果小心翼翼地放在几案中央，脸上掠过一丝不易察觉的神色。

此时的李煜恭敬地垂首立于一旁，他已不再是南唐的国主，而是大宋王朝的阶下囚了。他清楚地记得，四年前的那个冬天，赵匡胤的大将曹彬率领虎狼之师一路披荆斩棘横渡长江，将金陵包围得水泄不通；那天，他正手握羊毫在袅袅檀香的缭绕中填写一首《临江仙》。真是造化弄人，那首词还没有填完，宋军就攻陷了城池，杀进了宫殿，无限江山恰如南柯一梦。潺潺的冬雨中，他和他的小周后，以及这首未完的词一起被押送到了开封。

金陵，留不住李煜蹒跚的脚步，这座曲水流觞的江南古城与他依依惜别。他愧对先祖的恩泽，不忍心远眺南方的祖堂山，那里安息着他的祖父和父亲。临别前，他回望江南的草木，流下了不舍的泪，江南的草木也为这个孩子一样的后主凝结出了晶莹的泪滴。

陇西郡公。李煜苦笑着，这个头衔对于他来说其实就是囚徒的代名词。他被太祖皇帝软禁于此，日夜被人监视，太祖归西后，新皇帝赵光义对他的侮辱更是变本加厉，赵光义甚至经常强留小周后于宫中侍寝。李煜一次次看到自己心爱的女人在东方既白之时黯然回府，脸上残留着泪痕，他心痛，却一筹莫展地沉默着。“林花谢了春红，太匆匆，无奈朝来寒雨晚来风……”他守护不了父王留给他的狭小的三千里河山，甚至保护不了自己最爱的女人，他只能这样束手无策地活着，囚徒一般地活着。

李煜想起了自己登上君位的情景，他不知道这是命运对自己的眷顾，还是一次令人哭笑不得的嘲讽。

那是961年7月29日，李煜在一片举国欢庆的祥和气氛中走向了那张代表至高权力的龙椅，也从此走上了祸福难料的人生旅程。他从来没有立下过成为君王的志向，工书善画、精于音律的他一心只想做皇城中的隐士。他无心争权夺利，登上君位完全是一场意外。南唐中主李璟（李煜的父亲）想按照烈主李昪的遗愿将君位传给自己的弟弟李景遂，李煜的哥哥李弘冀得知后便秘密杀害了叔父，然而几个月后，这个一门心思想当皇帝的李弘冀竟然得病死了。南唐李氏家族就只剩下了李煜，他无可奈何地接下了这片江山。

李煜知道，雄踞北方中原的赵匡胤正对自己的江山虎视眈眈，尽管当时南唐的经济实力足以与赵宋抗衡，军事力量也并非不堪一击，但他无心发展军事，他渴求的是平安与祥和。他不忍心看到百姓的疾苦，他推行爱民政策，减赋税息徭役，改善民生。他主动向赵匡胤称臣，委曲求全地在给赵匡胤的信中写道：“自出胶庠，心疏利禄。被父兄之荫育，乐日月以悠游。思追巢许之余尘，远慕夷齐之高义。”李煜一再向赵匡胤表明自己无心问鼎皇权，只想像巢父、许由、伯夷、叔齐那样隐居尘世。在日复一日的提心吊胆之中，他所能做的只是在寂寞的清秋夜借酒浇愁。

他不要天下，他只要江南，有了江南，天下的灵秀和俊逸就都在他的眼前了。

“无言独上西楼，月如钩，寂寞梧桐深院锁清秋。剪不断，理还乱，是离愁，别是一番滋味在心头。”李煜是纯粹的，他单纯、善良，他曾经像一个孩子一样关注这个世界的美好，用细腻多情的诗句记录着宫闱高墙内的富丽堂皇与风花雪月——“晓妆初了明肌雪，春殿嫔娥鱼贯列。凤箫声断水云闲，冲按霓裳歌彻遍。临风谁更飘香屑？醉拍栏杆情未切。归时休放烛花红，待踏马蹄清夜月。”

那时候，李煜是无忧无虑的，他在唱经楼念佛，他相信乱世之中仍然存在着超越人间俗世的美好。他曾写过两首题为《渔父》的词，一首曰：“浪花有意千重雪，桃李无言一队春。一壶酒，一杆身，世上如侬有几人？”另一首曰：“一羽春风一叶舟，一纶茧缕一轻钩。花满渚，酒满瓯，万顷波中得自由。”在李煜看来，这种对于布衣百姓来说再寻常不过的生活，犹如一个遥不可及的梦幻。

李煜是不幸的，他缺少帝王的威严和睿智，他不懂政治，不精通权术，他的天真酿成了自己乃至一个国家的悲剧。命运和他开了一个玩笑，让他生在了君王之家，让本该成为国君的哥哥英年早逝，让他像玩偶一样坐在王位上。但李煜也是幸运的，他有一颗剔透玲珑的心，他用诗词歌赋为自己建造了一个纯粹的国家。人生的起落无常拨动着他的心弦，亡国之痛将他托向了更高的艺术境界，多情的诗句在纸页间流淌，他在诗情画意中如痴如醉，他为中国的艺术史画上了浓墨重彩的一笔，让千余年后的人们对这位艺术帝王顶礼膜拜。

纵观李煜的一生，总让人觉得无奈，他的性格深处有许多柔软的东西，这些东西驱使他走向诗歌和艺术的国度，却一步步偏离了现实世界里一个君王的生命轨迹

摇曳的烛光下，杯中的酒冷漠地注视着李煜。“春花秋月何时了，往事知多少？”李煜微笑着，轻轻吟诵出这句让自己获罪的诗，他心里清楚，所谓的反诗，不过是大宋皇帝的一个借口罢了。

今夜是他离开人世的时候了。李煜忽然感到了一种解脱。这四年来，他度日如年，胆战心惊地活着，屈辱地活着，愧疚地活着，他无颜南望先祖的陵寝，更无颜面对自己心爱的女人。也许，他本就不该属于这个弱肉强食的世界，他的世界里，应该只有诗歌、书画和音乐，干净得犹如阑珊的春雨。

纵观李煜的一生,总让人觉得无奈,他的性格深处有许多柔软的东西,这些东西驱使他走向诗歌和艺术的国度,却一步步偏离了现实世界里一个君王的生命轨迹

李煜想起了宫殿被攻破时自己尚未写完的《临江仙》,他沉吟片刻,在一方素绢上留下了清秀的诗句:

“樱桃落尽春归去,蝶翻轻粉双飞,子规啼月小楼西,玉钩罗幕烟垂。别巷寂寥人散后,望残烟草低迷。炉香闲袅凤凰儿,空持罗带,回首恨依依。”

他端起酒杯,将掺入了千机药的毒酒一饮而尽。那一年,李煜 41 岁。

我无端地猜测,那个七月初七的夜晚应该是被朦胧的月色笼罩的,空气中应该游离着一种澄澈的伤感气息,柳叶儿泛起了鹅黄,荷塘里飘荡着幽香。酒顺着他的喉咙流淌进身体,他仿佛听到了玄武湖上清凌凌的渔歌,看到了秦淮河畔翩跹而过的画舫。

那个晚上,李煜安详地闭上了双眼,去往了属于他的国度——那个自由的、潇洒的、浪漫的诗的国度。

南唐的歌声,从此成为绝响。南唐的绝响,是伤痛的诗歌炼化而成的舍利。

大明风云　凤去台空江自流

· 明宫沉浮:一座宫殿的涅槃

600 年前,这里坐落着中华大地上最壮丽恢宏的皇家宫阙。

背靠紫气东来的钟山,征发军民工匠 20 余万人,填平燕雀湖改筑新城。1367 年,一座辉煌的宫殿诞生在了古城东部,史称“南京紫禁城”。巍峨的奉天殿内,明太祖朱元璋君临天下。

一切恍若隔世,历史的壮举缥缈如云,许多史料中的记载如今已经灰飞烟灭,这片历经了沧海桑田的大地,是否依然记得建文末年的熊熊火光呢?

1402 年,燕王朱棣在北平起兵,挥师南下,与侄子建文帝朱允炆展开了争夺大明帝位的战争,史称“靖难之役”。三年后,扼守长江要塞的金川门城门开启了,朱棣的金戈铁马踏进了都城南京。

长长的官道直通往这个帝国的心脏,厚重的盔甲掩盖了朱棣的心跳,微微颤抖的双手紧紧握着缰绳。他看到,金碧辉煌的宫殿在烈焰的烘托下发出狰狞的笑声,熠熠生辉的不再是五彩的琉璃,而是熊熊燃烧的烈火。曾经在他的回忆中驻留了 21 年的皇宫,在这场大火的吞噬下所剩无几。一同在大火中消失的,还有建文帝朱允炆的踪迹,残垣断壁的背后,从此笼罩着一个千古谜团。

也许从踏进南京城的那一刻开始,朱棣就感觉到了不适应。也许他已经习惯了北方粗粝的风沙,习惯了一望无际的疆场和戈壁;也许是这片土地上洒了太多族人的血泪,让他无颜东望紫金山下先皇的陵寝；也许是这座宫殿内有太多消散不去的腥风血雨，让他惶惶难安……种种无端的猜测混迹在历史的迷雾里，终于，这个不可一世的帝王在一片惊愕和反对声中作出了改变帝国命运的抉择——迁都！

永乐十九年(1421 年)，奉天殿内，端坐在皇位上的朱棣正式颁布了这个诏令。不久，在北方燕赵大地上，兴起了一座叫作北京的都城；而这座名叫应天的江南故都，从此诞生了一个新的名字：南京。

午朝门：古代都城通常由外城、内城、皇城、宫城组成，午朝门即明代皇宫宫城城门

华盖殿遗址：古称玉皇大帝座上的九星为“华盖”，明代洪武年间，华盖殿是春节、冬至和皇帝生辰时百官朝拜的地方

此后，明故宫渐趋冷落，鲜有皇室问津，风吹雨打，破损严重。据史籍记载，明英宗正统十四年(1449 年)六月，谨身殿、华盖殿被雷电击中起火；明宪宗成化二十一年(1485 年)五月，“南京大风拔太庙树，摧大祀殿及皇城各门兽吻”；明世宗嘉靖元年(1522 年)七月，“暴风雨，江溢，郊社陵寝宫阙城垣皆坏”。到 1644 年，李自成起义军攻陷北京，福王朱由崧逃亡到南京建立南明小朝廷时，昔日作为金銮殿使用的奉天殿已经荡然无存，朱由崧不得不在武英殿即位。

清军入关平定江南后，明故宫成为八旗军的驻防城，设置了将军、都统两座衙门，并从太平门至通济门加筑城墙将皇宫一分为二，此时的明故宫已经支离破碎，凌乱不堪了。后来康熙皇帝第一次南巡到达南京，见到残破的明故宫，感慨万分，在《过金陵论》一文中写道：“道出故宫，荆榛满目，昔者风阙之巍峨，今则颓垣残壁矣……闾阎巷陌未改旧观，而宫阙无一存者，睹此兴怀，能不有吴宫花草、晋代衣冠之叹耶?”近代,太平天国定都南京,大肆修建王府,明故宫内残存的石料也被拆卸殆尽。历经浩劫后,明故宫只剩下午朝门和地下的基柱等少量遗迹了。

明故宫是北京紫禁城的蓝本,曾作为大明洪武、建文、永乐三代帝王的皇宫,它的生命在最辉煌的54年中历经坎坷

如今,在这座历经战乱的宫殿旧址上,复原了部分宫阙和殿宇。站在午朝门宫墙遗址上,远望紫金山,青山含黛,云雾悠悠,写不尽沧海桑田的感慨。这座宫殿的真实模样,谁也说不清楚,再没有人能够目睹当年的恢宏壮丽,史学界甚至连一张宫殿详细图纸都没有,只能通过残破的遗迹和依照北京紫禁城的模样推测它的布局。

午朝门是南京故宫的正南门,是传达皇帝圣旨及朝廷文告的地方

明故宫是北京紫禁城的蓝本。这座宫殿由皇城和宫城两部分组成,皇城在外,围护着宫城。据学者考证,明初皇城范围东起今天的南京博物院,西至逸仙桥,南到光华门,北至佛心桥,周长9公里,占地面积约500万平方米。置身于遗址公园内,已无法体验到当年的君王巡礼皇城的盛况,奉天、华盖、谨身三大殿复原建筑在远山的衬托下显得有几分孤单,尽管精致的琉璃瓦在阳光中闪耀着绚丽的色彩。

曾作为大明洪武、建文、永乐三代帝王的皇宫,明故宫的生命在最辉煌的54年中历经了坎坷,甚至是血与火的浩劫。树荫茂密的御道街上,一座五龙桥匍匐在浅浅的河道边,过往的行人已经习惯了这条路上的景观,不再有人想到,自己脚下的这条路曾经叫作千步廊,是明朝文武百官步入朝堂的大道。

《仁王经》说:“一弹指六十刹那,一刹那九百生灭。”蓦然回首,已过轮回万千。也许,让辉煌的过去在历史的尘埃中黯淡,让昔日的伤痛在寻常的生活中愈合,这才是明故宫浴火后真正的涅槃。

· 秋日孝陵:抒写帝王的孤独

银杏的落叶沐浴着秋日的雨,美在凋零,却泛滥出别样的艳丽。一座古城的心事,唯有在秋天才能说破。

东郊有钟山,秋日里薄雾冥冥,一些秘密是会永远被时光覆盖的,恰如那座皇陵。

通往明孝陵的山路上尽是参天的梧桐,从盛夏到仲秋,仿佛一夜之间的事,昨日的绿荫已染上了浓重的黄色。

明孝陵神道是钟山的一颗痣,也是南京的秋天不忍回避的一处风景。南京的秋天,背景里回荡着黄钟大吕之声,即使有愁绪,也是因怀古而浸染上了冥思的气息。南京身在江南,却不可避免流露出几许北国的风韵,帝王之都与金粉江南的相遇,赋予了这座城市别具一格的气质,也让秋天的目光在这里多了一些踯躅和不舍。

仿佛是为了彰显皇家尊贵与不可撼动的威仪,神道两侧以色彩更为绚丽的银杏代替了枯瘦的梧桐。游人如织,当芸芸众生步入往日皇家禁地,一切都在默默讲述着那不可逆转的沧海桑田。洪武十四年(1381 年),朱元璋在紫金山玩珠峰下为自己选定了这处风水宝地,依山为陵,布局宏大;一年后,马皇后去世,葬入此陵。因马皇后谥号“孝慈”,皇陵便定名为“孝陵”。用皇后的谥号作为皇陵的称谓,天下少有,文武百官眼中的铁腕天子心甘情愿让自己的老婆夺了这不朽的荣耀。1398 年,朱元璋病逝,启用地宫与马皇后合葬。此后,孝陵的建设工程还在继续,明皇室先后调用军工十万人,历时 25 年才完整建成了陵寝。

600 年前,明皇室从朝阳门(今中山门)到孝陵西北修筑了 45 里长的皇城,驻有护陵军队 5000 多人。陵园内亭台相接,楼阁相望,享殿中烟雾缭绕,山峦上松涛如海,散养长生鹿千头,苍山间呦呦鹿鸣,鼓瑟吹笙,一派昌盛宏伟的景象。通往宝山的石象路两侧,相向立着狮、獬、骆驼、麒麟、马、象六种巨大的石兽,高大的华表上雕刻有龙腾云起的浮雕;道路在这里折了个弯,转而向北,四对身着盔甲的武将和身着蟒袍的文臣站立于此,坚硬的石头在工匠柔软的手中变成了栩栩如生的猛兽和文武官员,厚重的形体沉默无声地延续着安邦治国的使命。

当北国的风拂过站立了 600 年的石人石马,那份沧桑谁能读懂?冷雨霏霏,一代帝王在这里沉睡，无数未竟的雄心壮志化作松柏苍苍。银杏叶片在秋风中变幻着色彩，厚厚的落叶在一条不见尽头的石路上铺展开来。晶莹的雨水笼罩在叶片上，像一块块琥珀，用一个千年不变的诺言守护着灵魂已经消散但是肉体依然鲜活的生命。

这条神道是中国皇陵中唯一不呈直线的，而是环绕着梅花山呈现出北斗七星的轨迹。梅花山又名孙陵岗，东吴大帝孙权和皇后就合葬于此。据说当年朱元璋选中了这处陵址后，考虑到神道无法直着通向宝山，主持陵墓工程的大臣李新建议破土梅花山，移开孙权的陵墓。朱元璋说："不必了，孙权也是一条好汉，就让孙权在这里给我守墓吧。"于是，相隔了1000余年的两位帝王便在此地毗邻而居。

明孝陵秋景

山谷中闪耀着大明王朝的荣光，沿途散落着历史的废墟。这是一座用石头堆砌的陵寝，处处可见栩栩如生的石刻，大金门、神功圣德碑、神道、方城、明楼、宝城，一具具石头铸造的躯干将时光的流逝记录下来，化作了不朽的遗骨。一圈圈山峦将这座陵寝环抱在中间，像是一句千年前的誓约，已渐渐被遗忘，静静地搁浅在无人知晓的岁月的深处。

沿着斑驳的神道走向历史的深处，立于石道两侧的神兽似乎悄悄复苏了生命。枯黄的草丛中，雕刻着祥云与兽形纹样的残垣断壁隐约地显露着，暗绿色的青苔在石头的裂缝里恣意生长，不知不觉覆盖住了昔日帝国的荣光。几只不知名的长尾野雀在松柏的枝丫间跳跃，不时发出"呱呱"的叫声——声响传到远处，再从群山中反射回来，仿佛古琴的低音弦被一股力量拨动，震颤出浑厚低沉的音律。

一路向北，就到了明孝陵的主体建筑，主体建筑群呈四方形，位于墓穴的正前方，开创了陵寝建筑平面"前方后圆"的格局，并一直影响着此后明清两朝500年帝王陵寝的建设规制。走过金门、碑殿、享殿和明楼，一座直径达4000米的圆形山丘凸显在眼前，山上遍植茂密的树木，郁郁葱葱，自在地享受着金陵王气的滋养，这座山丘便是独龙阜——朱元璋和马皇后合葬的地宫所在。

这座地宫至今保存在坚固的山体内，尚未开发，也从来没有被成功盗掘过。独龙阜是一座坚固的石头山，在修建皇陵时，采用了横向凿入山体的方法，从内部掏空修建玄宫。这种横穴式的方法虽然工程浩大，但是墓体十分坚固，在没有炸药的情况下，古代盗墓贼想要从山体顶部向下打盗洞根本行不通。同时明孝陵墓道的设计也别具匠心，经过考古人员勘测，墓道并不是位于墓穴的正中间，而是偏在一边，这种违反常规的设计也让许多盗墓者无功而返。

四方城：今天位于明孝陵景区内的“神功圣德碑”，碑亭是一座石砌的小城堡，顶部已经损毁

这是一座用石头堆砌的陵寝，处处可见栩栩如生的石刻，石头铸造的躯干将时光的流逝记录下来，化作不朽的遗骨

明孝陵历经了600余年的沧桑，又在近代承受了清军与太平军战斗的硝烟，虽然许多木结构的建筑已经不复存在，但陵寝的基本格局还保持着当年的风貌，尘封在独龙阜下的地宫完好如初，昔日帝王的遗骸依然长眠在昏暗的墓穴之中。

在南京民间，流传着朱元璋死后从13座城门同时运出棺椁的说法，因此民间曾猜测孝陵其实是朱元璋的疑冢。当然，这只是市井巷陌的传说罢了，对于朱元璋来说，还有什么地方能像紫金山一样能彰显自己君临天下的威仪呢？

朱元璋原名朱重八，父亲朱五四，祖父朱初一，曾祖父朱四九……这是一份仅以姓氏和数字构成的家谱。在元朝，普通百姓只能以出生日期或者职业作为自己的名字，这个八月初八出生的农家男孩，可曾预料过自己会从田间地头的放牛郎变为不可一世的皇帝呢？

高大的城墙护卫着明太祖的皇陵，在紫金山的山麓里矗立了六百年

广袤的山脉，他独自享有了这里的王气，再无人与之争，太子朱标的陵寝安静地匍匐在孝陵东侧的茂林中，不显山不露水，卑微而本分地守护着父皇的地宫。一脉相承的朱氏子孙，几经猜忌和相残，最终只有这一对父子孤独地对望。

孤独——也许，每一个帝王都无法逃脱这个命运的摆布。生前，他们享受着孤家寡人的荣华与尊贵，死后，依然茕茕孑立在这荒野的山峦。无数石兽和条砖以咄咄逼人的气势驱赶着入侵者，只为一如既往地守卫着那颗干涸的心中的荒芜之土。

风云激荡的岁月已逐渐平息，曾经万乘之尊的躯体，在华丽的棺椁中渐渐消释——世间万物，有什么能够对抗得过时间的侵蚀呢？再多的金碧辉煌、琼楼玉宇，到头来终究只换来无尽的黑暗和寒冷。仿佛经历了一场盛大的魔法表演，在那个神秘莫测的黑匣子里，一切都将在不经意间化作虚无。

化为虚无的还有远去的风声，浅浅的凉意伴随落叶飘过，抒写一地倾城。

就这样，在明孝陵与南京的秋天相遇，这里隐匿着曾经的辉煌，封存着不为人知的秘密。还是时光多情，为这个季节驻足，也为这座城、为这座山留下了一夜宿醉。

· 阳山天骨：留与后人论是非

这不是大自然的鬼斧神工，这是天地间的一次叩问，是生命中的一声呼啸。六百年前沉重的呼吸和铿锵有力的步履似乎仍然在巨大的山石间回荡，斧钺锤凿的音律此起彼伏，柔软的血肉之躯渐渐凝固，凿刻出一尊尊屹立于苍天下的骨骼。

巨石沉默无言，未书一字，却写尽了传奇与沧桑。如果不是皇城内那一卷御笔亲题的圣旨，它们仍是阳山山脉的一部分，固守着脚下血脉相连的土地。而今，它们已经几乎与山体剥离，呈现出石碑的形状，碑身仅有一端连着山体，碑座也只剩下了几根石柱连接着大地。这三块硕大无比的巨石在连绵的山岭的衬托下显得异常醒目，但又微微有些突兀，仿佛横空飞来的山峰，訇然跌落于此。

三座如同山峰一样的巨碑，它们究竟想记录下什么？

在今天的南京江宁东郊，有一片连绵起伏的山脉，叫作阳山，山脚下坐落着一个叫作坟头村的古老村落。对于这个肃杀而萧瑟的名字，村里的老人们总能讲述一些流传了几百年的传说。“东流到西流，锁石到坟头；东也流（留），西也流（留），中间锁石锁坟头。”这是当地村庄的民谣，这些传说和民谣，都和“锁”在坟头的三座巨石有关，而那三座巨石，在种种传说的笼罩下越发显得苍凉和神秘。

凝望巨石，历史也悄然回到了风云激荡的1405年。

那一年，燕王朱棣率领遮天蔽日的战旗席卷长江两岸，以摧枯拉朽之势横渡长江天堑。在这场以争夺明帝国最高权力的“靖难之役”中，朱棣赢得了最终的胜利。一身戎装的朱棣登上了帝国最宏伟的宝座，宝剑在手，甲胄披肩，曾经征战漠北的燕王在应天成就了他的帝王之梦。

在历经了无数隐忍、阴谋、伪装、争斗、鲜血之后，他终于不再是偏居北国的燕王，他是永乐大帝，恢宏的大明王朝的第三任皇帝。然而，应天，这个锦绣之都也成了永乐皇帝的梦魇之地，那具在烈火中焦枯的尸骨背后，到底有多少秘密仍然在空气中游荡？火光中消失的幽灵到底身在何方呢，是已经远在天边了，还是仍然游荡在咫尺之处凝视着他呢？

这是一场以性命为赌注的赌局。建文帝朱允炆在溃败的最后一刻亲手点燃了华美的宫殿，火苗升腾的瞬间，宣告了朱棣获得了胜者为王的权力，但火焰又以吞噬一切的结果作为反讽宣判了朱棣的失败——消失无影的玉玺，还有那个不见尸骨的幽灵，让这个古老的都城充满了玄机，更让无数士大夫质疑朱棣帝位的正统性。

弑君篡位，成了朱棣的皇袍上永难磨灭的印记。它仿佛一个诅咒，挥之不去，如影随形。惶恐，迷茫——从朱棣，到应天城，乃至整个大明帝国。

滚烫的火焰需要用鲜红的血液来浇灭，一场排除异己的残酷杀戮在应天古城上演了，朱棣锋利的宝剑下，无数忠魂在肃杀的空气中游荡着。

黄子澄，凌迟，灭三族；

齐泰，凌迟，灭三族；

练子宁，凌迟，灭族；

卓敬，凌迟，灭族；

陈迪，凌迟，杀其子；

铁铉，割耳鼻后凌迟，杀其子。

……

鲜血铺就的皇位上还有一个人的名字：方孝孺。“燕贼篡位”，四个铁骨铮铮的大字让宝座上的皇帝咆哮如雷——“便十族奈我何?”傲世忠臣的一句狂言,可怜多少人头落地,身首异处。

血染丹陛阶。朱棣知道,他的长剑能够砍断反对者的呼声,但是斩不断暗夜中腾起的火焰,再锋利的剑也将在火的燃烧中变得柔软,失去钢铁应有的坚韧。那一簇看不见的火焰就在宫殿的大地下悄然闪耀着,逼迫着这个不可一世的帝王。

此时,朱棣最渴望的是来自上苍恩准,让自己在传统的政治伦理中获得其帝位的正统性。他要向世人证明,自己是一代明君,他的雄心壮志足以让臣民俯首帖耳。既然他的父皇并不看好他,那么他就用一块天底下最庞大的石材,为父皇建造恢宏的石碑,表彰先帝的功德,以此笼络人心,稳定政局。

开山为碑,也许只有这样才能平息皇帝心中那不安的火苗吧。

阳山,距离南京市区约23公里,在明代以前就是一座古采石场,这里的地貌多是巨大的栖霞灰岩,具有良好的完整性。朱棣曾多次派大臣前往阳山考察石材,最终选定了阳山南麓的山体,于是征集了工匠数万人将山峰劈开。据说在夜以继日的劳作中,有3000多名工匠累死在阳山脚下,他们的尸体就草草埋葬在附近的荒野之中,坟头村,从这个萧瑟的名字里依稀想象得出当年开山的工匠们尸骨遍野的凄凉景象。

两年后,工匠们用血肉模糊的双手将三块巨石从山体凿开,并基本打造出了碑材的雏形。三块巨石将分别充当碑座、碑身和碑额,其中碑座石材高17米,碑额石材高10米,最大的碑身石材高达51米,如果将这三部分按照碑的样式垒起,高度将达到78米,相当于一幢25层高楼,总重量达31167吨,堪称天地间的第一巨碑。

今阳山碑材景区内“天下第一碑”照壁

清代学者袁枚在《洪武大石碑歌》中惊叹:“青龙山前石一方,弓尺量之十丈长;碑如长剑惊天倚,十万骆驼拉不起。”朱棣此举,可谓前无古人,后无来者。这项工程即使在今天也是极难完成的,在没有机械化工具的古代,就算将巨碑从山体成功劈开,又如何把它们

这三块分别充当碑座、碑身和碑额的巨石总高度达到78米，曾让清代才子袁枚发出“碑如长剑惊天倚，十万骆驼拉不起”的感慨

从阳山运往紫金山的深山密林里呢？所有的疑问都凝固在了阳山的巨石上，无人猜得出那些未能实现的答案，因为，浩大的创世之举在一年半后便偃旗息鼓了。

在今天的明孝陵景区内有一座记录明太祖朱元璋功德的“大明孝陵神功圣德碑”，碑身高8.78米，立于龟趺座上；碑文由朱棣亲自撰写，共计2746字，是目前南京地区最大的碑。碑亭犹如一座高大的城堡，俗称“四方城”。这座石碑就是阳山碑材的替代品。

与阳山碑材相比，这座“神功圣德碑”就渺小得多了。也许对于朱棣来说，他早已洞察了这个结局，开山凿碑本就是一场笼络人心的表演，明知不可为而为之，无非是要留下一些狂歌和悲壮，为自己的帝业铸造不可撼动的政治基石。所有的铺垫只是为了上演政治剧目的高潮，至于这声势浩大的铺垫该以什么样的形式结束，他已不在乎了。

随着大殿内一句轻描淡写的口谕，采石场内鼎沸的工程倏忽间烟消云散，荒野处，苍穹下，满目伤痕累累的遗骨。三块巨石，亦如女娲补天余下的顽石，雄踞山间，危乎高哉，让袁枚留下“材大由来世莫收，此碑千载空悠悠”的感叹。

碑材遗址内，有一副楹联：石上有痕，已为前朝记功过；碑中无字，留与后人论是非。忧兴亡，问治乱，念苍生，王朝兴废，谁能评说呢？

缈缈寰尘，滔滔流年，在阳山巨石面前，万千劳工的生命一如蝼蚁草芥，可历史偏偏创造了人工胜过鬼斧的神话。600余年的风吹雨打让坚固的石材变得斑驳而苍凉，皲裂开的纹路仿佛古铜色的皮肤上突起的筋络，一股力量正从脊梁深处喷薄而出。

天近黄昏，薄暮黯淡，嶙峋的巨石犹如暗夜里倔强的星辰，尽显寂寞沧桑。

长风划过天际，铿锵的斧凿声历历在耳。问碑碑无言，唯见铁骨铮铮。

· 徐王爷:横刀立马,悲喜人生

明洪武元年(1368年)八月初二,元大都(今北京)齐化门在明军的炮火声中訇然倒塌,仓皇失措的元顺帝丢下都城逃向北方的大漠。硝烟还未散尽,明军的猎猎战旗已冲向了都城下,一名身着赭红色战袍的将军策马扬鞭,一马当先攻入城内。元朝灭亡了。历史在那一刻定格,这个名叫徐达的将军为大明王朝的创立留下了最辉煌壮丽的笔墨。

攻无不克,战无不胜,徐达亲手结束了由北方少数民族统治燕云十六州的历史。整整430年——盛唐之后,这片被"儿皇帝"石敬瑭割让出去的中原故土终于回归了。徐达的功劳在朱元璋的将领中是无人可比的,跟随朱元璋冲锋陷阵15年来,他连克重镇南京、镇江、常州,灭陈友谅、张士诚,破元大都,立下了盖世奇功,被朱元璋誉为"万里长城"。明王朝稳固后,徐达被授为太傅、中书右丞相,封魏国公,并和太祖皇帝结为了儿女亲家,其长女为燕王妃,次女为代王妃,三女为安王妃。

这种殊荣在旁人看来是炫目耀眼的光环,在徐达眼中却是一股令人不寒而栗的旋涡。历史上演绎过太多"兔死狗烹,鸟尽弓藏"的悲剧,大凡雄略之主,一旦统一了江山,便要屠戮功臣,这差不多成了自西汉开国以来每次改朝换代的惯例。

徐达有勇有谋,为人谦虚谨慎,从不居功自傲。也许是大将常遇春、丞相刘伯温不明不白的死亡让自己心有余悸,也许是目睹了胡惟庸、李文忠等一批开国功臣的不测遭遇,定都南京后,当年勇猛无畏的徐大将军如履薄冰,在小心谨慎中摸索着剩余的生命轨迹。尽管如此,民间仍然流传着徐达在朱元璋炮轰功臣楼时侥幸脱险,最终被皇帝御赐熏鹅毒死的故事。稗官野史难辨真假,人们终究相信,叱咤风云的一代骁将已如惊弓之鸟一般战战兢兢了。

莫愁湖公园内,有一座胜棋楼,门前一副楹联:粉黛江山,留得半湖烟雨;王侯事业,都如一局棋秤。在这片秀丽的湖畔,曾流传着君臣对弈的故事。

据说这座楼原名对弈楼,是朱元璋下棋的地方,朱元璋知道徐达不仅武功卓著,而且棋艺高超,于是经常和他在此下棋,但是每次徐达都会略输一筹。朱元璋怀疑是徐达故意让着自己,所以声明:必须全力对弈,不论胜负绝不怪罪。这盘棋从早晨下到午后仍未分胜负,正当朱元璋连吃了徐达两子而扬扬得意时,徐达却不再落子,跪下说道:"请陛下细观全局。"朱元璋走到徐达这边一看,发现徐达竟用黑子摆出了"万岁"二字。朱元璋龙颜大悦,将对弈楼改名为胜棋楼,并将这座楼和莫愁湖赏赐给了徐达。在与这位喜怒无常的皇帝的相处中,徐达深知伴君如伴虎的道理,他谨慎地揣摩圣意,仿佛在经历另一场不见硝烟的战争。

徐达终于保全了自己的性命，但是在南京城里，人们再也看不到这位常胜将军叱咤风云的身姿了。他在城南修建了一座精巧的园林作为自己的府邸，园内假山相连，池水相同，遍植古木奇花，尽享林泉幽深之趣，这便是后来让乾隆皇帝发出“瞻望玉堂，如在天上”之赞的瞻园。从此徐达寄情于山水之间，委身于江南小桥流水的庭院中，昔日的金戈铁马与雄才伟略已遥远得犹如隔世的传说。

“三山半落青天外，二水中分白鹭洲。”唐代的李白曾吟咏过白鹭洲的美景

白鹭洲曾是徐达的私家花园，他在这里寄情于山水园林，将军国大事全部抛在了一旁，只为求得晚年的平安

今天的人们在白鹭洲公园内还能看到一尊石像，是徐达的长子徐辉祖，他一身戎装，手抚宝剑，眉宇间透露着一股英武之气。而我更愿意认为这尊石像就是徐达。白鹭洲是秦淮河水域一处小巧的湖泊，风景秀丽，曾是徐达王府的东花园，园内建有烟雨轩、春在阁、小蓬莱等数十处景观。是否，独自行走在缥缈如梦的烟柳堤岸上，徐达念想的仍然是大漠上的猎猎雄风；是否，饮一杯浊酒半醉在精致的画舫内，徐达念想的仍然是鄱阳湖上与陈友谅水战时的惊涛巨浪。这尊刚毅勇武的石像有些格格不入地出现在这座温情脉脉的园林中，或许恰恰体现了徐达内心痛苦的纠结。

故意将自己的花园修在城墙脚下，让自己的一举一动都能被城墙上的眼睛一览无余。徐达的苦心孤诣里充斥着隐忍和苦闷，他亲手撕开自己的伤疤，将柔弱的身躯暴露在野兽面前，鲜血滴在水面，流淌出“生存”两个字。

徐达在南京度过了他的晚年,1384 年病逝于魏国公府内,终年 54 岁。临终前,他的三个女儿都已嫁给了朱元璋的儿子,跟随丈夫去了各自的封地。年迈的徐达在病榻上合上了双眼,他依稀看到了曾经与自己并肩作战的常遇春,还有刘伯温、李文忠……贵为皇亲国戚的徐达忽然感到一种解脱,16 年来,孤独与惶恐一直如影随形地伴随着自己,今天,一切都将烟消云散。

徐达是幸运的,他是明初开国功臣中少有的善终者。死后他被追封为中山王,赐谥号“武宁”,赐葬于钟山之北,与大明皇室同享钟山的风水造化,不久朱元璋又下诏让徐达“配享太庙”,塑像祭于功臣庙中。

“一道卉流下碧湍,西风激浪响潺匕。此时莫入吟翁耳,正送将军海上还。”在徐氏族谱中,后人读到了这样一首诗,诗句中流露着几分壮志难酬的感慨。试问,有几人能不败于战场亦不败于官场?历史上有几人,大明王朝又有几人?

瞻园:徐达的王府,这一段段蜿蜒曲折的回廊似乎向人们讲述着徐王爷跌宕起伏的一生

在徐达的陵墓内,立着一座“御制中山王神道碑”,这是明代功臣墓中最大的石碑,碑文由朱元璋亲自撰写,大学士宋濂手书,记载了徐达一生的丰功伟绩。如果将碑身与碑座叠加在一起,石碑通高可达 8.95 米,比明孝陵内朱元璋的“神功圣德碑”的碑身还要略高一些。大臣的墓碑居然高过了皇帝,这不可思议的一幕究竟是疏忽所致,还是上苍在冥冥之中昭示着徐大将军功高盖主的一世威名呢?

大明江山是朱元璋的,但能横刀立马与朱元璋平分秋色的,唯有徐王爷。

· 瀚海龙江:帝国兴衰的缩影

秦淮河从夫子庙前向西流淌,沿着明城墙的南端转了弯,一条河就这样将今日的南京分成了河西与河东两个部分。河西板块的西北部一直绵延至下关滨江区域,当地百姓习惯将这里称为“龙江”，这个叫法已经不知不觉流传600余年了。

龙江，这个名字源于一座恢宏的皇家造船厂。

明朝李昭祥在《龙江船厂志》中记载，“洪武初，即都城西北隅空地，开厂造船”，即指朱元璋在位时建造了龙江宝船厂。明代初年，龙江宝船厂的规模很大，东西横阔138丈，南北纵长354丈，面积达50余万平方米，其范围“东抵城濠，西抵秦淮卫军民塘地，西北抵仪凤门第一厢民住官廊房基地，南抵留守右卫军营基地，北抵南京兵部苜蓿地及彭城伯张田”。船厂内有通往长江的溪口，并设有可以启闭的石闸，用以控制水量。造船时将水排出，关上闸门，在船坞里施工；船造好后，开闸进水，让船体浮起，放船驶入长江。

龙不在海，而潜藏于江中，有几分神龙见首不见尾的神秘，若是从《易经》的角度看，又是否暗含了“潜龙勿用”之后的“飞龙在天”呢？

点燃龙江宝船厂耀眼荣光的是一个名叫郑和的人。

明永乐三年六月己卯（1405年7月11日），明成祖命令三宝太监郑和率领240多艘海船、27000多名船员组成的庞大船队开始了远航。这支船队自南京出发，顺流而下从太仓入海，迈开了通向世界的步伐。

这是中世纪世界航海史的奇迹，龙江，恰是这个奇迹的起点。

无数滑轮在绳索的拉动下发出沙哑的摩擦声，皇家宝船厂厚重的闸门缓缓升高，涌入的江水有力地挥动臂膀，巨大的浮力托起了作塘内一艘艘高大的宝船，华美的船身在阳光中闪耀着夺目的光彩。坚固的船桨每一次整齐的划动，都能激起层层叠叠的拍岸波涛；舒展开来的风帆每一次转动方向，都仿佛鲲鹏展翅，御风而行。茫茫碧波上，旌旗猎猎，鼓角争鸣，无数水手、船工、将军、士兵、医生、乐师、工匠、使臣，在浩瀚的海浪中见证了这个奇迹的诞生。

七次远洋，气势如虹，史书记载，这支船队最远抵达了阿拉伯海和非洲东海岸，甚至有学者从美洲出土的瓷器考证，认为郑和的船队率先发现了美洲，并完成了环球航行。

对于这个创世之举来说，南京，是它的诞生之地，也成了它的终结之所。

奇迹总是以其短暂的和不可延续的特质贯穿始终。正统元年（1436年），紫禁城内传出的一纸诏书让沉重的闸门从此紧紧地合上了。已经数不清这是大明王朝的第几道禁海令了，只不过，这道诏令颁布以后，龙江宝船厂内便再也没有一艘船只驶向大洋了。

闸门訇然坠落，切断了这座城市与大海相连的血脉，也束缚住了一个庞大的东方帝国迈向世界的步伐。终于，时间的尘埃风化了绳索，历史的年轮锈蚀了滑轮，曾经战胜了惊涛骇浪的巨大铁锚如今牢牢地锁住无数航船残破的骨骸，坚固的铁锚成了风帆和船舵最沉重的桎梏。作塘内再也闻不见江海的气息，一塘平静的死水在阳光的暴晒下渐渐干涸，巨大的船体仿佛一座座豪华的坟墓，遍布暗绿色的青苔，高耸入云的桅杆断裂在空中，恰似一块残破的墓碑，那些不安分的灵魂早已在搁浅的时光中悄然腐烂。

从闸门缓缓合上的那一刻，这里便成了一潭死水，短暂的辉煌从此被历史埋葬了，人们复又望洋兴叹。关于那次伟大的航海之举的记忆离人们越来越遥远了，遥远得如同一个上古的传说。

郑和下西洋的举动在15世纪可谓是气势如虹，然而宝船厂遗址公园内的铁锚分明道出了一个故步自封的帝国无尽的哀伤

轰轰烈烈的海洋盛典就这样杳无声息地落下了帷幕。此后不久，明弘治十一年(1498年)，葡萄牙船队在达·伽马的带领下绕过好望角，横渡印度洋；明嘉靖元年(1522年)，麦哲伦的西班牙船队完成了人类历史上第一次环球航行。而此时的龙江宝船厂，已沦为一座普通的船坞，驶出的也仅仅是在内河里浮动的舢板而已了。

一次世界性的航海壮举，终究只化作昙花一现，后人只在史料的只言片语里看到，历史的天空中，曾有一颗美丽的流星划过一道绚丽的轨迹，然后，就消失在无尽的夜空中了。茫茫大洋上，汹涌的波涛可曾记录了那支庞大的东方船队的帆影？无数辉煌已然散去，深不可测的海底，是否还藏有一块舢板、几个瓷片，在无穷的睡梦中呢喃着无可复原的恢宏呢？

一道锈迹斑斑的闸门，缩微了一个东方帝国兴衰的影像。

龙江宝船厂遗址公园内铁锚雕塑

船桨、船舵、风帆、铁锚，只有海洋才是它们的梦想之所。搏击惊涛与暗礁，即使葬身海底，也是最光荣的归宿；如行尸走肉一般搁浅在滩涂，才是命运最无奈的悲哀。

海洋是生命的源泉，是陆地的延续，是通往世界每一寸地域的血管。切断了这一方血

静海寺：明成祖朱棣为褒奖郑和航海功绩下令敕建皇家寺院，1842年，清政府与英军在静海寺内议定了《南京条约》意向

脉，丰腴的机体只能默默地在血液的凝固中变得僵硬和黯淡。

在龙江宝船厂遗址，我寻找着这根血脉上的伤口，时间粗粝的风沙足以将任何伤痕打磨得光滑。这里是古代中国最大的造船基地，曾有7个作塘朝着出海口的方向平行排列，如今只剩下3个了。按照文献记载，郑和的旗舰（一号宝船）长与宽分别达到了140.7米和57米，如此巨大规模的木帆船，比西方早了三个多世纪。

重新拾起这些令人叹为观止的壮举，引发出无穷的喟叹。

郑和远洋，最先宣告了世界航海时代的来临。可是，这些曾有的荣光，早就在天朝上国的故步自封中荡然无存了。

南京，打开了中国通向世界的海上之门，然而，旋又紧闭，不复开启。440年后，这座封锁的大门被来自海上的炮火轰开。英国舰队循着当年郑和走过的路线由海上打进长江流域。下关江面上，"康华丽"号的轰鸣声震撼了南京聚宝门，这座巍峨坚固的陆上要塞第一次面对海上的威胁显得茫然失措，胆战心惊地成了惊涛骇浪的奴隶。

一纸《南京条约》，标志着古老中国封建王朝的动摇，这座打通了中国与世界海上交流之门的城市，终被打上近代中国第一个屈辱的烙印。人们忘记了，这座城市曾经是大海的征服者。两次海上大门的开启，都发生在南京，是命运的巧合，还是历史的机缘？两次海上大门的开启，却是两种不同命运的开始与终结，是帝国的悲哀，还是南京的无奈？

"郑和之后，再无郑和"，梁启超的一句话，道出了这座古城无法磨灭的创伤。

暮鼓晨钟　多少楼台烟雨中

· 栖霞寺:古刹醉红尘

登临栖霞,不仅仅为了赏玩那一脉深情的红叶,更为一睹那座幽栖在山林深处的千年古刹。始建于南齐永明元年(483年)的栖霞寺掩映在奇峰芳草之中,聆听悠悠鸟鸣,俯看滔滔江水,呼吸着大自然的灵气,参悟着佛法的奥义。偶有风过时,一抹红叶不经意飘落,遮不住红尘低吟浅唱的芬芳。

483年,隐士明僧绍舍弃自己的住宅,改建为禅寺,称“栖霞精舍”。这座脱胎于俗世宅院的禅寺,从诞生之日起就注定了要沾染凡尘的风霜。

远离金陵秦淮的繁华,却在另一番明媚风光中拈花微笑。缓缓行走在临江的山路上,捡拾起时光的脉络,听古寺的钟声渐渐浑厚和清晰起来;满山枫叶在深秋时节绽放得艳丽,一如绚烂的生命舞曲。栖霞寺,既有佛家之祥和,亦有儒家之风雅,出世的超然与入世的情怀相生相共,少了几许苦行的悲怆,多了几重俗世的温情。千百年来,无数高僧与游人文士在此叩问菩提的真谛,祈祷福祉的降临。

栖霞山本名摄山,由于栖霞寺的缘故才改了山名。梁代僧朗法师曾在此大弘三论教义,于是被尊为江南佛教三论宗的发祥地,在汉地佛教中一直地位显著。倚林而生,依山而建。远远看去,枫林丛中,青瓦重檐围于红墙白壁之内,伴随着山势跌宕起伏,钟声渺远,烟雾袅袅,更增添了几分神性的气息。

寺院门前左侧立着一块石碑,是初唐为纪念明僧绍而立,名为明徽君碑,碑文为唐高宗李治撰文，唐代书法家高正臣所书；碑阴“栖霞”二字，相传亦为李治亲笔所题。

寺院内，高大的菩提树静坐在深秋的阳光中，蜿蜒的枝干仿佛须髯一般被风托起，飘浮在碧蓝的苍天下。仰望这些苍老的树枝，你无法说得清它们走过了多少年岁，你会觉得它们是一位位历经沧桑的老者，正慈爱地端详着前来拜谒祈福的芸芸众生。树枝上，系着一条条写有祝福与心愿的红绸带，将一个个绚丽的梦从红尘带到祥云之中。

栖霞古寺

从寺庙后院拾级而上，沿着南侧围墙行走在平缓的山路上，不多久，一座古朴的白色石塔就赫然出现在眼前了。石塔边上栽种着几株红枫，轻灵的叶片覆盖在石块表面，在阳光照耀下摇曳着近乎透明的鲜艳。这便是栖霞山舍利塔，是我国现存的最大的舍利塔，石塔仰望高天流云，静看繁华终成空境。

该塔原为木质结构，唐武宗会昌年间毁于火灾，现存的石塔是南唐时期用白石重建的。塔高约 18 米，五层八面，塔基上刻有释迦牟尼修行故事“八相成道图”——白象投胎、树下诞生、九龙灌浴、出游西门、窬城修行、沐浴坐禅、成道说法、降伏心魔、坐化涅槃。塔身刻有文殊、普贤和天王浮雕，圆拱形佛龛内雕刻有 64 尊坐佛，顶端的塔檐斜面上雕刻着飞天、乐天、供养天人像，与敦煌五代石窟的飞天造型非常相似。佛家有言“莲花即道场，莲池即心池，莲子即本心”，舍利塔的塔尖恰仿佛一朵莲花盛开在凡尘间，启迪人们开启胸中的心泉，涤荡俗世的尘埃。

石塔背后的山岩上，有一组南朝时期开凿的石窟，石窟内坐落着佛像 500 余尊，称千佛岩。最为壮观的无量寿佛高达 10 米，左右为观音菩萨、大势至菩萨立像，合称“西方三圣”，这方石窟也被称作三圣殿。远远望去，山峦好似一棵硕大的莲蓬，一方方石窟幻化出七窍玲珑心的智慧。

南齐永明七年(489 年)，明僧绍之子与智度禅师开凿三圣像以纪念明僧绍，开辟了千佛岩之滥觞。后相传梁朝大同年间，三圣像佛龛上佛光绽放，惊动了梁贵族，纷纷前来捐资造佛，逐渐形成了江南石窟的佛教景观。

与庄严辉煌的庙宇相比，这里的佛陀们的修行就太过朴素了——依着山壁凿出一个洞窟，粗粝的岩石在斧锤的敲击下即变身为或站立或端坐或侧卧的佛像，几无遮蔽地在酷日和风雪中面壁修行。也许正因如此，他们的面容上少了几许安详与雍容，而多了几分普通人的平和、悲悯与容忍。

舍利塔：栖霞寺内最古老的建筑，塔基上刻有释迦牟尼修行故事“八相成道图”

其实，千佛岩的佛像更接近红尘气息。在这里，看不到精雕细琢，却能欣赏到粗犷浑厚与拙朴自然，那是一种由内而外彰显出来的神韵。看那一尊尊佛像的造型，千姿百态，神情各异，有的颔首微笑，有的冥思苦想，有的怒发冲冠，有的闭目酣睡。一尊佛像，实则暗含了一种人生态度，细细品味石窟中的雕像，或许会在不经意间窥见自己的身影。佛，是一面明净的镜子，看似了无牵挂，远离红尘，但当你用心解读自己的精神世界时，佛就到了你的心中。忽然就觉得，能与朴实无华的佛陀共享这山间的清风、朗日、鸟鸣、花香，何尝不是我等众生难得的造化呢?

在千佛岩现存的 700 余尊佛像中，有一尊手持铁锤与凿子的“工匠佛”，有些怯生生地立在拐角处最不显眼的石窟中。相传南朝皇帝命令工匠在此开凿洞窟雕刻 1000 尊佛像，到了工期最后一天皇帝前来检查时，仅剩下最后一尊没能造好，工匠急中生智，站立在洞窟中冒充佛像骗过了皇帝。从此，这个工匠就永远地变成了一尊不能动的石像了。回味这尊佛像背后的传说，顿觉得佛陀也是这般平易近人，从苦行到彻悟，其间也经历了诸多无常，甚至，对于滚滚红尘，是否还有那么一丝不舍未曾来得及放下呢?

舍利塔

千姿百态的佛像顺着山势起承转折，极目之处，林壑明净秀美，满山的枫叶渲染成绚丽的背景，弥漫在天地的尽头，不时有精致的红叶在秋风中纷飞，落在你的脚边，仿佛前世注定相逢的缘，让人忍不住将它们拾起，收藏。几株金色的菩提树和坐落在山涧处的亭阁点缀其间，构成了一幅充满神韵的写意画。

这是大自然的生命之色，冲淡了人们平日的焦灼和烦恼，一种温情，一种祥和，悄然流淌在栖霞古刹的禅语梵音之中。唐朝诗人顾况在游览栖霞胜景之后，写下了一首诗《摄山听子规》——“栖霞山中子规鸟，口边出血啼不了。山僧后夜初出定，闻似不闻山月晓。”若这漫山红遍的枫叶真是杜鹃啼血而成，那天地间的大美岂不是寄托着生命极致的情感吗？烟霞染秋光，绮丽的繁华记载了又一页年轮。

古刹院落的钟声在山谷间回荡，缓缓平息心中纷扬的杂念。

沉醉于栖霞山寺的景致与佛法的玄机，忘却了红尘的归路。凝视一枚红叶，清晰的脉络上镌刻着佛陀的恩典，那些未曾消融的芜杂，不经意间遗落在了暮秋的霜天中。

· 鸡鸣寺：因为苦难，所以慈悲

千里莺啼绿映红，
水村山郭酒旗风。
南朝四百八十寺，
多少楼台烟雨中。

——《江南春绝句》杜牧【唐】

在一片樱花林中，遥望坐落在鸡笼山上的南朝古刹，刹那间就于心底念出了杜牧的诗句。依旧是莺歌燕舞的明媚春光，依旧是桃红柳绿的烟花三月，携带一身风尘向古寺走去，俗世与释界，只隔了几级不高的台阶，只隔了一道单薄的门槛——槛外，是迷失在花海中的滚滚红尘；槛内，是渺远钟声里的云水禅心。

仰望那座质朴的牌坊，不知道它曾有过多少次坍圮，又多少次在废墟中重立。古鸡鸣寺，这座位居“四百八十寺”之首的南朝古寺，从生命之初缓缓走来，在一个个重生的季节里吐露芳华，如今的它，是否仍然载着千年前空灵的记忆？站在时间的屋檐下，看这座不高的山，山水与古刹已换了容颜，那些帝王将相、名士高僧，亦如过客一般在佛陀的微笑中涤荡了肉体的尘埃。

鸡鸣寺位于鸡笼山东麓，北临玄武湖，三国时期属于东吴的宫苑，是一处风景秀丽的地方。527 年，梁武帝萧衍在此兴建同泰寺，与皇宫隔墙相望，整个寺院依皇家规制而建，规模宏大，金碧辉煌，盛极一时，成为当时南方的佛教中心。

一炷檀香，燃烧在南朝皇宫内，几枝莲花，盛开在御河龙桥畔，雕栏画栋的宫墙中隐约泛起虔诚的诵经声。为求延年益寿、江山永固，梁武帝多次不顾大臣劝阻，离开皇宫，出家为僧；538 年，这个一心向佛的皇帝第四次脱下华美的龙袍，毫无牵挂地放下锦绣江山，捧着几卷经书登上鸡笼山，以跏趺之姿端坐于纯金打造的佛像前。此时风雨飘摇的梁王朝正遭遇侯景之乱，国库空虚，民不聊生，不久梁武帝就饿死在了古台城上，同泰古寺也在战乱中毁于一旦。

400 年后的五代时期，同泰寺旧址上修建了一座千佛院，南唐时称净居寺。明洪武二十年（1387 年），朱元璋下旨重建古寺，题额为“鸡鸣寺”，经宣德、成化和弘治年间的扩修，殿堂楼阁达 30 余座，常住寺僧百余人之多。清康乾年间，鸡鸣寺多次修葺，乾隆皇帝南巡时曾将寺院的凭虚阁作为驻跸行宫，然而不久古寺又毁于太平天国的战火。

1983 年以来，鸡鸣寺按照原貌逐步修复了头山门、大山门、观音殿、大雄宝殿、毗卢宝殿、豁蒙楼、景阳楼、韦陀殿等建筑，昔日的古寺重又焕然一新。

也许是饱经了命运的沉浮与磨难，鸡鸣寺似乎更加关心凡间的疾苦——殿宇威严却显得质朴，佛像庄重却显得亲切。在寺院最高处，矗立着一座药师佛塔，蕴含着人们消灾延寿的祝愿。庄严的佛塔内，无数盏佛灯在四壁燃烧着，隐隐绰绰的灯光映照在神佛慈悲的面容上。一盏佛灯，点燃的是一个祈愿，人们虔诚地相信，佛有一颗善良的悲悯之心，人间再多的疾苦在佛的胸中也能被平静地包容。

在药师佛塔内，我目睹了一个半百老人绝望而无助的心愿。

老人请女沙弥帮他挑选一盏佛灯，然后低声讲述起他的忧伤：他有一个不到 30 岁的女儿，聪明，漂亮，在巴黎一家 IT 公司做品牌管理，女婿也在巴黎工作，是一名律师。这本是一个幸福的家庭，可婚后不久，女儿被诊断出子宫癌，在法国做手术不见成效。回国后，家人访遍了北京、上海各大医院都无济于事，现在唯一能做的就是在复旦大学附属医院接受临终关

古鸡鸣寺山门

风雪中的药师佛塔

春天的鸡鸣寺门前道路上樱花盛开，花海之中的古寺呈现出独特的韵味

怀，这意味着一个年轻的生命被早早地宣判了死亡。

老人的眼眶中漾满了混浊的眼泪，他从衣兜里掏出一张女儿的照片。照片上的姑娘健康美丽，有一脸灿烂的笑容。老人说："我希望把女儿的照片贴在佛灯上，我不求别的，只求菩萨保佑我的女儿在最后的时候不要那么痛苦，让她平静地离开……"

说到这里，老人已经泣不成声，旁边的香客听了也唏嘘不已。

老人的所求是那么简单，那么微不足道，面对骨肉离散却束手无策，这是何等悲痛的事情。生命中，总是不可避免会遭遇到各种困苦与艰辛，当命运无情地以悲剧作为结局，当所有的努力终成泡影的时候，全部的希望也只能寄托在这一盏光芒微弱的佛灯上了，一切不过是为了在万念俱灰的绝望后留下一份寄托。

芸芸众生，说不尽的辛酸与伤痛，尘世间，真正的幸福能有几何？

药师佛塔下，我似乎嗅到了淡淡的药草的幽香。让药草融化祥云的慈悲，让祥云普照凡尘的疾苦，端详佛陀微笑的面容，你是否看得清其中的悲欣？大音希声，大象无形，那微笑包含了沉默、悲伤和喜悦，包含了世事无常和因缘造化。

《地藏菩萨本愿经》有言："地狱不空，我不成佛。"因为苦难，所以慈悲。

在寺院内，我看到了一棵高大的菩提树，枝干上系着一根根红色的绸带，寄托着人们的祝福与心愿，绸带点缀在翠绿的叶片间，像一簇簇盛开的花。菩提，总是映衬着人的心性，相传佛陀就是在菩提树下大彻大悟的。"菩提本无树，明镜亦非台；本来无一物，何处惹尘埃。"此岸是烟云梦境，彼岸是禅意清幽，将青丝一般的年华，封存在高墙深院中，天地苍茫，群山静默，忘却曾经的迷失，寂寞了人生，也寂寞了青灯、古佛和经文。

佛陀拈花微笑的背后，飞扬着俗世的尘土，飘摇着茫然无助的祈求。尘世的云烟在佛香里浮起和沉落，浓厚的香火在阳光下变幻着颜色，善男信女的面孔在香火中晃动起来；大殿里的唱经声在宁静的寺院内回荡，带着无欲无求的淡泊。

一股清香，是殷殷福田，一瓣莲花，是红尘中笑与泪的相遇。

· 大报恩寺：此恩绵绵无绝期

听不见浑厚的暮鼓晨钟，亦看不见缥缈的香烟醴火，金碧辉煌的大雄宝殿已零落为烟尘，昼夜长明的琉璃宝刹已埋入荒草，只有一座石兽，几处残垣，陪伴着一抔野草遍布的荒土。不远处，雄伟的中华门固守着脚下的大地，秀丽的秦淮河温情脉脉地滋润着岸边的杨柳，几行雁字归来，在料峭的春寒中讲述着一段支离破碎的恩情。

现藏于南京博物院的大报恩寺琉璃塔门券，门框饰有狮子、白象、飞羊等造型的五色琉璃砖

几十年来，他以无比顺从的姿态将另一个女人称为"母亲"，却从不告知任何人生母是谁，即使母子阴阳两隔，他依然守口如瓶，他将这个秘密深深埋藏在心底，直到自己离开这个世界，一切只为了牢牢掌控那至高无上的权力。一座大报恩寺，在一代帝王坚硬的心上刻下了一道至情至性的伤痕。

南京博物院展出的琉璃瓦构件

朱棣，这个在边陲大漠和战马上成长起来的皇子，以武力夺取了侄儿的皇位。按照传统礼制，皇位传嫡不传庶，为了证明皇位的正统性，朱棣从此将马皇后视为自己的亲生母亲。经朱棣修改后的《太祖实录》记载："（朱棣）每自称曰'朕高皇后第四子也'。"从此，朱棣的生母为何人成了湮没在历史中的一个扑朔迷离的谜团。

不少史学家认为，朱棣是朝鲜李氏女子碽妃所生，因碽妃生朱棣时早产，朱元璋怀疑她与别人私通，以"铁裙"之刑（用铁片做成衣服穿在犯人身上，置于火上烤）将她处死；也有学者考证，朱棣的生母是安徽寿州人李氏淑妃，为了让儿子凭着"嫡出正统"之名获得皇位，这位母亲将自己的儿子"让"给了马皇后，至死母子不相认。

这位本应享受太后之尊的母亲到底是谁，至今没有定论，人们只从史书中看到，朱棣即位后，立刻在原长干寺的基础上修建大报恩寺，宣称他要以此回报父亲朱元璋和母亲马皇后的生养之恩。大家都明白，这仅仅是一次政治作秀罢了。在帝王看来，与万里江山相比，血脉亲情又何足挂齿呢？

永乐十年（1412 年），兴建大报恩寺的工程揭开了帷幕。这项皇家工程由郑和担任监工官，历时 19 年完成，动用全国军队工匠十多万人，耗费钱粮无数，仅建造琉璃塔就用掉了白银近 250 万两。这是一组有如宫殿般金碧辉煌的建筑群，完全按照皇宫的标准来营建。先在地基上钉入粗大的木桩，然后焚烧成木炭，用滚石碾压夯实后，在上面加铺一层朱砂，用以防潮、灭虫。基础工程完成后，才开始进行地面建筑的修建。

大报恩寺坐东向西，寺内有殿阁 20 多座，画廊 118 处，经房 38 间。位于大殿后的琉璃塔于 1428 年竣工，九层八面，高达 78.2 米，相当于现在一座 25 层的大楼。宝塔通身贴白瓷，用琉璃制作门券，门框饰有狮子、白象、飞羊等造型的五色琉璃砖；塔顶镶嵌金银珠宝，角梁下悬挂风铃 152 个，铃声清脆悦耳。琉璃塔自建成之日起就点燃长明灯 140 盏，据说每天耗油 64 斤，昼夜通明，熠熠生辉，甚至数十里外的江面上也能看见这璀璨的光芒。

当人们震惊于这座寺庙的壮丽辉煌时，可曾问过，这些耀眼的琉璃会在朱棣的心中留下怎样的色彩呢？

在原址上复建的大报恩寺遗址公园

皇权总给人带来太多的诱惑，它逼迫人们舍弃纯真的情感，哪怕是刻骨铭心的血肉之情。在战火、杀戮、阴谋、隐忍中成长起来的朱棣放弃了与母亲的天伦之乐，他独自舔舐着自己心灵上的伤痕。他像孤儿一样与母亲隔水相望，他将所有的思念与愧疚化作了铁石心肠，冷峻地捍卫着属于他的江山。

据说，大报恩寺里有一间殿宇，里面空无一物，却终年紧闭，只有朱棣祭拜父母时才打开，每次只有朱棣一人进入，文武百官全部在外等候。没有人知道这个伟大的皇帝在祭拜谁，也许，在这个独特的空间里，他正聆听母亲亲切的叮咛吧。

一座美轮美奂的佛教建筑，承载着俗世间人性与情感的拷问。

与大报恩寺遗址公园毗邻的建初寺是佛教初传江东的标志，也是大报恩寺的前身。2014年，以仅存的三藏殿为基础开始复建建初寺

大报恩寺建成后，历经了诸多劫难。明嘉靖年间被雷电击中，天王殿、大雄宝殿、观音殿、画廊等140多间房屋被焚毁；万历后期，琉璃塔出现倾斜，多次进行了修缮。直到清朝末年，太平天国发生内乱，翼王石达开带兵出走，为防止石达开的军队占据制高点炮击南京，北王韦昌辉下令炸毁了琉璃塔。从此，大报恩寺的辉煌逐渐被硝烟和尘土湮没，150余年里，一座座民居和厂房将古寺的遗址蚕食殆尽，今人只能从保存在博物馆中的画册上去想象古寺昔日的辉煌了。

如今，重建的大报恩寺和佛塔又出现在了这片饱经沧桑的土地上，塔上已无琉璃瓦，取而代之的是轻便的钢化玻璃幕墙。“玻璃塔”怯生生地挨着古城墙，像个油头粉面的无知后生，在600年的历史背景中显得轻如鸿毛。也许在今人眼中，历史不过是茶余饭后的谈资，而遗址也无非是供人任意打扮后闲庭信步的景观吧，至于这片历史遗存背后的皇权杀戮与质朴恩情，人们早已忘却。

· 灵谷寺：禅是月下花

凉风惊醒明月，红叶染透青山，黄昏里一点闲逸，秋声中几分旷远，钟声在山寺内回荡出明净的祥云，清泉在石壁上弹奏出琵琶的余音。一枝桂子，从袅袅禅音中走来，穿过山间的依依古道，徜徉在江南的山水之间，且临风缱绻，看韵律含情，一抹香影悄然遗落在温婉的石径与青苔之上。

灵谷寺，一座灵动秀美的南朝古刹，它在钟山山谷里悠然地过着暮鼓晨钟的日子。一条青石幽径蜿蜒在茂密的山林间，来自凡尘的步履携带难舍的心愿在此流连，光滑的石板仿佛一面明镜照亮人们的心田。太多的古木将幽幽禅意围绕，山外滚滚红尘被参天绿树遮挡，袅袅香烟在青瓦黄墙的上空编织成朵朵祥云，仿佛莲花般的幻化。

绿荫深处的灵谷寺

清秋时节中，淡淡的桂花香气便在这山寺月下回荡着，沁透人们的肺腑。

远离尘嚣的禅寺已让人心生净、思无邪，缥缈甘醇的桂子清香更让人恍惚了昨夜今宵的所在，忘彻了淤积在胸中的种种欲念。

夜晚的古寺愈显宁谧，乳白色的月光为深山镀上一层清冷的银色，仿佛雪域山川，圣洁而高远。桂子的清香似乎带着阵阵清凉，环顾四周，依稀听得见蝉鸣、叶落、泉淙，可何处能寻得到这桂子清香的源头呢？

都知道，这桂树就深藏在葱茏的林间，却偏偏寻觅不到它的所在，是它故意隐匿了形

灵谷寺无梁殿前种植有年岁古老的银杏，初春时新生的绿叶给悠远的历史带来了一丝灵动和轻松。无梁殿始建于明代洪武年间，原为供奉无量寿佛的无量殿，因整座建筑采用砖砌拱券结构，不设木梁，故又称“无梁殿”

态，还是人们的所闻所见都是佛家所谓的虚幻呢？溶溶的色泽倾泻而下，月光里萦绕着甘醇的气息，那么渺远，似乎来自高悬着的月宫里。不是吗，明月中天处，不也生长着一株桂树，伴随着月色的阴晴圆缺而花开花谢吗？“山寺月中寻桂子”——忽而就想到了香山居士的诗，原来今日我所迷惘的，数百年前的诗人早已迷惘过了，时光锈蚀了许多往事，韶光过眼成空。古寺、明月、花香，静静地品味心生万法、万法归心的奥义。

唐朝诗僧寒山子有诗曰：“千年石上古人踪，万丈岩前一点空；明月照时常皎洁，不劳寻讨问西东。”刻意追寻的，反而不得，无心之处，反而绿柳成荫，或许这就是因与果、劫与缘的造化吧。

清澈的月光像一抹薄薄的霜，伴随着清晨的阳光而渐渐融化成湿润的鸟鸣。

鸟语花香，泉声泠泠，桂影婆娑处，一泓功德泉，将深奥的禅宗洗涤成玲珑剔透的珠玉，仿佛与你面对面地谈说，亲切而生趣。

暮色下的灵谷寺隐逸在浓荫淡碧中，显得宁静而又安稳

“翠壁如屏旱不枯，一泓甘滑饮醍醐。高僧到此闻丝竹，还有金鳞对跃无。”前人留下的诗句为后人讲述了这一泓功德泉的传说。曾有一位名叫昙隐的高僧，云游钟山时依稀听到丝竹之音，空灵飘逸，清脆明净，有如神来之笔。昙隐循着声音走去，发现山崖处粒粒水珠凌空跌落，敲打在青石板上，好似

轻拢慢捻的琵琶声在山林中回响。昙隐惊叹藏于山间的大美，感念苍生对人间布施的美景，于是称此泉为功德泉。此泉一清、二冷、三香、四柔、五甘、六净、七不㿃、八不蠲饐，因此又被人们叫作八功德泉。梁朝时，寺中的僧人用竹枝取水，为人治病，八功德泉水名传遐迩。

1600年前的南朝，一心向佛的梁武帝在金陵以及江南修建了大大小小的庙宇，灵谷寺就是梁武帝为了纪念宝志法师而建的，名叫开善精舍。古寺从建成之日起就备受帝王的钟爱，明朝时，朱元璋在《游新庵记》中说："钟山之阳有谷，谷有灵泉，曰八功德水。"于是赐名灵谷禅寺，誉其为"第一禅林"。清朝康熙皇帝游览灵谷寺时，留下了一副对联：天香飘广殿，山气宿空廊。不知皇帝笔下漫山萦绕的清香是否就是桂子的气息呢？当年的灵谷寺飞檐翘壁，鳞次栉比，确有如宫殿一般辉煌。

灵谷深松碑，相传是明成祖朱棣手书

富贵锦绣，梦似南柯，一梦醒来，江山已改了颜色。帝王的手终究无力牵住时光的衣袂，前朝的故事在佛陀的背影里悄然作别了昔日的温存。在朝代变迁和战火中幸存下来的灵谷寺，如今的规模已不如从前了，但是作为一座传承了千年佛法的古寺，外在的繁华终究只是一场绮丽的梦幻，历史的风尘中，那些看似纷繁精妙的线条，雕刻的终究只是相同故事。只要功德泉依旧清冽，苍松依旧葱茏，古寺便自有它的绝代风华。

旷远的天空中，飞鸟翩跹而过，口中衔着山影，翅梢拨动云翳，仿佛是灵山的使者，唱彻淡远宁静的秋心。

桂花香影缓缓地弥漫在山间，了然无迹。忽而觉察到，就在我心上，已不经意地留下了几片甘醇芬芳的记忆。

忆梦

【万丈岩前一点空】

秦淮风月 烟笼寒水月笼沙

逝者如斯 大江东去浪淘尽

凡尘别境 庭院深深深几许

故人故里 桃花依旧笑春风

书香墨韵 为有源头活水来

秦淮风月　烟笼寒水月笼沙

· 秦淮河：从过去恍惚到今天

“江南佳丽地，金粉帝王洲”，十里秦淮，自古便是南京的香艳之处。

一条河对于一座城市有着怎样的意义？总有一些城市因为河流而被世人瞩目，就像塞纳河之于巴黎，莱茵河之于柏林，多瑙河之于维也纳——秦淮河成就了南京的历史，南京也成就了秦淮河的性情。

书香、墨香、脂粉香；文艳、曲艳、风情艳。南京的文化性情，在流水浸染下，历来带着几分风花雪月和软玉馨香。一个朝代，一旦迁徙至南京，便不会再有什么雄心大志了，求只求苟延残喘，求只求一晌贪欢。从陈后主“玉树流光照后庭”开始，这里的政治文化就渐渐走向了俗世性情的非主流方向。

淮水本名“龙藏浦”。相传秦始皇东巡时，看见金陵上空紫气升腾，以为是王气显现，于是下令凿开方山，切断长垅为河，以此破坏这一带的宝气，后人误认为此水是秦时所开，便将这条河称为秦淮河了。其实，早在石器时代，这片水域就已经诞生了人类活动，可谓是金陵文明的滥觞。

秦淮河在通济门分为两条支流，一支绕道南城墙外，为外秦淮河；另一支从东水关流入南京城，从西水关流出，注入长江，这就是令多少文人流连的富庶秦淮。十里流水，莺歌燕舞，沿河两岸尽享江南的繁华秀丽。秦淮河是南京文明的摇篮，孕育了独特的风土人情，被誉为“南京的母亲河”。六朝时期，这里是名门望族的聚居之地，商贾云集，人文荟萃，画栋雕栏间仿佛看得见魏晋的隐者正在婆娑的竹影里吟诗啸歌。乌衣巷、朱雀桥、得月台、桃叶渡，这些浪漫的地名总能让人陷入遐想，谢安、王羲之、王献之、孙绰、谢灵运，透过这些鲜活的人物总能寻觅到一千年前的鼓瑟琴音。

秦淮河的魅力在于与夫子庙一衣带水，隔水相望。如果说，夫子庙与江南贡院是封建中国正统人才的诞生地，那么，十里秦淮就是最让人销魂蚀骨的风月之所，仁义礼智信的牌坊和青楼粉黛的调情小曲在这里完美地相生相伴。罗纱裙上翩翩欲飞的褶皱，在莲花漫步间荡漾出层叠的涟漪，朗朗书声，是否敌得过青楼红粉的低吟浅唱，经史子集的奥义是否会在脂粉的香艳中渐渐沉迷呢？

秦淮河的魅力在于与夫子庙一衣带水，仁义礼智信的牌坊和青楼粉黛的调情小曲在这里完美地相生相伴

一座文德桥，横跨了秦淮两岸，将两个形态迥异的世界连接在了一起。正统与风月相伴，这里，成了人生道路的分岔口。

夫子庙大成殿前的棂星门

在这座桥上，曾经流传着一句话："君子不过桥，过桥非君子。"衣袂飘飘，终究羽化了士人胸中的坚忍和伟岸。青衫白袖的文人一脸虔诚地循着孔庙和贡院的苍苍苔痕缓缓步入庙堂，心思却长久地遗落在那边清丽的水波上了，从贡院走出的士子们总会忘却曾经的雄心壮志，心甘情愿匍匐在这温柔俏丽的杨柳岸边。

空气中弥漫着胭脂的芬芳，临水青楼上，美人靠轻轻托住曼妙的躯体，投送来柔美的秋波。美人靠，妖娆的名字，专为妖娆的身体所设，漫不经心处，悄悄点亮了怀才不遇的书生们心中的一片蔚然春色。明月升起，青楼教坊间跳动的银烛撩拨着俗世的欲念，才子佳人的故事在这里演绎了无数个轮回。痴心，负心，纵情，绝情。万种风情，更与谁人说？

天下文枢牌坊

夜晚的秦淮河处处流光溢彩

杨柳在风中轻舞，轻柔的身姿抒写着青翠的年华。飞鸟在楼阁檐角处静立着，看画舫在水面上犁出一道道青丝。

风华烟月，金粉荟萃，秦淮河上的风景，好像是为了故事才修造出来的，总是先是有了故事的起承转合，然后才有了一段风景和风景里的春花秋月。

流淌了千年的清波，包容了无数故事和传说，或沉重，或清浅，或得意，或倦怠。这里，是南京政治文化的后院，当文人骚客、落魄官员带着半身寥落与一世羁绊徘徊于此，微凉的风、迷离的月，总能滋润那些凄凉无助的心。江南小调、琴瑟丝竹、粉花黛眉、香茗浊酒，借着几分醉意，凭着几分放荡不羁的愁情，且将浮名换了浅斟低唱，岂非快哉？

有关秦淮的记忆，是一些拆散了的日记。仿佛就是昨天的清早或黄昏，然而重新翻读，却是恍若隔世。

六朝金粉已然消散，南唐后主偏安一隅的无奈，晚明王朝一蹶不振的衰败，秦淮河畔的袅袅歌舞里总透露着末代帝王醉生梦死的消沉，后庭遗曲再一次将这里的繁华与屈辱联系在了一起。“梨花似雪草如烟，春在秦淮两岸边。一带妆楼临水盖，家家粉影照婵娟。”在媚香楼上看画舫乌篷，品味《桃花扇》中的唱词，当年的影像仿佛与眼前的情景悄悄融为了一体。都说秦淮河的流水带着靡靡的清香，可总有一些曼妙的身影在顾盼间写下倔强的诗篇，桃花扇上的殷殷血痕让一向柔美的流水变得刚烈而凄艳。

轻轻擦拭属于秦淮河的水墨长卷，温柔的水岸边，湿润着一座座旧码头，许多丢落的记忆被流水淹没，也被流水承载。明月初升时，将那些失落的片段打捞，抑或任其搁浅与漂流。

如今的秦淮河依然不紧不慢地融化着时光，尽管各色商铺和光怪陆离的霓虹充斥了这片古老的水域，她仍然以缓慢的姿态将精巧的画舫托起，晃悠悠地，拂过了一座桥、一扇窗、几点星辉，以及一段恍惚了昨夜今宵的流年。

· 夜泊秦淮：难得有情人

在霜雪微寒的夜晚，是谁的眉眼，温暖了王侯凉薄的锦衾？在明月初升的秋日，是谁的素手，沉醉了士子的酒盏？在摇曳迷离的烛光中，是谁的墨痕，柔软了将军的刀剑？在鹅黄柳绿的明媚里，是谁的折扇，化作了凄艳的桃花？

“烟笼寒水月笼沙，夜泊秦淮近酒家。商女不知亡国恨，隔江犹唱后庭花。”唐代诗人杜牧的名句伴随着曼妙的歌舞悄然传唱，轻吟出秦淮河畔八个艳丽的人儿。

明朝遗老余澹信在《板桥杂记》中记载了这八个女子的名字：柳如是、顾横波、马湘兰、陈圆圆、寇白门、卞玉京、李香君、董小宛。明末清初之时，她们以色貌才情和凛然大义名冠秦淮，她们的艳丽让凡夫俗子心动，亦让叱咤风云的豪杰流连，在那段历史里，她们不是主角，但她们独有的美丽让后世的书页间久久萦绕着动人的芬芳。

秦淮水畔，哪怕是一缕轻风，也在悄然诉说着关于她们的故事。

她婀娜的身姿已隐匿在滚滚红尘中，但她吟诵出的绮丽的诗篇却在泛黄的书简上流传。她爱柳，因读辛弃疾词“我见青山多妩媚，料青山见我应如是”，故自号如是，亦自名河东君、蘼芜君，精致的姓名流露着几分不让须眉的奇伟之气。

读柳如是的诗，总让人想到李清照，细腻而纯净。古代的文人认为她的诗“艳过六朝，情深班蔡”，若非出自青楼，岂不是又一个易安居士吗？

在柳如是的诗作中，有许多咏杨柳的诗篇，几多浪漫，几多伤感，也许，初春时节的杨柳正映衬了她缥缈多情但无可归依的一生。“不见长条见短枝，止缘幽恨减芳时。年来几度丝千尺，引得丝长易别离。”一首《杨柳》，人们读出了柳如是对人生迷离的万般无奈。

秦淮河的空气中弥漫着胭脂的芬芳，临水的楼阁上，美人靠轻轻托住曼妙的躯体，投送来柔美的秋波

幼年被卖到吴江为婢，豆蔻年华沦落青楼，易名柳隐，尽管乱世风尘中纵情声色，却总有一份真情在固守。柳如是曾与南明复社领袖陈子龙情投意合，但不久陈子龙就在抗清斗争中战死。也许是看惯了风月郎君的薄情寡义，面对众多名士的求婚，柳如是始终婉言谢绝，直到崇祯十四年（1641年），她才嫁给了年过半百的大学士钱谦益，在今天的常熟虞山，还留有绛云楼和红豆馆等景观，即是钱谦益为柳如是所建的别院。

正直聪慧的柳如是不甘心在吴侬软语、山水丝竹间迷醉一生，虽然外表柔弱如柳，内心却依然如柳枝一般坚韧，她的风骨在家国存亡的飓风中越发显得坚强。清军逼近南明小朝廷时，柳如是奋身沉池不降敌国，被钱谦益救起后又想尽办法支持抗清义军。她并非没有看清人人自保的仓皇，也并非没有看明忠君爱国思想的沦丧，她只是以一个风尘女子的柔弱身躯捍卫着秀丽的江南，呵护着故土明媚的春色。

在柳如是的身上，处处体现着面对家与国的矛盾时的彷徨与惆怅。钱谦益降清，赴北京出任礼部尚书，柳如是毅然留在南京抗清，钱谦益受到感化，半年后称病辞官；后来钱谦益因案件株连入狱，亦是柳如是拖着病体营救丈夫出狱。1664年，饱受争议的钱谦益去世，为了保护钱氏家族的产业，柳如是用丝帛悬梁自尽，吓退了欲夺取钱家房产的乡人。一代才女就这样结束了一生。

她不是钱氏的正房，却甘愿用青春的生命编织人间的鹊桥，她不居庙堂之高，却甘愿用单薄的翼翅抵御天坼地裂的风暴。她重情、重义，心存高洁之气，即使餐风饮露，亦觉得甘之如饴。

“人去也，人去小棠梨。强起落花还瑟瑟，别时红泪有些些。门外柳相依。”如今后人怀柳絮，不知当年杨柳怀何人……

春日淮水分外明媚，柳絮轻飏处，依稀见得朵朵桃红。张爱玲曾感叹过命运的凄凉，她说：“普通人的一生，再好点也不过是桃花扇，撞破了头，血溅到扇子上，就在上面略加点染，成为一枝桃花。”桃花扇的凄艳已无迹可寻，只有一座媚香楼让游人忽而记起了那个叫作李香君的刚烈女子。

何处吟唱——“疏疏密密，浓浓淡淡，鲜血乱蘸，不是杜鹃抛；是脸上桃花做红雨儿飞落，一点点溅上冰绡……”

在明末那个沉沦堕落的年代，朝廷大臣们自我麻醉在一片声色犬马中，随着清兵铁蹄的入关，明王朝瞬间灭亡，福王朱由崧仓皇逃往南京，匆匆成立了萎靡不堪的南明政权。那一年，在媚香楼上，16 岁的李香君遇到了复社才子侯方域。“温柔纤小，才陪玳瑁之筵，婉转娇羞，未入芙蓉之帐”，看惯秋月春风的少女那一刻芳心暗许。

对的人，在错的时间相遇，这是对命运无情的嘲弄。乌烟瘴气的南明小朝廷中，官员贵族相互排挤、明争暗斗。复社的死对头阮大铖企图用金钱收买侯方域，李香君看穿了阮大铖的阴谋，果断鼓励侯方域拒绝金钱的诱惑，为躲避阮大铖的报复，侯方域挥泪离开南京，一段短暂的爱情就这样仓促地画上了伤感的句号。

清顺治三年（1646 年），南京失陷，南明小朝廷终成泡影。曾经的报国之士侯方域并没有坚守住自己的气节，绵软地匍匐在了清廷的官宦之路上。而香君，横眉冷对威逼利诱，用鲜血捍卫了爱情的忠贞与不屈的风骨。

暮春时节，落红遍地，李香君带着那把桃花扇来到栖霞山下，出家为道。

一个风尘女子，比那些满口忠义的士大夫们强了百倍。国破家亡，官员贵族如丧家之犬从燕赵大地逃到金陵，故作伟岸的身躯掩饰不了内心的孱弱，他们不明白，这些江南的女子何以如此侠肝义胆，这座绵软的金粉之都何以这般铁骨铮铮。

软软的香风涤荡出了刚烈与高洁的性情，到底什么才是生命炼化而成的舍利？并非商女隔江唱后庭，倒是士大夫们不知亡国恨，面对生死大义、家国存亡，饱读圣贤书的七尺之躯最先撕下了礼义廉耻的长袍，“被风儒雅，行若狗彘”，李卓吾说得直白而尖刻。一具具冠冕堂皇的衣冠，罩着肮脏的腐臭的躯体，圣人的书页被垫在了软绵绵的膝盖下，谄笑的嘴角流淌出的涎液腐蚀了书中的字字珠玑。孔圣人塑像的投影在夕阳中无奈地岑寂了，黯淡了所有的峥嵘。文人的书香、墨香融化在了水中；风骨，媚骨，秦淮的风月冷眼见证了肉体的蜕变与灵魂的不朽。

“白骨青灰长艾萧，桃花扇底送南朝；不因重做兴亡梦，儿女浓情何处消。”孔尚任满腹心酸，用蘸满悲愤泪水的毛笔写下了秦淮河畔的一缕香魂。

史书言，香君后不知所踪。

今天的人们来到南京，总不忘到秦淮河边上走一走，聊一聊“秦淮八艳”的传说。我常常会想，这些真真假假的故事为什么会让人久久不能忘怀？其实并非故事本身有多么香艳，也并非故事里的人有多么倾国倾城，而是在这些故事里有一种坚贞不屈的风骨和至死不渝的信念

“池馆清流，花石幽阶，曲廊便房，幽迷不可出。”这是古人对马湘兰住宅的描述，这个酷爱兰花的女子亦精通音律和绘画，曾让曹雪芹的祖父曹寅三次在《马湘兰画兰长卷》上题诗，这幅被北京故宫博物院收藏的画作至今萦绕着雅致的兰香，后人评价她“百谷之品，天生妙质，伊以惠我，以居兰室”。马湘兰为苏州才子王稚登付出了一生的真情，自己却像墙角的一朵幽兰，暗自饮泣，在无期的爱恋中离开了人世。在秦淮河白鹭洲的碧峰寺附近，有一座马湘兰墓，隐居在幽僻的水畔，渐渐抚平了昔日的温存。

在正统道德体系内，青楼女子是为人所不齿的，她们以色相示人，在肉体的沉沦中挥霍着短暂的青春。然而，十里秦淮，却让人们在莺歌燕舞中感受到了另一番况味。她们一心要挣脱命运的羁绊，她们在风花雪月中坚定着内心的操守，她们在历史画卷上留下了浓

墨重彩的一笔。顾横波、寇白门充满侠肝义胆，董小宛、陈圆圆让叱咤风云的豪杰黯然神伤，柳如是、李香君用柔韧的筋骨解读民族大义的内涵，卞玉京、马湘兰将无望的爱情炼化成一种理想……

秦淮八艳的故事总带着令人扼腕的凄艳，无人否认她们的美丽，但美丽的故事却被雨打风吹去。美好的事物总是会无端地寂灭，悲剧往往使故事更加动人。都说“青楼薄幸情”，却因未遇真心之人。心若相许，情何尝不相悦？薄情，真情，已见分晓。

秦淮河的流水中，荡漾着绝望的爱与眷恋，不辞而别的，是莺歌燕舞的时节里那一滴冰冷的泪。水，总能让人忽略肉体的存在，久久凝望水的起伏，仿佛灵魂正悄然升起，恍惚间，看清了内心的又一方洞天。俯瞰廊檐下婉转的流水，仿佛泛黄的岁月的书角，一页一页翻过，憔悴了姣好的面容，黯淡了倾城的笑靥。

今夕何夕，月色如水，在这样的月色下让一个一个的故事串成珠链，让珠链在今夜的月色里闪耀熠熠的光芒。

十里秦淮，香魂缭绕，浸染一水温柔。

· 桃叶渡：谁在动情歌唱

如果没有才子与佳人的相遇，谁会在千年后漫步于秦淮水畔，去寻找一个失落了的渡口？如果没有那个动人的名字和那首缠绵的歌，谁会在千年后踯躅于鹅黄柳绿的三月，去追忆那片鲜艳的桃叶？

1600年前遗失在这里的美丽，1600年后仍然能找到。古音中的桃叶，迢迢于枝头，纷飞于歌中，三两片，落在树根旁边，默然不语。

那是一个崇尚诗酒与风流的年代，那时候，秦淮河与青溪交汇处的渡口水流深而湍急，来往的船只常常被骤起的浪头打翻。就在这个渡口，有一个美丽的贫家女子，执着地往返于秦淮两岸，只为与她的情郎相会；就在这个渡口，有一个儒雅俊逸的男人，对着水上的轻舟，翘首唱着一首《桃叶歌》：

“桃叶复桃叶，渡江不待橹。风波了无常，没命江南渡。”

“桃叶复桃叶，桃树连桃根。相怜两乐事，独使我殷勤。”

“桃叶复桃叶，渡江不用楫。但渡无所苦，我自迎接汝。”

……

这个男人就是六朝名士王献之，而那个美丽的女子，名叫桃叶。他为她的行程而牵挂、而担忧，她为他的守候而感动、而欣喜，秦淮水畔的一首恋曲，托起了一段令人动容的风流佳话，更诞生了一个名为桃叶的渡口。雾失楼台，月迷津渡，从此世间再没有另一座渡口如这里让无数后人情迷与神往。

江南的故事大多与水有关，相逢或者分别，总发生在渡口

王献之，“书圣”王羲之第七子，与其父并称为书坛“二王”，是东晋时期的著名雅士。秦淮沿岸是魏晋名门望族的聚居地，王氏府邸就坐落在南岸的乌衣巷内。据说有一次王献之用五十两银子买了一方桃花砚，来到桃花潭前洗砚时，不觉诗兴大发，脱口吟诵：“细柳夹岸生，桃花渡口红。”旁边的一个姑娘笑着说：“官人买的是我家的砚，砚背有诗：砚池满盛落花香，墨透纤毫染汉章。”从此，二人相恋。

桃叶的身世已无处可寻，只有一个与砚台有关的传说，朦胧地告诉人们她仿佛是卖砚人家的女子。东晋，这是一个非常讲究门阀观念的时代，可以想见，出生名门的王献之为一个寻常百姓家的女子动情地吟唱，情之真切，意之缠绵，该是何等惊世骇俗之举？

桃叶，多么纯净秀美的名字。与桃花相比，她鲜艳多情，却不妖娆妩媚，多了几许端庄和青涩。何尝不是呢——“桃之夭夭，灼灼其华”，太过浓艳的色彩里，总会有凄凉的东西藏在深处，招架不住的浓艳，转瞬即逝，人如是，爱情尤甚。桃叶则不然，她不与群花争艳，她知道，江南的金陵从不缺少盎然的春色，可满树的繁花的背后，流连着的终究是往昔青翠欲滴的日子。桃叶，何其质朴，又何其聪慧呢？

一滴蘸了胭脂色的水，在泛黄的宣纸上晕开，真正打动人心的情愫总能在红尘的血脉里生生不息地流淌。王献之不曾料想，他为爱人唱出的歌会让无数人艳羡、赞赏，成为“吴声流韵”的佳作，直到南朝陈代，《桃叶歌》仍然为江南百姓所传唱。

桃叶渡因王献之的歌而名声大噪，“桃叶临渡”也成了千古风流佳话。“桃叶映桃花，无风自婀娜”，浪漫的故事和风景让一代又一代文人墨客为之倾倒。

时光随着秦淮河的水悄然流淌，700 年后的南宋，一个流浪的诗人，在桃叶渡伫足。

他叫姜夔。

那一天，他静静地徘徊在秦淮古渡口旁，看春风将片片桃叶吹起，漂浮在清澈的涟漪上。往昔的情，今宵的景，让这个仕途与爱情皆不如意的诗人黯然神伤。20岁上下便漂泊于江湖，而今茕茕孑立，也曾有过美丽的身影相伴，但飘飘的衣袂终究未能挽住自己的脚步。相思离恨，几多酸楚，看桃叶翩跹，更怜身如浮萍。

“绿丝低拂鸳鸯浦，想桃叶当时唤渡。又将愁眼与春花，待去，倚兰桡更少驻。金陵路，莺吟燕舞，算湖水知人最苦。满汀芳草不成归，日暮，更移舟向甚处？”一曲《杏花天影》，悄然在前世的风景中记录着今生的眷恋，流浪的灵魂忽而停驻了，明媚芳菲的桃叶古渡，在词人的浸染下萦绕着无限凄迷与怅惘。

倒映在秦淮河水中的灯影，破碎成许多断断续续的故事，数不尽，道不完

总有一些相遇会在某个瞬间成为别离。清朝顺治年间，一个叫作金云甫的人捐资在渡口附近建了一座桥，太守李正茂为这座桥取名为“利涉桥”。从此，有桥无渡，秦淮河上再也看不到摇曳的渡船，再也闻不见魏晋桃叶的芬芳了。

秦淮人家

三月的桃叶孕育了千古的风流，这个浪漫的渡口永远在泛黄的书页间鲜艳地活着。

毕竟，美好的爱情，是绽放在人性深处的永不凋谢的花瓣。

盈盈秦淮水，脉脉桃叶渡。香尘缭绕的渡口，静静地与红尘相伴，当岁月远离，它依旧倚靠在苔藓阑珊的水岸；可是，它又离红尘那么远，当你走近时，它已消失在了如流的人群中。时光从石阶旁的

秦淮人家

涟漪上不紧不慢地流去，今宵的人们走过桃红柳绿的水畔，是否还能凭着气息寻找到昨日的足迹，是否还能在烟水迷离的梦境中重回晋时的渡口？

风景漫漶处，仿佛看到——那个桃花盛放的季节，一身青衫的王献之在淙淙的春水中洗砚，潋滟的波光中，与一个清丽的女子不期而遇……

古老的桃叶渡旁，还有谁在那里等待？微风翩跹而过，湿透的是谁的眼睑，打落的又是谁的花枝呢？

· 江南贡院：东方的西西弗神话

一脸茫然地走出狭小的隔间，如释重负地长喘一口气，他忽然觉得，胸中的诗书现在是多么无用，提得起毛笔的手竟没有丝毫气力提起自己的生活。前面就是繁华如梦的秦淮河了，扁舟、画舫、琴瑟、笙箫，纨绔公子故作风雅地评论着先贤的古训——古训是能随随便便被评论的吗，而且还在这样的风花雪月之地？他困惑了。走进考场前，他去了毗邻的孔庙，背着满是圣贤书的包袱跪拜在圣人画像前，那么虔诚、严肃、恭敬。他揉了揉疲惫的双眼，凝望着面前神圣的建筑。“江南贡院”，四个楷书大字再一次定格在他的脑海中。记不清楚是第几次走进贡院大门了，一回回踌躇满志，一回回无功而返，鬓角微微泛起了霜白，他苦苦思索着生命真正的意义。

——站在江南贡院旁边吴承恩的雕像前，我陷入了冥想之中。

江南贡院，中国封建科举历史中规模最大的科考之地，它坐落在秦淮河畔，紧挨着久负盛名的夫子庙。在这个被赋予了神圣意义的殿堂里，曾经演绎过一幕又一幕人生无常的悲喜剧。唐伯虎、吴承恩、郑板桥、吴敬梓、蒲松龄、张謇的身影都在这里出没过，他们背井离乡，辗转数月到达南京，孱弱疲惫的躯体内揣着一个“朝为布衣，夕为卿相”的梦想。琼林赋诗，御阶打马，无数贫病书生穷尽一生只为圆这痴心一梦。然而“春风得意马蹄急”的能有几人，春去秋来时，才明白一件单衣遮不住犀利的寒风，几卷旧书暖不了一颗凄冷的心。

这是一条崎岖的路，却发散出无穷的磁力，吸引着人们鱼贯涌入。

科考制度发展到明朝时，达到了高不可攀的巅峰，这个特殊的人事机制已经抽象成了一个模具，以程式化的生产方式，为古老的国家批量塑造着千篇一律的面孔，在这个特殊的生产流水线上，群体面貌取消了个体的特质。而建于明朝的江南贡院，就是这一组模具中规模最庞大、装饰最豪华的一套。如此看来，中国应该是世界上第一个发明流水线生产的国家，比第二次工业革命时美国的福特公司早了300年，只不过，工业革命流水化大生产带来了人性的解放，而思想模具的流水线却成为400年来中国读书人个体思维的绞刑架。伴随着西方启蒙运动后各个领域学问家的不断诞生，我看到了中国知识分子的陨灭——学问与知识在这条流水线上分道扬镳。

江南贡院是中国封建科举历史中规模最大的科考之地，在这个被赋予了神圣意义的殿堂里，曾经演绎过一幕又一幕人生无常的悲喜剧。唐伯虎、吴承恩、郑板桥、吴敬梓、蒲松龄、张謇的身影都在这里出没过

模具的一个重要作用就是让道德与思想同一化，以外表的顺从代替内心的良知，这种“学优则仕”的模式无法塑造出具有知识分子情怀的士人，尽管他们饱读诗书，终究不过是一台只懂得引章据典的存储机器。以近乎残酷的方式逼迫人们放弃心中固有的崇高法则，那是一种无法磨灭的心痛，就看你舍得不舍得——舍与得，总是舍在前，得在后，有舍才能有得。他们步入贡院大门时，是否已经思考过，自己舍了什么，得了什么呢？

年轻的书生们更衣后缓缓步入考场，那一张张略显稚气的脸庞上已经悄然写下了自己命运的图腾。贡院，如同一个严肃的老者，以洞悉一切的目光注视着前来顶礼膜拜的芸芸众生。南京——贡院，他们站在了命运之路的交叉口，或青云直上飞黄腾达，或另辟蹊径青史留名，抑或是继续抱着修齐治平的理想承受着正统模具的挤压，在失望中终了一生。

江南贡院明远楼

关于中国的科举考试，张敞在《千年悖论》一书中说：“从概率的角度说，一个人，从他选择了书本那一刻起，他已经选择了失败。”无数人甘愿服这场没有刑期的苦役，无悔无怨；至于那些金榜题名的幸运儿，他们是否就一直青云直上了呢？“官场，是绞杀人性的大机器”（祝勇语），一朝登得天子殿，才发现不尽愁绪滚滚来，再回首，寻不见当初的棱角，所有的坚韧的遗骨都已风化殆尽了。

在这个注定失败的赌局上，能够清醒地抽身退出的有几人呢？无数人在这里周而复始地努力，仿佛古老的东方大地上上演的一出西西弗的神话。

当吴承恩又一次黯然走出江南贡院的大门，沿着京杭大运河一路风尘仆仆回到淮安下河镇老家时，江南贡院再一次在他的心中定格为了一处心灰意冷之地。他脸上的棱角因为模具的挤压显得更加突兀了，悠悠运河水上，他苦苦思索着另一条生命历练之路。30年后，奇书横空出世。几经跋涉与风雨，历经多少艰辛和蛊惑，石中顽猴终成正果，可喜邪？无奈邪？面对端坐于庙堂之上的被众人顶礼膜拜的核心价值观，纵有通天的本事，也无法挣脱所谓“正统”的摆布，再顽劣再桀骜的笔墨，依旧冲不破俗世伦理的牢笼。一部《西游》，洋洋洒洒86万字，彰显了一个彷徨的读书人深藏在内心中的对人生之路痛苦的追寻与拷问。

离开贡院，踏上一条更为艰辛的路，但每一步都充满了执着的喜悦，而非徒劳无功的迷茫。这条路上留下的脚印，是更为永恒与不朽的，超越了凡世间的富贵与荣华，岁月涤荡之后，一切虚荣、喧嚣都飘然远去，留下的是圣洁的独立的灵魂。

当一个读书人选择了贡院作为自己人生的转折点，他就注定了这一辈子的徘徊、无奈，抑或是无以复加的心灵的冲撞。

贡院的生命在1905年初停止了新陈代谢。秦淮河畔画舫如梦，贡院的大门却从此紧闭在了历史的尘埃中。

逝者如斯　大江东去浪淘尽

· 燕子矶:独立嶙峋天地间

临江峭立的燕子矶,矫健豪迈的气魄之外,总流露着几分令人感慨的悲壮。

滚滚江水面前,燕子矶少了几分柔情。春时月,月下江,江边花——同是江畔,春江花月夜的缱绻婉约之景与这里却是不相干的,不论是春花还是秋月,在惊涛乱石的打磨下都彰显出瓷质的坚硬,掷地有声。

远观燕子矶,桀骜不驯的身姿留给长江的是一个倔强的剪影。

“一峰飞插长江里,其势翩翩如燕子。”突兀于江面,三面悬绝,横空出世的石壁傲然屹立,仿佛一只坚强的臂膀,凌空劈落,截住江流,奔腾的流水在突兀的石壁上激起了千层雪浪,咆哮的浪花在江天一色的苍穹间勾勒出了燕子矶的铿锵有力的轮廓。江水震颤、痉挛、收缩和疼痛着,太阳的反光让迸裂在空中的巨浪像无数叶片翻飞起落,这些冷峻的叶子在转瞬之间盛开和枯萎,传递着千余年来通向无垠海洋的神话。

巨石在孤独中静静地立着,凝视着自己倒映在江水中的面容,欲望的帛裂声深藏于心,在积蓄中等待着腾空而起的焕发。矶——楔入水中的岩石,自古就有一种不甘于平庸的气概。无数岩石被水流冲去了棱角,露出珠圆玉润的谄媚之态,燕子矶,独自在天地间嶙峋着,在肉体的撞击与灵魂的孤独中历练出一副伟岸的骨骼。

除了这些造物的神迹,人类的手迹也在嶙峋的山石渐渐平息下去的地方露出了几座碑、几间亭、几条曲折的山道、几声在空谷间回荡的言语。

当年“诗仙”李白仕途失意，愁苦之余，乘舟顺江流而下，在举杯邀月之中挥写胸中的愤懑。那一日，半醉半醒的诗人途经燕子矶，一路踉跄地与友人攀上怪石林立的山峰——头上是皎洁的月色，脚下是波澜壮阔的江流，远处层叠的山峦仿佛一只巨大的酒樽，而月光下澄澈如练的江水岂不就是清冽的美酒吗？心中的郁郁之情顿时化作了豪迈的笑声，诗人脱口吟诵：“举杯邀明月，对影成三人……”矶石之巅，他探身俯向江中，想跃入“酒池”长醉不醒，幸被友人拉住了衣襟。

李白醉了，醉在了天地间至情至性的美景之中，醉在了人世间悲喜无常的万古愁绪里。经年之后，安徽采石矶畔，水中明月剔透如玉，诱惑着李白多情又善感的眼眸，一代“诗仙”终究未能逃脱醉溺于江月中的宿命。“人生得意须尽欢，莫使金樽空对月。”燕子矶头的那块酒樽石上，仿佛还氤氲着玉液琼浆的幽香。

燕子矶总扼长江，六朝以来，这里就是长江重要的渡口和军事重地。朱元璋率大军南取集庆（南京）时，就是从燕子矶登陆，至今观音阁旁的悬崖上，还留有“刘伯温铁索系舟”的传说。定都南京后，朱元璋又一次来到燕子矶，看滔滔江水东去，无限江山尽在眼底，不禁赋诗一首：“燕子矶兮一秤砣，长虹作杆又如何？天边弯月是钩挂，称我江山有几多。”这个放牛娃出身的皇帝虽文采欠佳，倒也语出惊人，数点江山的豪情果有功比汉唐之气。

燕子矶摩崖石刻

300 年后，乾隆皇帝南巡，五次登临燕子矶，诗兴大发的皇帝在群臣的称赞声中留下了一首七绝：“当年闻说绕江澜，撼地洪涛足下看。却喜涨沙成绿野，烟林相凿久相安。”地方官府将皇帝的诗制成了巨碑，长立于御碑亭内。

然而，“久相安”终究只是一个美好的愿望，1841 年，在鸦片战争的硝烟里，英国侵略者在燕子矶抢滩登陆，坚船利炮直逼南京，一纸丧权辱国的条约，让燕子矶第一次背负了不堪回首的屈辱。96 年后，日寇占领了南京，开始了血腥的屠城。手无寸铁的百姓如惊弓之鸟逃到江边，想从燕子矶登船渡江，不想遭遇日军舰艇拦截，数百挺机枪疯狂扫射，五万冤魂葬身于江中。血色的江水染红了岸边的岩石，燕子矶头已不见玲珑燕子的身影，但见废墟连连，悲风萧瑟。

燕子矶枫叶

凝视那赤色的砂砾，阳光下闪耀着点点殷红，仿佛昭示着那段血与火的岁月。想起了史可法的那句诗——“矶头洒青泪，滴滴沉江底。”长风中的往事像影子一样扑倒在地，跌成了千万个碎片，幻化为飞鸟随风而去。

燕子矶终究没有就此沉沦，它的骨骼那么坚硬，千年的乘风破浪历练了无可撼动的坚韧与顽强。这只硕大无朋的雨燕正展翅欲飞，掠过怒吼的波涛，展示生命的极致之美。尼采说：“即使人生是一出悲剧，也要有声有色地去演；即使人生充满了苦难，也要有滋有味地经历。”生命就像这斑驳的石块，有时候它的光泽会被灰尘遮蔽，但是经历了狂风暴雨的洗礼，那些华美的色泽就会重新显露，令凡尘的眼睛仰视和惊叹。

岩石的世界冰冷、坚硬，感受不到脉搏的跳动，但它时常在我们不易觉察的时候穿达人心深处——有时候是轻轻地触摸，让我们暂时离开内心胶着的隐忍，有时候能将我们麻木的灵魂刺出鲜血，让我们与更为广阔的世界融为一体。

大江东去，逝者如斯，燕子矶，无愧于“万里长江第一矶”的赞誉。

· 幕府山：禅如影，云如幕

南京是个充满传奇的城市，城内有温柔的秦淮河，城外有滚滚东流的长江，柔情与奔放交会于此，共同构成了兼容并蓄的城市性格。位于南京北郊的幕府山，恰恰连接了南京与长江的脉搏，它好比串在江流上的一块翡翠，一端连接着大江浩瀚的历史，另一端却镶嵌在南京人文的机体里，让两种不同的血脉交融在一起。

幕府山是南京地区最古老的山脉，留下了亿万年来大自然鬼斧神工的手迹和众多文人墨客的赞叹篇章，也记录了南京2000余年来的沧桑与变迁，它犹如一部线装的大书，粗看平淡无奇，细细读来方觉出无穷的奥妙。明代文人焦闳在文章中朴实地写道：“金陵佳丽地，北郊为最。”而幕府山则构成了南京北郊典型的自然与人文地貌。

登临幕府山，总能在破碎的岩石中拼接出一部断断续续的金陵史话。

幕府山本是一座石灰山，因东晋大将军王导在这里设置府邸安置幕僚而得名。早在6亿年前，当四周还是一片泽国的时候，幕府山就像一艘巨大的船只停靠在这汪洋之中了，又经过数亿年海水的浸泡，不断沉积下来的碳酸盐岩石构成了山体的主要材料。在水流的缓慢作用下，山体内部出现了溶解，渐渐形成各种溶洞，钟乳石和石笋更增添了几分神秘，不得不让人惊叹大自然的绝妙手笔。

江畔落日

幕府山自古就是南京城北的天然屏障和江防要地，山北临江矗立，酷似一堵200余米高的城墙，山南沟壑纵横，地势险要。南宋名将岳飞、韩世忠曾在此大破金兀术，明朝三宝太监郑和也曾在这里训练皇家水军。这道6公里长的屏风就这样沿着江岸展开，从江面上往南看去，只看到山峦起伏，看不到城里朝代的变迁。北宋杨备在诗中写道：“六朝繁华一瞬间，平芜远树不胜闲。依楼天冥云如幕，知是琅琊幕府山。”因为江水的润泽，这处见惯了刀光剑影的山峦又流露着几分儒雅超然之气。

幕府山上处处流传着一些亦真亦幻的故事，而位于夹萝峰下的达摩洞则更是充满了佛法的趣意。

达摩，史称菩提达摩，南天竺的高僧，被誉为东土禅宗初祖。南朝梁普通元年（520年）冬天，达摩渡海来到中国，笃信佛教的梁武帝闻讯连忙派人迎请达摩高僧来金陵讲经说法。然而达摩与梁武帝对佛法的理解有较大的差异，有一天梁武帝问达摩：“我建寺、写经、度僧、造像甚多，有多少功德？”达摩答：“无功德。”梁武帝又问：“何以无功德。”达摩说道：“此是有为之事，不是实在的功德。”在达摩看来，信仰应当是无所求的，为了索取而付出，再多的投入也是劳而无功。

帝王求佛终究是带着凡尘的心愿的，想做到无欲无求的境界岂是易事？加上众僧人嫉妒诋毁，梁武帝渐渐对达摩冷落。达摩不辞而别，独自经幕府山渡江北上。梁武帝连忙派人骑着骡子星夜追赶到江边，突然幕府山西北二峰合在了一起，将骡子夹在了中间；而达摩折下了江边的一根苇叶放于水面，驾着苇叶飘然而去了。如今在幕府寺旁还生长着

幕府山下的江滩上芦花盛开，似乎在讲述当年达摩“一苇渡江”的传说

大片的芦苇，相传达摩就是在这里折苇渡江的。

南京是一座佛教文化灿烂的城市，所谓“南朝四百八十寺”，多数建于南京。经过中原文化浸染后的佛教或多或少已带有儒学的影子，倒是幕府山上的达摩洞较为本原地保留了天竺佛学的色彩。今天依然有循着当年达摩祖师足迹的云游僧人登上幕府山，在某一个不知名的石洞前面壁端坐，以苦行的方式思索生命的奥义。

幕府山的溶洞也是文人的所爱。头台洞内蜿蜒曲折，洞中有洞，当地的乡绅们为洞内的奇异景观起上了“龙牙滴水”“犀牛望月”“仙女出浴”等栩栩如生的名字；二台洞洞口的石碑上绘有画圣吴道子的童子拜观音像，洋溢着盛唐风采；三台洞内，清光绪年间进士商衍鎏造了一座别具匠心的庭院，钟乳石垂挂在院内，清泉沿着石壁流淌，惹得诗人华长卿赞叹道：“仙境灵岩几度寻，观音门外拜观音。攀梯独访三台洞，掬饮清泉洗俗心。”

而今，这些鲜活的生命都悄然凝固在了一块块斑驳的石壁上，大江自西北而来，浩浩荡荡一泻千里，江水中可否留下曾经动人的画面呢？起伏的山峦处，王导幕府安在？笆斗山脚，何处能拾得朱元璋大战陈友谅的旧刀枪？燕子矶畔的古渡口，可否寻到马可·波罗充满惊叹的字迹？

幕府山在这里矗立了亿年，在它眼里，这些失落与繁华都如过客一般短暂。但是，它小心翼翼地将它们珍藏，珍藏在大山深处，珍藏在罅隙里，珍藏在滚滚的江流中……

· 狮山阅江：“空中楼阁”的传奇

在典籍中，它是与岳阳楼、滕王阁、黄鹤楼齐名的“江南四大名楼”之一，在历史上，却丝毫寻觅不到它真实存在过的痕迹。它的身世，与一代帝王的霸业相连，拥有无可比拟的荣耀与辉煌，却又历经辗转，数百年只是一座闪耀于纸上的“空中楼阁”。

“一江奔海万千里，两记呼楼六百年。”登临狮子山，除了俯瞰山下江流的浩瀚，仰观山巅阅江楼的壮丽，令人心生感慨的还有这一副对联——狮子山阅江楼，这座壮美的楼阁一直矗立在华美的辞章里,明太祖的御笔为阅江楼奠定了恢宏的基石,但“有记无楼”的独特身世终究让世人为这座美轮美奂的虚妄之谈产生了几多遗憾。仿佛是赴一次姗姗来迟的誓约,600 年后,一座锦绣楼阁终于真正矗立在了狮子山上。

此时的楼阁,彼时的文章,中间隔了 600 年的沧桑。当年的人与事,都已化作了无垠江天间的尘埃,唯有狮山与江水依旧,它们守望着,见证了这段隔世的相遇。山河已然缥缈,一段时过境迁的历史在狮山呼啸的风中娓娓道来。

明城墙环抱狮子山,狮子山托着阅江楼,一起构成了南京江边的一处胜景

一江奔海万千里,两记呼楼六百年

狮山本无名,它原是江流湍急处的一座孤山,山高不足百米,占地仅江畔一隅,日复一日地看江水滔滔,不觉已过了万年。突然有一天,风急浪高的江面上,一个相貌非凡的男人惊叹道:“壮哉,恰如我北国卢龙寨,且叫它卢龙山吧!”这个男人就是南渡长江在南京建立东晋王朝的晋元帝司马睿,江畔孤山从此载入史册。

东晋王朝终究短暂,把酒临风的魏晋士子并未看出卢龙山的政治军事价值,直到 1000 年后,一个名叫朱元璋的草莽皇帝登上山巅,方看出此山的险峻。1360 年,踌躇满志的朱元璋在卢龙山上埋伏精兵 8 万,一举击溃了江南劲敌陈友谅的 40 万水陆联军,从此江淮大地再无人与之匹敌。

称帝后，朱元璋在南京城的修建工程中，特意让西北段的城墙把卢龙山围在城内，形成了“水围城，城围山”的格局，卢龙山从此成为南京西北的一处临江要地。

不久，明太祖再次登临卢龙山，见山上烟霞浩渺，远远望去仿佛神兽狻猊，想起当年自己亲率大军破敌的壮举，不觉心生豪情，于是赐名“狮子山”。狮子山上植被茂密，蔚然成林，奇花争芳，绿草如茵，长江两岸风景尽收眼底，让朱元璋萌生了在此建楼阅江的想法。

明洪武七年(1374 年)的春天，朱元璋下旨在狮子山上建造阅江楼，并以阅江楼为题，命令文臣每人写一篇《阅江楼记》。在众多文章中，翰林大学士宋濂的《阅江楼记》和朱元璋亲自撰写的《阅江楼记》《又阅江楼记》三篇文章流传至今。一座金碧辉煌的楼阁诞生在了汪洋恣肆的笔尖，朱元璋仿佛看到，举世闻名的殿宇将傲然屹立在滚滚江流边，巍峨的石碑上将镌刻下他功比汉唐的壮举。

从明朝洪武七年(1374 年)朱元璋下诏在狮子山建造楼阁，并撰写《阅江楼记》，到 2001 年阅江楼正式竣工，才真正结束了 600 年来“有记无楼”的历史

就在阅江的地基已经打好的时候，这个心高气傲的皇帝突然下令停止了这项工程，他在《又阅江楼记》中解释说，这是上苍托梦给他，要他不必急于建楼，要抓紧完成修筑都城城墙的大事。朱元璋终究是一代明君，他明白历经战乱后的明王朝国库尚不充盈，深思熟虑之后打消了建造阅江楼的计划。

这项工程一停，就停了 6 个世纪。

如今，一座崭新的阅江楼出现在了狮子山上，按照朱元璋文章中描绘的那样，碧瓦朱栏，飞檐翘壁，穹顶上绘制着鲜艳的祥云纹样，汉白玉栏杆上雕刻着神态各异的狮子。山脚下，绣球公园和小桃园花团锦簇，仿佛百鸟朝凤一般簇拥着狮山名楼；山峰最高处，阅江楼犹如一只凌云的五彩凤凰，腾飞于江流之上，将千百年来的福祉抖落在大江两岸；平静的江面上，再也看不到当年遮天蔽日的战旗，将军的长剑、士兵的箭弩、战马的嘶鸣、水手整齐有力的号子声都已灰飞烟灭。

想当年，朱元璋何等霸气，剑指处，所向披靡，多少骁将滚落于马蹄下。在狮子山上的一处石壁上，刻着据说是朱元璋写的一首诗："杀尽江南百万兵，腰间宝剑血犹腥！老僧不识英雄汉，只管哓哓问姓名。"一代草莽皇帝，在狮子山上成就了千古霸业，铿锵短促诗句里读出的不是文采，而是一股并吞山河的粗犷之气，甚至有些我行我素的蛮横——大明江山已姓朱，你又能奈我何？

长江仍然径自流淌，带走了几多往事流连，几多硝烟弥漫。

历史的轻烟拂过金陵大地，千古江山沉淀了太多的兴废。行走在狮山小径间，观赏的是今时的景，追寻的却是古人的遗迹。

凡尘别境　庭院深深深几许

· 清凉山:一座文人的山

步入清凉山,方感到凡尘中难得的清凉和从容淡定的幽香。

如果要在全国选一座极具兴亡感和士大夫气息的城市,那么当数南京;如果要在南京选一处最能代表士大夫性格的地方,那么莫过于清凉山了。清凉山是南京文脉的所在,它将南京的文化碎片悉心收藏。在这座不高的山上,人们读到了江南士人的风雅、超脱、进取、包容,从孙权筑石头城到唐代的兴教寺,从颜真卿的书法到李煜的诗词,从南唐佛法的法眼宗到明清的崇祯书院、惜阴书院,从明代的魏源到清朝的方苞、袁枚、龚贤、曹雪芹……清凉山见证了无数朝代的更迭,也与无数智者、哲人相遇。几经沧桑变迁,如今物是人非,幸得一座清凉山,传承了南京千年的文脉。

清凉山古称石头山,相传有客由北向南涉江而来,一路上只见山峦不见石,直到长江南岸才看见了有石头的山,所以称之为石头山。2300 年前,奔流直下的长江正从石头山脚下回旋而过,临江峭立的石头山也成了南京江防的重要据点。三国时期,孙权在此修建了石头城作为东吴的水军基地。诸葛亮联吴时来到此处,不禁发出“钟阜龙蟠,石头虎踞”的感叹,至今在清凉山下还留有一块“诸葛武侯驻马处”的石碑。此后六朝变迁,石头城一直是南京险峻的军事堡垒。随着唐代以后江流改道,石头山失去了军事要塞的地位,逐渐被文人墨客所青睐,书院、寺庙悄然兴起。

清凉山上植被茂密,即使在炎炎夏日,曲径通幽的山道上仍然感觉得到沁人心脾的凉

扫叶楼：金陵画派开创者之一龚贤居所

爽，丝丝清风，仿佛从密林深处无端生出，一点点平息了人们来自凡尘的焦躁。清凉山，天生就有一种超然物外的隐者之风和一股纯净脱俗的智者之气。

遥想1000年前，南唐烈祖李昇来到清凉山避暑纳凉，请来文益禅师住持清凉寺，还无心生出了“解铃还须系铃人”的佛家偈语。宋朝的《林间集》中记述，清凉寺内有一僧人法名泰钦，性情豪放，不甘于寺中的清规戒律，众僧都瞧不起他。一次，文益禅师讲经，问：“谁能把老虎脖子上的铃铛解下？”众僧面面相觑，不知如何作答。泰钦应声回答道：“须将铃铛系于老虎脖子上的人才能解下铃铛。”从此文益禅师对泰钦和尚器重有加。幽然的禅意更让后主李煜青睐，他在登基前就跟随文益禅师学习佛法，后来在清凉山上建了一座避暑殿，时常携小周后来此游玩纳凉。后人在诗中写道：“清凉山色几芙蓉，旧是南唐避暑宫。留得翠微亭子在，水天闲话夕阳红。”

诗情画意的生活总难长久，975年，宋军攻克金陵，李煜肉袒出降，不久被押赴汴梁。那一年初冬，在宋朝骑兵的护送下，李煜与族人行至石头城下的渡口，仰望清凉山上依旧郁郁葱葱，近处秦淮河畔芳草尚未凋零。泛黄的柳枝在风中摇曳着，李煜折下了一段柳枝，从此与故土诀别。登船北上，行至江心，这位诗情国君在百感交集中吟诵出一首《渡江中望石头城泣下》：“江南江北旧家乡，三十年来梦一场。吴苑宫闱今冷落，广陵台殿已荒凉。云笼远岫愁千片，雨打归舟泪万行。兄弟四人三百口，不堪闲坐细思量。”江水绵绵，逝者如斯，清凉山上的竹是否能够读懂这悲苦无奈的心声呢？

风过时，竹枝轻响。清凉山上，细听风中竹之音韵，清丽如水，飘然若云，沁透着一片悠然的禅意。此情，此景，除了诗的点缀，更需画的渲染。明朝末年，画家龚贤隐居于此，在半亩空地上栽花种竹，深居简出。他闲时写诗作画，体味禅宗，常常身着僧服，于园中打扫落叶，曾画有一幅扫叶的自画像挂于书斋，从此这座书斋便叫作“扫叶楼”了。

古崇正书院

清凉山风光

龚贤隐居期间，以清凉山为题材作了许多意境悠远的画作，还曾以画家的视角写下了一首《鹧鸪天》，将清凉山的景致娓娓道来——“江水西来地势斜，高台如卧枕晴沙。风前不见飘帘处，山上谁知卖酒家。空踯躅，莫咨嗟，秋深满眼是黄花。寒烟摇曳迷宫树，犹带南朝几点鸦。”

清凉山说到底是一座文人的山，不论是豁达、超脱，还是伤感、多愁，所抒写的终究是与灵魂有关的情感。金陵的士子们，有太多对人间的关切，有太多对这座古城沧桑变迁的感慨。竹影婆娑的清凉山，流淌的是魏晋的林泉遗风，是唐宋的浅酌低吟，是明清的红尘细语。

金陵士子有此山相伴，秉烛夜读，弹琴长啸，何等俊逸风流？

几重山水，几许情怀，几丝冥想，光阴荏苒中，燃一盏禅心为烛，洗净了浮世铅华。石头城旁清凉山，为南京留下了一片人文的浓荫淡碧，它诱惑着红尘，眷恋着寂寞里的音符，弹唱间轻吟出千年的幽思。

一座清凉山，一脉相承的是南京不朽的画意与诗情。

· 长干里：离合悲欢《长干行》

温柔的江南从不缺少才子佳人的邂逅，亦从不缺少依依惜别的叹息。长干里的杨柳收藏了昨夜的晓风残月，秦淮河的波光收藏了清晨的十里春风，它们把邈远的历史融入了百姓生活，融入了柴米油盐的无奈与回忆之中。

唐代的江南与中原的长安终究有几分不同，长安是磅礴的，它的举手投足无不展示着一个庞大帝国的兴盛与恢宏，而远居江南的金陵，则在灿烂的六朝文化消散后悄然走上了商贾贸易之路。商业的发展给了金陵城重新走向辉煌的契机，却也让许多男人撇下妻子外出经商，一去便是数年不归，当初的青梅竹马、两小无猜的相守已成妇人夜夜难寐的回忆。

今天的中华门外有一处名为“长干里”的地方，紧挨着秦淮河和古城墙，这里是老南京城外的宁谧祥和之地，至今仍留存着属于市井乡野的淳朴和悠然。对于长干里来说，它能在历史和诗的文化册页里留下不俗的身影，完全是因为李白的那首《长干行》。

中华门外有一处名为“长干里”的地方，因为李白的《长干行》而在中国的文化册页里留下了不俗的身影。南京遍地都是历史，只要你留心，就能拾起一段耐人寻味的故事

一首《长干行》，何其优美，何其动人，从大唐盛世的诗情画意里绵延至今，依旧散发着独特的魅力。

那时候的李白正经历着怀才不遇的惆怅，他独自远行江南，来到金陵。在游历了后湖（今玄武湖）、燕子矶、凤凰台后，李白走向了长干里，只盼秦淮河的清风能吹散心中郁结已久的愁绪。水边，他与一个妇人相遇，妇人纵然容颜姣好，却已抹不去岁月的痕迹，满腹心事更在脸上写下了浓浓的愁绪。一壶酒，一杯茶，李白与妇人对坐于水畔，两个失落的背影相互聆听各自失落的心情。

她不是养在深闺的富家千金，他亦不是门庭显赫的官宦之子，她与他的相遇，未经媒妁之言，却是那般情投意合。从幼年就在门前骑着竹马嬉笑打闹、亲密无间，到豆蔻年华见了他就羞了面颊，那些美好的记忆她总会独自念叨。

婚后的时光亦是美好的，举案齐眉，相敬如宾，然而他终究要远行，说是三年后带着香车宝马回乡迎她。他走后，她的思念就如同水中的涟漪，越荡越密，怎么也理不清了。她听天上的雁鸣，看门前的绿苔，等风中的落叶，看八月的蝴蝶双双飞。她只知道他沿着长江去了巴蜀，她不知眼前人就是写下“蜀道难，难于上青天”的李太白。她问李白巴山蜀水有多远，李白只叹“不与秦塞通人烟”。

十六君远行，瞿塘滟滪堆。
五月不可触，猿声天上哀。
门前迟行迹，一一生绿苔。
苔深不能扫，落叶秋风早。
八月蝴蝶黄，双飞西园草。
感此伤妾心，坐愁红颜老。
……

世人爱读李白的《长干行》，只因流连“青梅竹马”“两小无猜”的美好，却往往忽略了嫁作商人妇后的孤独和忧伤。沈从文说：“美，有时不免叫人伤心。”因为时光苦短，因为转瞬即逝，因为美好的事物总是离我们那么遥远，一如诗中的伊人，若隐若现在遥不可及的水中央。情，就这样不知何故越发变得深沉，而命运却走向了截然相反的方向。

世人流连“青梅竹马”“两小无猜”的美好，却不知爱情更需要日复一日的修补与呵护

《长干行》总让我隐隐觉得，它就是另一首《琵琶行》，“商人重利轻别离”的忧伤依然清晰可见。时至今日，如果把目光投向身边的人和事，也许你会发现，许多家庭也正演绎着诗中的无奈和伤感。家庭与事业，天伦之乐与出人头地，这仿佛是一个难以取舍的决定，它困扰着太多的人，也伤害了太多的人，如何将事业上的成就用于反哺家庭，如何在社会压力沉重的今天多花些心思关切一下身边的爱人、亲人和朋友——也许，这就是《长干行》在千年之后留给我们的思考。

长干里的诗，是浪漫的，也是现实的。恰如南京这座城，在如梦如幻的江南演绎着寻常人家的柴米油盐与悲欢离合。

· 马道街:财富的旋涡

他跪在地上,高举着的双手僵硬地托着那一纸圣谕。

一身布衣,年迈的沈万三在家小的扶持下一路蹒跚着走出了聚宝门。他的荣光与显赫,因了这座石城名满天下,而庞大的家业,也终止在了这座石城最后一块城砖上。长干桥上寒风凛冽,回首仰望巍峨的城墙,他看到,不可计数的财富永远埋藏在了这雄关背后。

沈万三,充满传奇色彩的一代巨富,在江浙一带,时常能听到有关他的民间传说,不论是正史还是野史,人们总是对这个商人辗转起伏的经历充满了兴趣。而在南京老城南,更是处处散落着沈家的故事,俯拾皆是。

据说,南京的白酒坊、堆草巷、油坊巷、金沙井、玄武湖三洲等地方都有沈家的房宅后院,位于秦淮河畔的马道街上,至今还留有沈家的正房大院。《城东志略》记载:"马道街,相传富民沈万三居此。"马道街上的这三座已经不太完整的老宅清末时一度成为太平天国赞王的府邸。如今斑驳的青砖已经破损,依稀看得清屋檐的瓦当上雕刻的精美纹样,其中一间院内尚存石鼓一座、小楼两层。许多与这个千古巨富有关的传奇,渐渐杳无声息了,只在苏州周庄银子浜浅浅的水下流传着一个浪漫商人的传说。

老城南的街巷里总有许多故事在回荡

南京是沈万三从事商业活动最主要的地方,他一生用钱开路,一掷千金,财富将他托到了人生命运的高峰,而前方的路,却已是万丈深渊了。《明史》记载,应天城仅城砖铸造单位就涉及"一部三卫、五省二十八府一百一十八县”。然而，60 余里的明城墙——正阳门、通济门、聚宝门、西水关，三分之一的城墙就这样在沈万三的资助下竖立了起来，如此浩大的工程在这个商贾之人的眼中竟不费吹灰之力。好胜的沈万三为显示自己富有，建造的城墙比明政府规划的要高出许多。朱元璋大为恼火，饬令沈万三拆除重建，据说朱元璋还因此怀恨在心暗抢了沈万三的聚宝盆。

朱元璋曾封沈万三为“白衣天子”，这是对有财无官的布衣百姓最高的称誉，但是沈家的财富如同一个无底深渊，深不可测的黑洞里，太祖皇帝的担忧与恐惧也在与日俱增。城墙工程竣工后，不知收敛的沈万三又进献白银 2000 锭、黄金 200 两，在南京建造高楼 1650 余幢，更有遍布都城的酒店、街道、桥梁、水关、署邸。老南京城的赛虹桥，据说就是沈万三建造的。有一次朱元璋要犒劳军队，沈万三表示愿意承担银饷，朱元璋试探性地问：“朕有军队百万，汝能偏及之乎？”沈万三允诺：“愿每军犒银一两。”朱元璋冷笑道：“老匹夫犒天子之军，乱民也，宜诛之！”在皇后马娘娘的劝说下，朱元璋才免了沈万三的死刑，但沈氏一族终被明太祖抄了家，沈万三也死在了发配云南的驿路上。

普天之下，莫非王土，天子富有四海，岂能容忍一介布衣富过天子？富可敌国，觊觎政治，便是招致杀身之祸的缘由。这是政治与财富的角逐，在这次较量中，政治以绝对的优势牢牢掌控着胜局。再精明的商人在政治家面前也显得过于天真，在商海中游刃有余的沈万三，却在政治浪潮中乱了方寸。当时民间有句谚语：要想穷了沈万三，除非海干龙叫唤。海虽未干，龙颜已不悦，财富充当不了政治的砝码，再多的金银也交换不来君王的信任，相反，招致的是猜疑和嫉妒——显山露水是经商者的大忌。

昔日的老城南如今被开发成了名为“老门东”的休闲和旅游景区，许多老房子被重新翻修，许多老街巷也偏离了原来的位置，只有这些古老的地名还留着，用以装点那些并不实至名归的“古迹”

住在城南的老人们总会津津乐道起沈万三的故事。金沙井望鹤楼大院内有一口明代的古井，至今还被当地的居民使用。老人们说，这里过去是沈万三的当铺，沈家没落了，但这口井却保留了下来。老人们习惯用这里的井水做饭、洗衣，夏天就用井水冰西瓜。在纯朴的老百姓眼中，沈万三是个善良的仗义疏财的商人，人们愿意把他想象成一个慈眉善目的憨厚老头儿，甚至有人坚信，中华门能在几百年的战火中屹立不倒，就是因为城墙底下埋着沈万三的聚宝盆呢。

半座石城，几间宅院，凝固了一代巨富悲喜无常的人生，那些和沈氏家族有关的故事，在民间的街巷内流传了一年又一年，已经无从分辨是真实还是虚幻了。

· 淮水吴宅：看破儒林众生相

临水的雕花木窗内，一个身着青灰色长衫的文人匍匐在几案上，细长的手指握着一支旧毛笔，在一摞厚厚的书稿上聚精会神地书写着。萤火似的烛光跳跃着，照亮了他灰白色的须发，微微突起的颧骨让沧桑的面容更增添了几分倔强的棱角。

他凝视着从窗前流过的河水，几缕烛光摇曳在水中，飘散成漫天的星斗；远处几只乌篷船在月色下穿行，微风拂过垂柳，惊起三两声雀鸣。这就是秦淮河，多么秀丽宁静的河水啊。他默默地想着，提起笔来，在纸上慢慢写道："城里一道河，东水关到西水关，足有十里，便是秦淮河，水满的时候，画舫鼓瑟，昼夜不绝。每年四月半后，秦淮的景致渐好了，到天色晚了，每船两盏明角灯，一来一往，映在河里，上下通明。"

那个宁谧的夜晚，秦淮河的景致悄然化作了纸页间的一段优美的文字，而这段文字，从此被印在了一部名为《儒林外史》的千古著作中。

这个青衫白须的布衣文人，就是吴敬梓。

吴敬梓塑像

吴敬梓出身于"一门三鼎甲，四代六尚书"的科举世家，时人对吴氏一族歆羡有加，早年的吴敬梓也为家族的满门功名而自豪。然而造化弄人，就在族人纷纷榜上有名时，吴敬梓偏偏屡试不第，不久家道中落。"落魄诸生十二年"的他受尽了族人的白眼，也让他看透了世态炎凉之苦，加上少年时随做官的父亲到各地出游，看到过太多官僚的徇私舞弊、豪绅的横行乡里、膏粱子弟的平庸昏聩、登科举子的利欲熏心，现实社会的虚伪更让他无意于功名利禄，安徽巡抚曾推荐他应博学鸿词考试，他干脆装病不去。33 岁那年，吴敬梓携带妻儿离开家乡安徽全椒，迁居到秦淮河畔，自称"秦淮寓客"。

吴敬梓曾在《减字木兰花》中写道："秦淮十里，欲买数椽常寄此。"就在秦淮河岸边，古桃叶渡北侧，他买下南朝尚书令江总宅院的一角作为住宅，起名秦淮水亭。繁华如梦的秦淮河让科考失意的吴敬梓心情舒畅了许多，他在《移家赋》中说："金陵佳丽，黄旗紫气，虎踞龙盘，川流山峙，桂桨兰舟，药栏花砌，歌吹沸天，绮罗朴地，实历代之帝都，多昔人之旅寄，爰买数椽而居，遂有终焉之志。”在这里，吴敬梓一住就是21年。

在今天秦淮河与青溪河的交界处，蜿蜒着一条1600余年历史的弧形古巷，巷子口的绿荫下，有一座古色古香的院落，正是吴敬梓故居。庭院正门两侧悬挂着一副对联：儒冠不保千金产，稗说长传一部书。在这座今人复建的庭院内，修竹青松洒落了满地的清幽，花蕊粉蝶唤醒了几许芬芳，三五块太湖石随意地堆砌成一座假山，几片硕大的芭蕉叶掩映在回廊的转角处，散淡的空气中萦绕着一股宠辱不惊的闲适之气。

昔日在此奋笔疾书、针砭时弊的屋主人，如今已经凝固成一尊雕塑——依旧是身着长衫的布衣模样。

在传统的文化认知里，修齐治平才是读书人应有的理想

移居南京的吴敬梓在族人眼中俨然是一个“传为弟子戒”的败家子。吴敬梓毫不在意外人的看法，经过与颜李学派的文人的交往，他的思想发生了根本性的转变，决心以亲身经历的人和事为原型，创作出一部抨击僵化的科举制度的白话小说。

“有心艳功名富贵而媚人下人者，有倚仗功名富贵而骄人代傲人者，有假托无意功名富贵自以为高被人看破耻笑者”，面对知识分子精神的堕落，吴敬梓以庄谐兼擅的妙笔刻画了形形色色、千姿百态的市侩嘴脸——形是奇形怪状，色是声色犬马，姿是搔首弄姿，态是丑态百出。终以多年的呕心沥血换来了旷世奇书的诞生，这是中国文学史上第一部长篇讽刺小说。150年后，鲁迅先生为这部书拍案叫绝，他称《儒林外史》“集诸碎锦，合为帖子，虽非巨幅，而时见珍异。”

鲜有人知，吴敬梓——这个孤独的文人的内心是何等悲凉。不善持家的他一生清贫如洗，靠典当衣物和朋友的接济艰难度日，就在秦淮河畔的那个狭小的书斋内，他用桀骜不羁的文字书写着两个世纪后令全世界赞叹的著作。

然而，这部书尚未问世，就遭到了一个文学大家的批判，这个人就是“才情恣肆，一泻千里”的清代学者袁枚。那时《儒林外史》还没有刊印，但手稿已经在金陵文人中间争相传阅了，当袁大才子读到“贯索犯文昌，一代文人有厄”时，不禁大惊失色：此书竟然攻击朝廷以牢狱之灾迫害文人，这是何等大逆不道的言辞！读完全书，袁枚当即召集金陵文人，指责此书抨击科举，流毒深广。

面对袁大才子的批判，吴敬梓哈哈一笑：“袁公只晓自己春风得意，却不见天下寒士萤窗苦读，栓于四书五经之悲，岂非天下之笑谈哉！”说罢，扬长而去。

道不同，不相为谋，洒脱之余，亦有桀骜不驯之气。

吴敬梓一生从不迎合权贵，终在穷困潦倒之中客死于扬州。

活着的时候，他被排斥在读书人的主流思潮与道德之外，然而，恰恰是这个性情孤傲的落第文人，在南京撑起了那个时代知识分子精神的脊梁。

长街短巷，人潮如流，那扇雕花的木窗边已经寻觅不到吴敬梓留下的墨痕了。他将一部奇书留下，自己孤独地收拾起行囊，在桃叶古渡登上一叶扁舟，带着数不尽的诗情隐匿在了秦淮河的桨声灯影里。

· 金陵愚园："愚者"的智慧

民国初年，辞去大总统职务隐居于天津租界的徐世昌正在修编《晚晴簃诗汇》，在这部清代诗歌总集里，收录了一首题为《秋夜》的诗——“蟋蟀啼不止，虚斋秋夜长。隔帘见河汉，云影淡微茫。竹树弄疏响，罗衣生嫩凉。流萤解人意，来照读书床。”这诗写得虽不算出彩，倒也流露出怡然自得的雅兴，读来觉得平静祥和。

写诗的人叫胡恩燮，徐世昌编诗稿时他已离世多年，只在金陵城南留下了一座以“愚”为名的宅院，以及一段并不为太多人所知的“愚者”往事。

远离仕途：大智若愚

胡恩燮祖籍安徽歙县，1824 年生于南京，其父胡莹轩长期经营皇宫织锦贡品的业务，在南京城颇有名望。也许是经商者特有的性格使然，胡家人一脉相承的是含蓄、内敛的格局。对富甲一方的胡恩燮来说，在晚清的官场上谋个像模像样的职位，并不是什么难事，然而胡恩燮的仕途一直不顺，跌跌撞撞二十年，不过赏了个“蓝翎六品”苏州府候补知府的虚职。对于这样的结局，胡恩燮并没有流露出什么不满，而是以“既来之，则安之”的心态包容了命运的沉浮起落，呵护着晚年的宁静生活。

纵观胡恩燮的一生，从庙堂之高到乡野之远，其实经历了一段多舛的命途，他依然记得 20 年前胡氏家族遭遇的血光之灾——1853 年，太平军攻克南京，城里的宦门富户尽遭杀戮，胡家也同样陷入险境。为救母亲，胡恩燮在水西门外芦苇荡里挖掘地窖，将母亲藏匿其中，等到天黑再亲自背着母亲逃离南京。清政府为表彰他的孝义之举，敕建孝子牌坊。在这场变故中，胡家有11口人罹难。

此后，胡恩燮招募了一支武装队伍，投靠清军将领向荣，多次与太平军交战，立下战功。史书记载，1854年3月20日夜晚，胡恩燮引导清军江南大营副帅张国梁部抵达神策门外，在通过沟堑时胡恩燮被太平军设置的竹签戳伤了双脚。后来不久，向荣拨给胡恩燮水军300人，胡恩燮领兵在大胜关一带的江面上伏击太平军水军，击沉敌船数艘，生擒敌将刘显英。几个月后，胡恩燮还参与了七桥瓮之战，很受向荣的赏识。

也许是家族变故带来的创伤，清政府收复南京后，胡恩燮不再热心于仕途，1865年，他放弃了赴京接受吏部考察的机会，选择在家中照顾患病的母亲，他先后在江宁织造和苏州织造衙门做幕僚，平静而低调地远离了风诡云谲的晚清政坛。

1881年，胡恩燮接受左宗棠的委托，去徐州创办利国驿煤铁矿。在徐州经营煤铁矿期间，胡恩燮、胡国光父子仿照欧美股份制公司的做法，发行股票、募集资金，在上海、苏州等地设立办事处，成为徐州晋代煤矿业的奠基人。胡恩燮并没有拿这些成果向清廷邀功，1887年，他以养病为名辞去矿场总办职务，回到南京老家，也许对他来说，这次出山徐州不过是重拾经商这个老本行罢了。

愚园景致

在俗人眼里，放弃封妻荫子的机会，心甘情愿地做一个商人，实在是愚笨，胡恩燮却从“愚”中读出了做人的智慧。他在筑园时袒露了自己“乐山水而自晦于愚”的心迹，在大巧如拙、大智若愚的人生哲理中度过余生。如今，“容安小舍”的天井内还有一株百年枇杷树，为愚园旧物，老树枝繁叶茂，浓荫淡碧尽显当年园主人的散淡情趣。

晋代陶渊明在《归园田居》中写道：“羁鸟恋旧林，池鱼思故渊。开荒南野际，守拙归园田。”解甲归田，说起来容易，做起来难——“相逢尽道休官好，林下何曾少一人？”还是胡恩燮活得明白和洒脱，给了自己不一样的人生境界。

暂寄红尘：梯愚入圣

细数愚园的历史，还得说到明代大将中山王徐达，愚园恰是在徐达后人徐傅的别业旧址上修建的。在明代开国功臣中，徐达低调而谨慎，是少有的善终者，死后赐葬于钟山，徐家族人也因此得以保全血脉。也许，胡恩燮选择在此筑园就已从徐达的人生中参悟出世事无常的道理，进而获得了一种淡泊的心性。

1874 年，愚园刚刚建成时，胡恩燮写了一篇《寄安别墅记》，他在文章写道：

地寄于天，万物寄于地，寄之为义，大矣哉！人不知身之为寄，何有于物。既知身之为寄，更何有于物。余行年五十矣，于杏花村畔购屋数楹。嗟乎！我寄于屋耶？仰屋寄于我耶？即谓屋寄于我，所寄亦甚暂矣。或传之子若孙，能守之，此寄之长者也，寄也。或及吾身而不能守之，此更寄之暂者也，亦寄也。光阴易逝，瞬即蹉跎，日用伦常，完其性分，以期安此寄焉云尔。

胡恩燮用一个“寄”字阐述了他的世界观，在自然万物面前，他认识到了自己的渺小，也明白自己只不过是“暂寄”于人世间而已。对于愚园来说，他只是一个过客，无论是尊贵还是卑微，生命都是有限的，结局都是平等的。在历经仕途坎坷、商海沉浮、家族变迁之后，胡恩燮开始以散淡之心对待生命中的得失，当他在波光潋滟的愚湖畔发出“光阴易逝，瞬即蹉跎”的感叹时，尘世间的蝇营狗苟已被他忘在了身后。功名利禄，多少人为之耗尽青春，多少人间真情被弃之不顾，可一朝得到了，就能永远属于自己吗？就像这座精致的宅院，今日这宅子姓胡，传了两世三世，也许就换了主人，攫取太多而不懂得放弃，只会把自己束缚得更紧，那才是真正的愚笨。

一篇《寄安别墅记》，在短短百余字间道出了园主胡恩燮的心声，已到知天命之年的他不再为名利所羁绊，开始回归家庭，把更多的精力用在了修身养性和营造胡氏家族长幼有序、和睦相处的良好氛围上。不大的一方院落，为胡恩燮留下了一片世外桃源，他得以在此思考和休憩，静静等待灵魂上的伤疤渐渐愈合。

在愚园内，胡恩燮盖了一间“课耕草堂”，作为胡氏家族的子孙躬耕灌园的场所，胡恩燮经常召集本家妇孺在草堂前，他亲做示范，或种植花木，或耕种粮谷，以此教育胡家子弟不要安于享乐。“犁雨锄云皆事业”，他在诗中这样写，在他看来，修身与修心是同等重要的，只有躬耕于红尘，才能真正体会到人生的乐趣。

胡恩燮在自家的花园里也写下了不少诗句，如《城市山林》诗“小筑效山林，聊以志吾志”，《愚湖》诗“人笑愚公愚，构园如移山。大智莫若水，名愚岂其甘”，处处充满返璞归真之趣，在愚的哲理中达到乐以忘忧的高度。

1892年，68岁的胡恩燮在愚园闭上了双眼，他走得平静安详，走得无牵无挂。千帆过尽，阅遍沧桑，人生豁达莫过于此。

——从愚者，到圣贤，原来只隔着一堵不高的马头墙。

愚湖是愚园内的主要景观之一，愚园的特色就是以水石取胜，有“城中佳胜眼为疲，聊觉愚园水石奇”之说

借景山水：愚人自乐

明清时期，南京曾出现过许多著名的私家园林，比如袁枚的随园、李渔的芥子园、甘熙的“九十九间半”，胡家的愚园也是其中之一，而且是晚清南京最著名的私家花园，知名度可与江南四大名园瞻园相比肩。可以说，愚园凝聚了胡恩燮及其养子胡国光两代园主的心血，在愚人自乐的心性里不经意间造就了一方胜景。

胡恩燮修建花园的灵感来自于苏州园林，他在苏州任候补知府时，就为城内形态各异的园林苑囿所折服，尤其钟情于狮子林的假山。辞官后，他在南京城南购下西园故址，修建亭台水榭，广植花木，还特意在宅院西边的花园里叠起一片规模不小的假山，其形态和结构多仿狮子林，愚园因此有了“金陵狮子林”的美誉。胡恩燮在园中建有清远堂、春晖堂、水石居、无隐精舍、分荫轩、松颜馆、城市山林、在水一方、小山佳处、渡鹤桥、小沧浪等景观，是为愚园“三十六景”。1915 年，胡国光扩建愚园，增设 34 处景观，故有愚园“前后七十景”之说。

辛亥革命后，愚园被张勋“辫子军”所占据，三次革命时毁于战火，抗日战争期间又多次遭遇损毁，仅留有水池和一些不多的遗迹。所幸著名建筑师童寯曾亲赴愚园，将其格局及主要景观绘制在《江南园林志》中，如今才得以重新复建。

愚园的建筑特色为前衙后府，这符合胡恩燮曾出过仕的身份，整座宅院由主厅、厢房、前堂、客厅、天井、花园组成，其形制和结构明显带有中国北方民居的特色，又因地制宜地吸纳了江南园林的精妙手法，同时在墙体、天花板、门柱等进行修饰时，还采取了清末贵族热衷的西式纹样，可以看出商人出身的胡恩燮具有灵活变通的心性。

一座精巧的园林，总离不开山与水的衬托。明末造园艺术家计成著有《园冶》一书，对于园林的选址，计成推崇的是“山林地”和“江湖地”，地处南京城南的愚园，毗邻秦淮河，近有凤台山，远有紫金山，山水交融，让一座园林在有限的空间里拥有了无限的景观。

今日的愚园，最佳的风景莫过于一座假山和一方池沼，叠山理水，移花接木，寥寥数笔，其实是给了园林画龙点睛之妙。造园学家陈从周在《说园》中提出“水曲因岸，水隔因堤”之说，水本无形，因堤岸而呈现出或柔或刚的线条，这恰恰体现了东方文化中阴阳刚柔相济的哲学。因此堆砌假山，轮廓须有变化，胸中有丘壑，这是假山设计者必须具备的素质。愚园的山虽是今人复建，倒也虚实得体，有清芬雅致之感，尤其是山间的曲折小道，回环往复，行走其间，趣意盎然。

园林艺术体现的是人文与自然的和谐，是园主人借助于自然景观体现自己情趣的一种载体，当胡氏族人洒脱地把无限风光拥入怀中时，内敛的愚园已在不经意间惊艳了大半个江南。

· 甘家大院：细数“九十九间半”

南捕厅——南京老城南的一条不长的巷子。在这条巷子里，有一座被老百姓称作“九十九间半”的民宅，从外表看，这座宅子与普通人家无异，细细打听方知道这就是南京城里与明孝陵、明城墙并称为“明清三大景观”的甘家大院。

甘家大院共有大大小小的房间 300 余间，不过，在南京老百姓口中，凡是规模较大的多进穿堂式宅院都被叫作“九十九间半”。因为在建筑风水的说法中，“九”是最大的阳数,过了“九”就到了头走下坡路了。中国最大的宫廷建筑北京紫禁城号称“九千九百九十九间半”,最大的官府建筑孔府则号称“九百九十九间半”,所以,出身于市井之地的甘家大院以“九十九间半”自居,既表明了未达百间的谦虚,也略显了仅差半步之遥即得圆满的得意,可谓是进退自如了吧。

甘熙宅第

甘家大院,是清嘉庆年间甘熙的故居。大院由甘熙之父甘福创建,因甘熙于清道光年间曾在礼部、户部任职,博学强记,知天文,识地理,精于风水堪舆术,在家中颇有名望,故其家族之宅就被后人以“甘熙故居”命名了。

甘熙故居是南京现存规模最大的明清民间建筑群,它以民间的方式诠释了六朝古都含蓄、儒雅、隐忍的性格。低调行事是富商大贾崇尚的处世原则,所谓财不外露,“九十九间半”的主人也是如此。甘氏家族的建筑群以不显山不露水的形式匍匐在老城南的一角,没有高大的门楼,没有画栋雕栏,深巷中的一圈灰瓦白墙不动声色地守护着一片别样的洞天。

内敛,是甘熙故居的性格写照。置身于这样的宅院里,你完全想象不出这个宅子的主人曾经富甲一方,单看每一座院落,质朴而亲切,仿佛寻常百姓的庭院,交织着一日日的柴米油盐和家长里短。一株枇杷树或者三五枝腊梅、翠竹,掩映在花窗的罅隙间,疏影横斜,暗香浮动,曼妙动人,让人莫名就想起了归有光《项脊轩志》中的句子:“三五之夜,明月半墙,桂影斑驳,风移影动,珊珊可爱”。只有登上附近的高楼俯看这片院落,才能真正看清这座深宅大院的全部面目——门厅、轿厅、正厅、内厅、响厅、书房、闺房、厢房、佛堂、戏台、庖厨、后院等级森严,亭台楼阁、回廊轩榭、假山池沼、翠竹古树一应俱全。

甘熙精通金石风水之学,这座宅子的布局也严格遵循了家族宗法观念,讲究子孙兴旺、数代同堂。与常见的民居不同,甘熙故居的正门是朝着北边开的。因为甘氏家族从丹阳迁居南京以经商发家,《横论·诘术》中解释说,商家门不宜南向,商为金,南方为火,火克金为凶,而北方为水,金生水为吉。或许正是如此,甘熙故居内据说有水井、窨井30余座,还有大小天井35座,既解决了院内的通风、采光等问题,同时天井四壁檐口下的水槽

熙南里：南京的一处仿古建筑群，甘家大院就隐藏在这里

也让雨水沿着暗沟流向天井，所谓“四水归明堂，肥水不外流”，寄托了这个儒商家族讳莫如深但又意味深长的美好愿景。

与其说甘熙是一个商人，毋宁说他是一个鸿儒之士，在这座建筑内，处处可见故居主人的别具匠心。各色题材的木刻、砖雕将一扇扇门窗、梁枋装点得栩栩如生。甘熙故居中的门窗多为格扇门、和合窗，裙板上通常雕刻着竹节高升、葡萄结子、五福捧寿、福鹿十景等图案，梁枋处则雕有钱蝠、柏鹿、蝠磬等，寓意吉庆富贵、福寿同辉。

200余年来，甘熙故居历经了近代的政治波澜和战火的轰鸣，又在一次次旧城改造的冲击中幸免于难。如今，甘熙故居已经成为展示南京传统民居的典范，院内设立了皮影、泥人、剪纸、木雕、昆曲、云锦等民俗技艺的展示区。作为省级文物保护单位，甘熙故居仍然一如既往地保持着含蓄的姿态，悄然隐藏在临街的酒店、茶肆和商铺之中，看几眼门前的车水马龙，念一段昔

甘家大院内的皮影戏馆

日的游园惊梦，淡然地品味着年年岁岁的枯荣，慕名而来的游人若不经一番打探，怕还难睹这位隐者的尊容呢。

是否，这就是“大隐隐于市”的睿智呢？

《乐隐词》有曰：“短短横墙，矮矮疏窗，花楂儿小小池塘；高低叠嶂，绿水旁边，也有些风，有些月，有些凉。”或许，以一颗出世平和之心隐于喧嚣之中，方是甘熙故居最难得的魅力吧。

故人故里　桃花依旧笑春风

· 丹凤街:张恨水的烟火人生

写南京的小说很多,但是以南京的一条街为名字的小说却很少,并且故事又都发生在这条街上的小说就少之又少了。张恨水的《丹凤街》就是一部处处体现70年前南京丹凤街人情风貌的小说。

《丹凤街》讲述了这样一个故事:底层人家的秀姐为生活所迫,误入达官贵人的圈套,沦为大户人家的外妾;一帮市井穷朋友(童老五、杨大个子等)路见不平,想尽办法要帮助她脱离苦海。尽管他们的义举以失败而告终,但张恨水仍然在结尾处称这些可敬可爱的普通人为"英雄"。小说中不见六朝的脂粉气,充满了市井真情,让人们明白了温情脉脉的南京其实骨子里也有一股行侠仗义的江湖豪情。

小说中的故事就发生在丹凤街上,张恨水用细腻的笔触真实地记述了南京人的生活情态,栩栩如生地描绘了南京繁荣热闹的早市——"男女挽篮子的赶市者,侧着身子在这里挤","那些勤俭的主妇,或善于烹饪的主妇,穿了半新旧的摩登衣服,挽了精致的小篮子,在来往的箩担堆里撞了走",蒸笼盖子打开了,升起一团团热气,"这热气有包子味,有烧卖味,引着人向里挤……"

寥寥数笔,已勾勒出了浓浓的烟火气息,也勾勒出了南京人朴素而充实的生活。

今天的丹凤街是由老丹凤街、唱经楼和鱼市街三段组成的,老丹凤街是因为相传明朝洪武年间曾有凤凰落在此处而得名,唱经楼曾是南唐后主李煜念经诵佛的地方,鱼市街是明朝南京一处繁华的水产贸易市场。今天的丹凤街虽然已不见了昔日的菜场、鱼市、布店、茶馆、庙宇，但依然保留了街肆的喧闹，各种或时尚或简陋的店铺林立在街道两旁，流露着几十年来不曾变化的悠闲、祥和的市井生活。

民国时期，丹凤街是一条既充满市民气息又人文荟萃的街道，它紧挨着老中央大学的旧址，原丹凤街52号就是中央大学的宿舍，住满了中央大学的教授与学生。1928年，徐悲鸿被聘为中央大学艺术系教授后，就“半个月住上海，半个月住南京丹凤街”，并在位于丹凤街的住宅里创作了油画《田横五百士》；1935以后，剧作家田汉暂住在丹凤街老宿舍，先后创作了《黎明之前》《洪水》《械斗》《卢沟桥》等多部抗战题材作品；时任中央大学文学院院长谢寿康、美学家宗白华等人也经常出入于这条繁华的街道。

20世纪30年代，张恨水就已经成名，《春明外史》《金粉世家》《啼笑因缘》让他成了家喻户晓的作家，当时他的一部长篇小说可得稿酬4000元，相当于现在12万元左右的收入。那时候，张恨水已经在北京买下了一所王府，还自备一辆小汽车，生活算是比较宽裕的。

九·一八事变让华北地区局势动荡不安。1936年张恨水举家迁来南京，他原来打算在南京近郊买块地，盖几间房子安居乐业，后来在朋友的鼓励下合作创办《南京人报》，开始了新的事业旅程。报纸出版第一天就创下了当时小报日销量的新纪录：日销量15000份。这在当时人口不足100万却有数十种报纸同台竞技的南京，算是非常高的发行量了。

就这样，张恨水暂时住在唱经楼一处老式民居中，与丹凤街仅一步之遥，一代文豪与一条街道的情缘悄然开始了。对于这个每天经过的街市，张恨水在散文中这样描述：“丹凤街是一处老式市井，鹅卵石铺路，路侧排立着油盐杂货店、米铺、柴炭行、酱坊还有茶馆。每日中午以12点为界，整个上午是热闹喧嚣的菜市，日影过午，便静寂空落，给人以时光倒流的感觉。”那时候进香河还在，环岸长着粗壮的垂柳，柳梢上头便是紫金山淡淡的青灰色的影子。

他在散文中回忆自己经常光顾的夫子庙附近的茶馆奇方阁，他说：“无论你去得多么早，这茶楼上下，已是人声哄哄，高朋满座……踏着那涂满了‘脚底下泥’的大板梯上那片敞楼，在桌子逢里转个弯，奔上西角楼的突出处，面对楼下的夫子庙坐下。”他接着描述：“这里的点心有牛肉锅贴、菜包子、各种汤面，茶博士一批批送来。然而说起价钱，你会不相信，每大碗面，七分而已。还有小干丝，只五分钱。熟的茶房，肯跑一趟路，替你买两角钱的烧鸭，用小锅再煮一煮。这是什么天堂生活！”

他也爱南京城的杨柳——“扬子江边的杨柳，大群配着江水芦洲，有一种浩荡的雄风，秦淮水上的杨柳两行，配着长堤板桥，有一种绵渺的幽思。而水郭渔村，不成行伍的杨柳，或聚或散，或多或少，远看像一堆翠峰，近看像无数绿障，鸡鸣犬吠，炊烟夕照，都在这里起

落，随时随地是诗意……”（《白门之杨柳》）

老城南一带街巷依旧，秦淮河两岸杨柳犹绿，但是已经寻觅不到当年张恨水笔下的人和事了

张恨水生于安徽潜山，40岁上下时才迁居南京，但是年近中年的他一下子就喜欢上了这个风景秀丽、文脉深远的城市，尤其让他流连忘返的还是南京人简单从容、知足常乐的性格。他在南京生活的时间并不长，两年后南京沦陷，他辗转至重庆，抗战胜利不久又从南京调往北平工作。在南京短暂而平静的生活是张恨水一生难以忘却的，他俨然把南京看作自己的第二故乡，他的小说《石头城外》《秦淮世家》、散文《白门十记》《南游杂志》《忆南京》等都对这片故土充满了深深的眷恋。

张恨水离开了他深爱的南京，离开了他居住过的古老街道，丹凤街上的老房子也在一次次旧城改造的工程中消失殆尽了。所幸的是，他用娟秀的字迹记录下了自己与这座金粉之都朴实的因缘，让几十年后的人们重新看到了丹凤街上一幕幕既熟悉又陌生的生活场景，品味着那似曾相识的亲切——

“青石板铺的路面，不到一丈五尺宽，两旁店铺的屋檐，只露了一线天空。现代化的商品也袭进了这老街，矮小的店面，加上大玻璃窗，已不调和。而两旁玻璃窗里猩红惨绿的陈列品，再加上屋檐外布制的红白大小市招，人在这里走像卷入颜料堆……”曾几何时，南京城的百姓们就是这样在质朴情调中料理全家老小的生活，从容安稳。

丹凤街，一条市井的充满烟火气息的街道，萦绕着一代文豪的真挚性情。

· 傅厚岗4号:悲鸿情缘

2005年,江苏省美术馆举办了一场徐悲鸿诞辰110周年画展活动。有一位年迈的女士在开幕式致辞中说:"来到南京,来到悲鸿曾经工作、生活过的地方,都会念着这是悲鸿走过的地方。"这位女士名叫廖静文,是徐悲鸿的第二任妻子。

徐悲鸿在南京生活了近十年,长江路、玄武湖、明城墙、中央大学、丹凤街,老南京城的许多地方都曾留下这位杰出的美术大师的足迹,在南京,他完成了《田横五百士》《九方皋》《徯我后》《逆风》《沉吟》《柳鹊》等一幅幅令世界画坛瞩目的作品。他从南京出发,带着中国传统风格的绘画,游历了巴黎、威尼斯、佛罗伦萨、罗马、柏林、莫斯科,演绎了一场中国近代绘画的欧洲巡礼。

傅厚岗4号,一座精巧别致的两层小楼,有客厅、餐厅、卧室、画室、浴室以及卫生间,还有宽敞的庭院,当年庭院里有两株高达数丈的白杨树,给这座朴实的院落增添了几许别样的韵味。这里就是徐悲鸿和第一任妻子蒋碧薇生活了近十年的地方,然而这十年对于徐悲鸿来说并不平静。

1928年,徐悲鸿受聘为中央大学艺术系教授,携夫人蒋碧薇由上海移居南京,先住在石婆婆庵一幢大杂院式的宿舍里,几个月后搬进位于丹凤街的中央大学宿舍。这是一幢两层的旧式楼房,每层有8个房间,住有4户人家,徐悲鸿夫妇和谢寿康先生住在楼上,何兆清夫妇和曾昭伦先生住在楼下。房子比较拥挤,没有作画的地方,徐悲鸿只好跑到中央大学艺术系的画室里作画,很不方便。三年后,徐悲鸿在杂草丛生的傅厚岗买下了两亩荒地,凑钱建了一座带有画室的楼房,从此诞生了傅厚岗4号这个门牌。

蒋碧薇在庭院里种植了梅花、桃树、蔷薇等许多花木,还沿着马路种植了垂柳、梧桐和槐树,室内的装饰也呈现出欧洲的风情,幽雅浪漫。可这样的环境并没有给徐悲鸿带来多少精神上的快慰,他总是郁郁寡欢。

据徐悲鸿的长女徐静斐回忆,徐悲鸿和蒋碧薇的感情并不融洽,母亲专横跋扈,脾气暴躁,父亲和母亲常常为一些小事吵得不可开交。徐悲鸿搬入新居时,九·一八事变刚发生一年有余,面对国难深重,民不聊生,徐悲鸿为新居取名为"危巢",有居安思危的警醒之意。他在《危巢小记》里记述道:"古人有居安思危之训,抑于灾难丧乱之际,卧薪尝胆之秋,敢忘其危,是取名之义也。"然而蒋碧薇认为这个名字不吉利,徐悲鸿也只好作罢。

蒋碧薇热衷于应酬和交际,徐悲鸿则潜心于绘画,在傅厚岗4号,徐悲鸿与妻子之间的鸿沟越来越大。徐悲鸿在中央大学艺术系任教期间,对女学生孙多慈的才能颇为欣赏,渐渐产生感情,徐悲鸿刻有一枚印章“大慈大悲”,暗合了二人名字。蒋碧薇有所耳闻后大吵大闹,常常闹得满城风雨。孙多慈曾以学生身份送给徐悲鸿一百株枫树树苗点缀新居庭院,蒋碧薇大发雷霆,将树苗悉数砍断。徐悲鸿痛惜之余将新居公开称为“无枫堂”,还刻了“无枫堂”印章一枚作为纪念;而蒋碧薇亦与国民党中宣部部长张道藩关系暧昧。这条轰动一时的花边新闻不胫而走。

南京人理解这位艺术大师在感情生活中的痛苦,人们并没有纠缠于他的这些传闻,真正让南京人铭记的是徐悲鸿对明城墙的保护。

徐悲鸿刚到南京时,国民政府出于改善城市交通状况的考虑提出了拆除明城墙的方案,危在旦夕的古城墙让徐悲鸿焦急得彻夜难眠。当时,他除了担任国立中央大学教授,还兼任南京古物保管委员会委员,就在众人还在议论犹豫之时,他连夜草拟了一份电报向报界公布,细细陈述了明城墙的历史文化价值,坚决反对拆除古城墙。随后,徐悲鸿写了一篇题为《对南京拆城的感想》的文章,以西湖雷峰塔倒掉为鉴,将拆除城墙讽刺为“续貂之举”。为明城墙大声疾呼的徐悲鸿得到了社会各界越来越多的支持,迫于舆论压力,国民政府不得不放弃了这个决策。如今的明城墙已是南京“三大明清景观”之一,也是世界上长度最长、保存最完整的古城墙。古老的城砖上,闪耀着美术大师徐悲鸿的功绩。

今天的徐悲鸿故居院内依然植被茂密,想当年善于装点庭院的蒋碧薇曾种植过许多花木,却因为枫树事件又折断无数树苗。后人总会不由自主地猜测徐悲鸿的情感逸事,毕竟任何一位大师,只有在为情感之事而踌躇时,才与普通人的性情接近了许多

南京沦陷后,徐悲鸿只身去了重庆,并认识了与他从此相濡以沫一生的廖静文。日本投降后,由沈钧儒律师作证,徐悲鸿和蒋碧薇办理了离婚手续。不久,徐悲鸿就与廖静文结婚,并接受了周恩来的邀请,担任北平艺术专科学校校长,从此永远离开了南京。

今天位于傅厚岗的这座小楼已开辟为徐悲鸿纪念馆,尽管庭院里仍按往日的布局栽种着花木,却再难寻觅到当年的气息了。独居台湾的蒋碧薇曾在自传里回忆在傅厚岗 4 号度过的日子,这座有些寂寞的院落内,是否还留有些许未尽的情缘呢?

· 晓庄师范:爱满行知路

在南京郊外晓庄师范附近的芳山下,立着一座圆形墓冢,苍松翠柏之间,墓前的牌坊犹显得伟岸庄重,牌坊两侧的石柱上刻着郭沫若的手迹:“千教万教教人求真,千学万学学做真人。”这里安息着中国近代伟大的教育家陶行知。

“爱满天下”,这是陶行知写过的一幅书法,如今这四个刚劲有力的大字正醒目地刻在先生墓前的石碑上,成为先生一生致力于祖国教育事业和民主事业的真实写照。“捧着一颗心来,不带半根草去”,陶行知用行动实践着自己说出的话,他两手空空地离去,给后人留下了黄钟大吕之声和万世师表之范。

陶行知出生于浙江绍兴一个普通的读书人家庭,他自幼聪颖好学。18 岁那年考入金陵大学学习社会科学。五年后,陶行知以总分第一名的成绩毕业,他在毕业论文《共和精义》中慷慨激昂地写道:“人民贫,非教育莫与富之;人民愚,非教育莫与智之;党见,非教育不除;精忠,非教育不出。”这个初出茅庐的年轻人已经将一颗教育救国的种子悄悄地埋在了心底,等待着它的萌芽。

1917 年,毕业于美国哥伦比亚大学教育学专业的陶行知回到了祖国,他先后受聘于南京高等师范学校(今南京大学)和东南大学,任教授、教务主任。26 岁的陶行知开始迈上了一条勇于创新又充满艰辛的教书育人、救国济世之路。

在南京高等师范学校,陶行知新官上任三把火,每把火都烧出了虎虎生气,让学校的师生对这个年轻的教务长刮目相看。为此,陶行知得到了一个绰号:老虎教务长。

上任伊始,陶行知就发觉学校排课方式不科学,按照旧的课程表进行临时调课,常常会牵一发而动全身,造成课程的混乱。深思熟虑后,他运用统计学原理,计算出各类课程开设的频率,对课程安排进行大幅度调整,制定出新的总课程表,从此临时调课带来的麻烦迎刃而解了。不久,陶行知的统计学排课法被其他学校效仿,并沿用至今。

在教育方式上,陶行知主张“教学做合一”。他说:“教学做是一件事,不是三件事。我们要在做上教,在做上学。”当时,“教授法”的教育方式在国内高校非常流行,教师只管讲知识,学生只管接收知识。陶行知认为,这样的教育方式只是教师贩卖知识给学生,必须进行改革。1918 年,陶行知在学校校务会议上提出要以“教学法”代替“教授法”,他说:“好的先生不是教书,不是教学生,乃是教学生学,而教的法子也必须根据学的法子,就是把教和学联系起来,即要教学合一。”五四运动后,陶行知的“教学法”在全国教育界被推广,成为几千年来中国教育思想的一次重大转变。

如果说前两把火点亮了人们的新思想，那么，这第三把火则点燃了人们的新行为。“敢探未发明的新理，敢入未开化的边疆。”陶行知常常用这句话勉励自己，并且不断突破旧有的条条框框，开辟出新的天地来。20世纪初期的中国高等学府，一直没有过男女同校的先例，教育史上称之为“女禁”，陶行知偏偏要闯一闯这个“禁区”。1919年12月7日，陶行知在校务会议上提交了《规定女子旁听法案》，并在会议上慷慨陈词：“中国女子高等教育最不发达，女子几无上进之路，大学不许男女同学，更是毫无道理。南高特宜首破禁区，融通办理，以遂女子向学之志愿。”校长郭秉文、学监主任刘伯明、教授杨杏佛、陆志韦等都表示极力赞成，这个提案在校务会议上一致通过，并于1920年暑期正式招收女生。

消息一经传出，朝野震惊，江苏省议会里喧嚣的非议和谩骂铺天盖地袭来，保守派斥之为洪水猛兽、异端邪说。陶行知毫不退缩，毅然实施男女同校的招生计划，与反对派展开了针锋相对的斗争。在陈独秀、张国焘、茅盾等先进人士的支持下，经过严格考试，正式录取了8名女生，还招收了50多名女旁听生，南京高等师范学校成为中国第一所实行男女同校的高等学府。女学生走进课堂，让校园平添了许多生趣，时任国务总理的熊希龄到南京高师参观后，感慨地说：“男女同校，令粗犷之男生，渐次文质彬彬；令文弱之女生，渐呈阳刚之气，颇有意义。”40余年后，南京大学60周年校庆时，校友竺可桢回忆起当年的情景，感慨地说：“东南学府，为国之光，男女同校，惟此首创。”

陶行知为中国的近代高等教育开辟了一条新路，更将满腹的爱洒在了南京。他曾亲眼见到过社会最底层劳动人民贫穷、愚昧、落后和饱受压迫的生活，他明白教育的落后是人民生活悲苦的根源，决心“用四通八达的教育来创造一个四通八达的社会”。在玄武湖畔，陶行知开办了中国第一个推行平民教育的试验基地。在社会进步人士的支持下，江苏60多个县纷纷响应，平民教育如火如荼地开展起来，陶行知脱下西装，穿戴上中式棉袄、布套裤和瓜皮帽，与广大民众打成一片。

1927年3月，陶行知在燕子矶附近的乡村创办了晓庄师范，继续实践“教学做合一”的理念，带领师生用自己的双手盖起茅房校舍。他为大礼堂题名“犁宫”，把图书馆叫作“书呆子莫来馆”，还写了一首流传甚广的《自主歌》：“滴自己的汗，吃自己的饭。自己的事自己干，靠人、靠天、靠祖上，不算是好汉！”晓庄师范全部课程都与劳动生活有关，院务教学课要求学生自己动手解决日常生活事务，文牍、庶务、会计、做饭、种菜，全部由学生轮流担任，学生自己动手饲养动物，收集动植物标本，深入农村创办小学，并担任教学工作。在那个特殊的年代，晓庄师范为近代中国培养了一批全新思维的教师。

教书，育人——在陶行知的内心深处，永不泯灭的是对普天下生命的尊重和爱。

在今天的燕子矶风景区，有一座石碑矗立在江畔的悬崖上，80年来，碑上那六个语重心长的大字挽救了无数心灰意冷的生命。当年燕子矶悬崖边，常常发生跳崖自杀的悲剧，人们见多了,也就习以为常地漠然了。然而面对年轻生命的消逝,陶行知痛心疾首,看着滔滔江流,他语重心长地说了一句:"想一想,死不得。"平静的声音有如黄钟大吕在山间回荡,当头棒喝一般拉住了迈向深渊的脚步。陶行知将这六个字手书在一块木牌上,立在悬崖边,牌子下方还写了一行小字:"人生为一大事来,当做一件大事去。你年富力强,有国当救,有民当爱,岂可轻生?"谆谆教诲,春风化雨,如今的人们凝望着这座石碑,依稀听到了一代良师温暖的劝慰。

当晓庄附近街巷的蔷薇花盛开时,人们仿佛看到了桃李芬芳

"教育者不是造神,不是造石像,不是造爱人。他们所要创造的是真善美的活人。真善美的活人是我们的神,是我们的石像,是我们的爱人。"陶行知在《创造宣言》里深情地写道。30年如一日,他将满腹的爱挥洒在人间,铸就了为人师表的典范。

春去秋来,世事变迁,陶行知的人格如参天古树一般,萌发着生生不息的绿意。

今天,陶行知亲手创办的晓庄师范已改名叫南京晓庄学院,一代又一代的晓庄学子传承着先生崇高的精神和伟大的人格,用真挚的爱开拓出一条条知行合一的路。

· 赛珍珠故居:《大地》上的东方情结

"先生吃过午饭要打盹睡觉,昏暗的小屋里会响起他熟睡的鼾声。每逢那时,孩子们交头接耳,嬉戏玩耍,画些恶作剧的图画相互传看,偷偷看一只苍蝇在老先生的下巴周围嗡嗡飞舞,对苍蝇会不会飞进老头的嘴里相互打赌。但老先生突然睁开眼睛时——他常常像没有睡着似的一下子把眼睁开——他们还懵懵懂懂的没有觉察呢,这时候,他就拿起扇子,敲敲这个的脑袋,打打那个的脑袋……"

这段生动活泼的文字出自一部名叫《大地》的传记文学,细腻的笔触栩栩如生地描绘了中国乡村学堂的场景,充满了浓郁的乡土气息。20世纪初期,《大地》三部曲、《异邦客》

《东风,西风》等经典文学作品进入了西方人的视野,他们渐渐读懂了这个东方古国质朴勤劳的性格。1938 年,这些以中国农民生活为背景的传记文学和小说获得了诺贝尔文学奖,在诺贝尔奖授予典礼上,瑞典文学院评价这些作品堪称"传记文学的杰作",是对"中国农村生活所创作的丰富多彩而又真挚坦率的史诗般的描绘"。

在这些经典的文学著作上,印着一个让中国人怀念的名字:赛珍珠。

漫步在南京大学校园里,一种典雅的气息扑面而来。古老的校舍静静地散发着一个世纪前的韵味,斑驳的墙砖上布满爬山虎留下的痕迹,像是一道道岁月的脉络。虽然刚刚初春,玉兰花已经悄然绽放了,仿佛一片片璞玉,在明媚的阳光下显得光洁剔透;高大的梧桐树也已亭亭如盖,浓浓的绿荫下萦绕着醉人的墨韵与书香。

就在校园北园西墙边,有一座乳白色的两层小洋楼,四根古希腊风格的圆柱支撑着门廊,一楼有一片雨篷,二楼伸出了一圈小小的露台;尖尖的屋顶上,一扇老虎窗掩映在葱翠的树影中。小楼周围是碧绿的草坪,几朵橙黄色的小菊花和灰白色的蒲公英在风中盛开,仿佛一幅乡村风格的水彩画。

就在这座普通的房子里,赛珍珠和她的丈夫约翰·布克带着他们的女儿度过了 15 年时光,在这里,她写出了处女作《放逐》,以及享誉世界的《大地》三部曲。她与中国朋友结下了深厚的友谊,对脚下的东方热土充满了眷恋,从她踏上中国土地的第一天起,这个来自美国弗吉尼亚州的优雅的女子就在心里埋下了永恒的东方情结。

位于南京大学校园内的赛珍珠故居

赛珍珠有一张美丽温柔又有些忧郁的面庞,她原名叫帕尔·西登斯特克里·布克(Pearl Sydenstricker Buck),四个月大的时候就随传教士父母漂洋过海来到了中国。和大多数中国孩子一样,幼年的帕尔接受的也是传统的私塾教育,她跟着一位姓孔的先生学习四书五经,她说汉语,写汉字,和中国的孩子一起玩耍。赛珍珠回忆童年时说,她印象最深刻的就是奶妈给她讲中国的民间传说,以及家里厨师讲的《三国》和《水浒》故事。这些传统的民间文学哺育着赛珍珠的内心世界,让她与中国、中国人和中国文化结下了不解之缘。她

位于南京大学校园内的赛珍珠故居

崇拜中国清末名妓赛金花，于是给自己起了一个中国名字：赛珍珠。

17 岁时，赛珍珠去往弗吉尼亚，在伦道夫·梅康女子学院攻读心理学。然而她的心依然在中国，毕业后立刻回到了她心目中的故乡。1917 年，她在镇江与美国青年农艺师约翰·布克结婚，从此在中国开始了长达 40 年的生活。

1919 年，赛珍珠与丈夫来到南京，受聘于美国教会创办的金陵大学，校园附近的这座小洋楼也迎来了这个才华横溢的异国女子。她先后在东南大学、中央大学兼职讲授教育学、英文等课程，热爱生活的赛珍珠非常喜欢她在南京的这处住所，她与丈夫精心营造自己的家园。晚年时，赛珍珠曾饱含深情地回忆自己在南京的时光，她说："我生活的一部分是在金陵大学、东南大学和后来的南京大学教书……我住在学校一座旧洋房里，房子四周是一座我喜欢的大花园。在那里，我种树栽花，我的丈夫培植蔬菜。我们在花园里工作，夏天在这里进餐，朋友们带着孩子和我们一起在这里游憩……"在这座别致的小洋楼内，赛珍珠经常邀请她的中国朋友来做客，徐志摩、梅兰芳、胡适、老舍都是她家中的常客。

赛珍珠夫妇对古老的中国充满兴趣，丈夫约翰·布克是一名农学家，在金陵大学创办了农业经济系，并任系主任，教授农业技术和农场管理的课程。在金陵大学任教期间，约翰·布克出版了《中国农家经济》一书，将中国的农村经济情况介绍到了大洋彼岸。

赛珍珠对中国的传统文化和文学作品充满了兴趣，她说："一个真正受过良好教育的人，应该知道《红楼梦》《三国演义》这样的经典之作。"在金陵大学附近的小洋楼里，赛珍珠开始着手翻译《水浒传》。对于书名，曾经有翻译家直接译为"水边的故事"，但是终究无法体现"水浒"所蕴含的江湖精神的内核，为此，赛珍珠思考了良久。有一天，她忽然想到《论语》中的一句名言：四海之内，皆兄弟也。在这突如其来的灵感之下，她将《水浒》翻译为《四海之内皆兄弟》(All Men Are Brothers)。从此，赛珍珠的译本在世界各国广为流传，欧洲人从中国的"罗宾汉"身上读懂了东方人的快意恩仇。

在这座房子里，赛珍珠与布克的婚姻也走到了尽头，1934 年，两人离婚，第二年，赛珍珠回到了美国。这一次离开后,她再也没有回来。这位美丽的温柔的又有些忧郁的女作家永远离开了她深爱的中国,离开了她深爱的南京。

40 年来,她与中国人民一起饱经了沧桑,经历过流离失所的岁月,也亲眼目睹了近代中国血腥混乱的革命和不切实际的改革。她来自异国他乡,但她从来没有意识到自己是一个外国人,直到生命的最后一刻也一直将中国视为自己的故乡。

1973 年 5 月 6 日,赛珍珠在佛蒙特州的丹比去世,葬于宾夕法尼亚的普凯西绿山农场。按照她的遗愿,墓碑上只刻了"赛珍珠"三个汉字。

美国新闻名人海尔德·艾赛克斯在《我们的烙印》一书中说,他曾深入采访过 20 世纪 50 年代美国的政府、新闻、金融等领域的精英人士,他们都深受赛珍珠笔下的中国人的影响,数十年来,美国百姓对中国人民的良好印象几乎没有改变。

2000 年 5 月,南京大学正式给赛珍珠故居挂牌,小铜牌上记述着这样几行字:

"美国作家赛珍珠(Pearl S. Bucck,1892—1973)1919 年至 1934 年居住于此,时任金陵大学英语教师,并著有《东风,西风》、《大地》三部曲、《母亲》、传记《异邦客》《战斗的天使》,译作《四海之内皆兄弟》(《水浒传》),于 1938 年获诺贝尔文学奖。"

· 小粉桥 1 号:南京的辛德勒

小粉桥 1 号,一座不大的庭院,庭院内坐落着一座德式小洋楼,几株大树在墙角安静地生长,斑斓的叶片在阳光下闪耀着生命的色泽,一切是那么的祥和、安宁。半个世纪以来,这座小楼就这样静悄悄地隐匿在闹市的繁华之中,默默地注视着川流不息的车辆和人群,默默地聆听着身旁南京大学校园里年轻的笑声。

就在这座普通的小楼里,一位普通的德国人保护了 600 多个南京百姓的生命,也是这幢小楼,它紧紧地与南京城里 25 万人的生命相连。

小院的围墙上有一块大理石牌,牌子上刻着四个字:拉贝故居。

走进满目葱郁的院落,淡雅的花香在空气中萦绕,四周仿佛突然沉静了下来,听得到胸口的心跳。拉贝先生的雕像映入眼帘,雕像前摆放着参观者献上的一束束鲜花。"他并不是一个英雄——能改变世界的才能叫大人物,他只是个普通人,只是在生命中某一时期做了非常正确的事情。"德国驻上海领事馆原总领事芮捂峰这样说。

南京人没有忘记这个普通的德国人,他们深深地怀念这个来自异国他乡的好人。

1909 年,出生于德国汉堡的约翰·拉贝带着未婚妻道拉来到中国,两人在北平结婚。不久,拉贝进入德国西门子公司工作,1931 年任南京分公司经理。在今天的广州路路口,他租下了金陵大学农学院的一幢小楼，作为办公和起居的场所，在这处环境幽雅的住所里，拉贝工作、生活得很愉快，他的事业蒸蒸日上，周围的居民对他非常热情和友好，在北平工作的女儿也时常带外孙女莱因哈特来南京看望父亲。小粉桥1号曾是拉贝温馨的家园，他渐渐爱上了这个古老友善的城市。

突如其来的枪声打破了拉贝宁静的生活。淞沪会战爆发后，日军的飞机开始不断出现在南京城上空，对城区进行狂轰滥炸。正在北戴河休假的拉贝闻讯立刻赶回南京，他在自家院子里修筑了防空洞，提供给家里的佣人和附近的居民使用。第二次世界大战时期的德国和日本是同盟国，因此，拉贝制作了一幅巨大的德国国旗铺在屋顶上，几乎遮住了整座房屋，日本飞机看到这么醒目的国旗就飞走了。在这座小院里，拉贝慷慨地让附近的居民进来躲避。

1937年12月13日，南京沦陷，丧心病狂的日寇在这座锦绣之都开始了惨绝人寰的屠杀。拉贝与其他国际友人不顾个人安危，毅然在南京设立国际安全区，筹建了25个难民收容所，为25万多中国难民提供避难场所。在最危险的时刻，拉贝被推选为安全区主席，他勇敢地挑起了这个重担。他说："由我出任主席，我不应再有丝毫的犹豫。因为我一生中最美好的青年时代都在这个国家愉快地度过，我的儿孙都在这里出生，我的事业在这里获得了成功，我始终都得到中国人的厚待……"

"如果约翰·拉贝在半年的时间中，没有将个人的安危置之度外去拯救25万中国人，那么拉贝就是一个普通的海外商人，没有什么不同凡响，也没有什么惊天动地之处。"德国的一本介绍拉贝的书中这样写道。

小粉桥1号：拉贝故居

是的，拉贝是一个普通人，但他是一个勇敢正义的有爱心的普通人。

和当时的大多数德国人一样，拉贝加入了纳粹党。在日军肆意屠城之时，他利用自己纳粹党员的身份与日军斗智斗勇，和日本领事馆反复交涉，义正词严地抗议和阻止日军的暴行，还凭借自己的特殊身份，从日本军官那里弄来了安全住宅证明，贴在大门上。就在自家的小院内，拉贝收容了600多名惊慌失措的难民，方寸之地，一己之躯，这个被称为"南京的辛德勒"的德国人用自己的双臂努力支撑和捍卫着生命的尊严。

躲在拉贝家中的难民越来越多,他拖来稻草和芦席,在院子里搭起草棚,不管多么困难,拉贝都会保证每天给大家发一小杯米,一个星期发一次萝卜根和蚕豆。血雨腥风在古城里蔓延,国际安全区内25万多手无寸铁的百姓在日寇的屠刀前命悬一线。拉贝带领安全委员会的委员们积极寻求国际援助,募集资金,购买粮食和药品。

在这座小楼的二楼,有一间靠近阳台的房间,这里是拉贝的书房。就在这间书房里,拉贝以日记的形式记录下了那段黑色的历史,60年后,这部《拉贝日记》成为向全世界揭示和控诉日军暴行的铁证。

"日本使馆发出声明:'在南京还有部分身着便装的中国士兵……因此向各使馆官员派发卫兵,保护诸位安全。'……连孩子都知道,我们就是为了保护中国人才留在这里的。"

"中国人大量涌进我们建立的难民区,我自己花园里的两个散兵坑全部挤满了难民,有人不断地敲我们的门……大约有30个中国人躲在我的办公室里,3个人在地下室的煤筐里,有8个妇女在仆人的房间里,剩下的约一百人分散在我房子的各个角落。"

"1月31日是中国的新年,佣人和雇员都隆重地向我拜年。难民们在院子里排着整齐的队伍向我三鞠躬,这其中还有许多年轻姑娘,大家都感谢我保护了她们,救了她们。只可惜还没有一个圆满的结局。"

拉贝用颤抖的双手记录着那段魔鬼般的岁月。

难民们称拉贝为"活菩萨",而日寇则视他为眼中钉。不久,一具中国平民的尸体就被抛在了拉贝的家门前,此后一个半月中无人清理。拉贝猜测,这是日军对他的威慑。果然,日军开始以各种借口闯进小粉桥1号,拉贝毫不屈服,他凭借自己的特殊身份无数次阻止日军的入侵,使数百名中国人的生命得以保全。拉贝在日记中写道:"……又有4个日本兵爬过院墙,我当即挡住了其中3个,把他们赶了回去。"

1938年2月,拉贝应西门子公司总部的要求返回德国,临行前,安全区内成千上万老百姓跪地请求拉贝不要离开。

拉贝冒着生命危险,将珍贵的日记和南京红十字会主席约翰·马吉拍摄的影像资料秘密带回欧洲。一到柏林,他就马不停蹄作了五场报告,揭露日军犯下的滔天罪行,为此他受到盖世太保警察的监视和迫害。强烈的正义感和责任感支撑着这个德国男人,他坚持整理日记和资料,他要将这些真实的历史留给后人,让法西斯的残暴罪行大白于天下。

第二次世界大战结束后,由于自己的纳粹党员身份,拉贝遭到了不公正的待遇,先后被英国和苏联政府逮捕。1946年,拉贝面见了苏联朱可夫元帅,在证实自己没有犯罪之后被释放。此时的拉贝已是63岁的老人了,一家人没有任何生活来源,日子过得非常拮据。南京同胞没有忘记这个善良的德国老人,当他们得知拉贝先生的艰难处境后,立刻成立了救助拉贝劝募委员会，汇去了2000美元募集资金，又从瑞士购买食品寄给拉贝，即使在苏联封锁西柏林的非常时期，南京百姓也在努力帮助他们的恩人。在那段最消沉的日子里，来自东方的食品包裹和汇款单让这位风烛残年的老人重新点燃了生活的希望。晚年的拉贝，心中一直牵挂着南京，牵挂着他的东方故土。

1950年1月5日，这位普通的好人去世了。46年后，拉贝的外孙女莱因哈特夫人在纽约公开了《拉贝日记》，人们看到了那个屹立于血雨腥风中的伟岸的身躯。

拉贝先生在南京居住过的小楼被永远保存了下来，这里彰显着人性的光辉和对生命的尊重。在拉贝故居的留言簿上，我看到了一行娟秀的字迹——

“感谢拉贝，为我们留下了一片心灵的净土。”

书香墨韵　为有源头活水来

· 南京大学：三江清如许

“问渠那得清如许，为有源头活水来。”当大儒朱熹吟咏出为人治学的诗句时，一脉清流正从三江源头蜿蜒而来，带着来自雪山的澄澈与高洁的气息，哺育着一方水土，哺育着一方人文，也哺育着一代又一代求学求真的莘莘学子。

南京大学，沐浴着三江之水，诞生于钟山之麓，浸染六朝的古韵，传承千年的文脉，将书页间的幽香收藏至今。

感悟南大，感悟的是南京的文化胎记。

步入这座古老的校园，扑面而来的是植物茂密的身姿，昭示着千百年来生命脉搏的律动。它脱胎于六朝时期的太学，变革于近代中国洋务兴学时期的三江师范学堂，将倡导学术之昌明的精神播种在脚下的方寸之地，枝繁叶茂，生生不息。

南京大学总是彰显着一种超然脱俗的风韵，一任风雨吹打，自有淡泊从容。它继承了把酒临风、呼啸吟歌的魏晋遗风，又在精神的云层中关注着学术的纯粹——以出世的态度做人，以入世的态度治学，这就是这所大学独具的性格。

沿着历史的脉络上溯至三国时期，早在东吴永安元年(258 年)，孙休诏立五经博士，创立了一所国立学校，遂成为此后的东晋和南朝四代的太学。作为魏晋时期皇家统治的最高学府，南京太学设有文、史、儒、玄、阴阳五科，成为世界历史上第一所分学科的高等学校。到明朝时，南京国子监已成为规模最为宏大、学术氛围最为浓厚的学府。如今，鸡笼山上的北极阁、钦天山下的四牌楼、秦淮河畔的夫子庙一带还留有古老太学散落于金陵民间的讲坛和地方学堂。

近代西学如一股飓风冲击着人们的思想，作为中国最早接触到近现代外来文化的城市之一，南京率先在教育领域开启了变革之门。1902 年，从南京国子监演变而成的江宁府学停办。

北大楼：南京大学脱胎于六朝时期的太学，变革于近代中国洋务兴学时期的三江师范学堂

不久，两江总督刘坤一与名儒张謇等人尝试采用西方国家的新学制来办学，于是奏请光绪帝开办师范学堂。继任的两江总督张之洞也草拟了《创办三江师范学堂折》奏章，请求“先办一大示范学堂，以为学务全局之纲领”。两年后，三江师范学堂正式创办开学，成为一所具备近代化办学理念和先进学科设置的官办高等学府，实现了从古代太学到近代的大学的成功转型。

深厚的历史底蕴承载着人文精神的基石，富国求强的信念坚定了敢于革新的勇气。三江师范学堂刚一创立，就为中国的教育注入了新鲜的血液——

创设中国第一个图画手工科和音乐副科，培养了第一批近代化的艺术人才；首开体育教育，成为中国高等体育教育的开端之地；率先设立商科，建立了中国第一个商学院；改良授课理念，用“教学法”代替“教授法”，改变了中国两千年来的教育理念；首开女禁，直面旧势力的诋毁，开启了近代中国男女同校的大门；最早在中国开展现代学术研究，最早建立现代科学实验室，成为中国第一所以大学自治、学术自由为特征的现代大学。从清末到民国，从三江师范到国立中央大学，虽多次易名和几经拆并机构，但它正本清源的学术精神一脉相承了下来，成为中国高等学校的光荣典范。

即使在最困难的时期，学校的师生们都未曾放弃过对纯粹学术精神的追求。1937 年 12 月，南京沦陷，中央大学的师生们在校长罗家伦的带领下，沿着长江水路迁徙到四川和云贵。在成都华西坝、贵阳马鞍山、重庆沙坪坝松林坡和青木关，师生们一边救亡图存，一边钻研学问，尽管物质生活极其艰苦，尽管日军的飞机持续五年不间断地轰炸，学校依然在战火中成长着。在这样的艰苦条件中，仍然先后创立了医学院和农学院畜牧兽医学系，并建立了多个附属中学。到抗战胜利后迁回南京时，中央大学已成为全国院系设置最全、办学规模最大的大学。

1949 年 5 月,国立中央大学更名为南京大学。“文化大革命”期间,受极“左”思潮的影响,南京大学的教学科研工作遭到破坏,被迫停止招生。就在国内学术界和思想界万马齐喑之时,1978 年,哲学系的胡福明教授发表了《实践是检验真理的唯一标准》一文,这篇文章犹如一声惊雷震撼了整个中国,一场“真理标准问题大讨论”接踵而来,拉开了当代中国思想解放的大序幕,为改革开放的春天鸣响了一声万物复苏的春雷。

这是一所务实的大学,不张扬,不华丽,心系民族与国运的兴衰。

今天的南大学子依然保持着这样的内在气韵,他们从北大楼茂密的爬山虎下走过,读着那块“两江师范学堂”的碑石,仿佛从历史深处走来,明白了为人治学的真谛。

深秋时节的南大校园

正本,方能清源。千百年来,这座沐浴着江流的大学始终为学问之树浇灌着最清澈的水流,它包容了自己命运的起伏,却担当着国家命脉的守护者。它的身上,透露着中华文明深厚的儒者情怀,仁者爱人,修齐治平,传承至今。

· 东南大学:图腾六朝松

若要问南京最古老的树是哪棵,那当属东南大学校园内梅庵旁的六朝松了。

其实六朝松不是松树,而是一棵桧柏。尽管老百姓自古就有“松树不下山,柏树不上岭”的说法,但是民间松柏不分也是很常见的,好在松与柏的文化意义差别不大,从形而上的角度看,这算不上是什么“谬误”吧。

六朝松是南朝遗迹,相传是梁武帝萧衍亲手所植,如果真是梁朝遗物,那它的年龄就有 1500 多岁了。当初隋文帝杨坚一把火毁掉了整座南京城,六朝宫殿付之一炬,魏晋琴音灰飞烟灭,唯有这棵树幸存了下来,成了延续六朝文脉的涓涓溪流,更成了东南大学最厚重的精神图腾。

东南大学位于六朝皇宫旧址之上，宿舍区与教学区之间有一条河，就是南朝宫殿内的珍珠河，六朝松边上有一口明代古井，是在胭脂井旧址上修起来的，当年陈后主与宠妃张丽华就是躲在这口井里被隋军俘虏的。在东南大学附近的四牌楼地区还流传着“破镜重圆”的传说：陈代的乐昌公主与驸马徐德言在国破家亡之时将一面宝镜一摔为二，各执一半，作为离散后重逢的凭证。乐昌公主被隋朝宗室大将杨素所得，徐德言则流落民间。正月十五那日，徐德言见街市上有一老妇人卖半面宝镜，询问后得知乐昌公主就在杨素府中。杨素问明原委后百感交集，将乐昌公主交还徐德言，夫妻二人终于团圆。

如今，走在这座拥有着深厚历史底蕴的校园里，仍能感受得到千年前未尽的悠悠古韵。六朝松还在年复一年地生长着，老态龙钟，虽屡经雷电袭击，伤痕累累，却依旧充满勃勃生机。还有那些古朴庄严的楼宇、茂密参天的古树、书卷飘香的房屋，似乎还在袅袅地诉说着昔日的宫闱旧事。

建于民国时期的礼堂

往日的皇家宫苑成为一座学府，还得从波澜壮阔的大明王朝说起。

600 年前，鸡笼山北极阁下，一座学生数目超过万人的学校在明太祖朱元璋的诏书中诞生了，这就是被称为“国子监”的南京太学。

今天的东南大学校址就是当年南京国子监的主要部分。明朝永乐年间，这里的太学生达到 9900 多人，还有来自日本、高丽、琉球、暹罗等地的留学生，校舍多达 1200 余间，曾是全球规模最大的高等学府。国子监西北处的鼓楼和大钟亭每天准时敲响，太学生们在钟声中起床，在鼓点中就寝，过着“一心只读圣贤书”的日子。就在六朝松繁茂的枝叶下，大学士解缙开始了主持《永乐大典》的编纂工作，国子监组织了 2180 多名监生参加编抄，历时五年之久，终于完成了这部中国历史上卷帙最为浩繁的大百科全书的编纂。

国子监所在的街道叫作成贤街，它隐匿在浓郁的书香之中，迎来送往了无数满腹经纶的文人贤士。直到今天，这条窄窄的道路还叫着 600 年前的名字，静静地看着东南大学的学子们年轻的身影——曾经那些青衫白袖的太学士子也从这里走过，隔了几个世纪的影像忽而交错在一起，仿佛一声呼唤后久远的回音。

李瑞清塑像

随着永乐皇帝迁都北京，南京国子监的太学生也逐渐减少了。清朝时，南京国子监改名为江宁府学。到咸丰年间，一场大火让这座昔日的学府化作了灰烬。

长满茂密梧桐的校园道路

1902 年，在这片文化旧地上，大书法家李瑞清修建了一所学校，名叫三江师范学堂。今天的东南大学与南京大学、南京师范大学、南京工业大学，以及无锡太湖畔的江南大学等江苏高校都发源于这所学堂，可谓是同祖同宗。从此，这座古老的学校走上了近代化教育的道路，一个多世纪以来，虽然十易校名，但校址从未改变过。为了纪念这位续写六朝遗风与太学文脉的文士，人们在六朝松旁建起了一座青灰色的砖石建筑。建筑四周绿树成荫，翠竹花香环绕左右，古朴典雅，因李瑞清号梅庵，这座建筑也取名为梅庵了。

就在梅庵旁的六朝松下，留下了罗素、泰戈尔、梁启超、胡适等中外文人学者的脚印，也留下了恽代英、瞿秋白、邓中夏等民主先驱者探索真理的足迹。

直到今天，东南大学依然保持着国立中央大学时期的模样，四方的雕花正门上，那些斑驳的图案从未老去，大礼堂的圆顶仿佛一颗翡翠，镶嵌在葱茏的绿色中，正前方的喷泉也还是半个世纪前的样子，一届届东南大学的学子在毕业前总会在这里留影。古老的建筑俯视着池水中年华犹存的自己，端详着年轻学生们英姿勃发的面容，这是一种跨越了时空的对照，更是穿梭在灵魂深处的生生不息的传承。

从1500年前的六朝松到今朝的现代化综合性高等学府，东南大学历经了无数次变迁，它曾经毁灭过，消沉过，但终究崛起在华夏大地的东方，铸就了长江岸边一座不朽的文化丰碑。

六朝松见证了一座城市的历史，也见证了一所大学的成长。古老的年轮一圈圈叠加着，这些隐秘的符号是镌刻在大地上的文化浮雕，是思想学术的精神图腾。

· 南京师范大学：诗画随园

在昔日的南京小仓山上，有一座山水清幽、趣意盎然的私家园林，名叫随园。如今，随园已无迹可寻，但在随园旧址的一角，坐落着一所古色古香的学校，仿佛吟咏着城中山林的余音。这座校园深藏在浓荫淡碧之中，飘逸着灵秀的气息和动人的神韵。一重重绘制着五彩祥云纹样的屋檐下，阵阵鸟鸣装点着秀丽的假山池沼，仿佛一幅空灵、明净的工笔画。

这座被誉为“东方最美的校园”的学校就是南京师范大学，100年来，那些古典优雅的情愫在古老的树冠上焕发着新的绿意，领着凡尘中的人们在一番浓厚的诗情画意中回味她的前世今生。

随园，一座诞生于诗意和画境之中的园林，一座代表了金陵士大夫灵魂归宿的园林，一座在今人眼中浩渺如仙境的园林，一座只能在泛黄的典籍中用断断续续的文字拼接出来的园林，它的秀美与明净让无数人憧憬，但可惜已无人有缘欣赏了。

与随园相关的有两个名字：曹雪芹和袁枚。

随园本是江宁织造曹頫的私人花园，雍正年间，曹頫因“行为不端”“亏空账目”等罪名被抄家，年仅五岁的曹雪芹跟随着获罪的父亲迁居北京，这座锦绣的园林从此成了他记忆中的绝美。据说，曹雪芹在《红楼梦》中所描绘的大观园正是脱胎于金陵故土的花园。

乾隆十四年（1749年），这座花园被诗人袁枚所购买。这位辞官赋闲的诗人才华出众，为乾隆年间江南诗文之冠，与纪晓岚有“南袁北纪”之称。性情洒脱的袁枚取“随遇而安”之意，将花园命名为随园，他在园内建亭阁、假山、石桥，凿溪流、深涧、池渊，移步换景，仿佛重现了红楼之繁华，让前来拜访的文人叹为观止。袁枚在《随园诗话》中写道：“雪芹撰《红楼梦》一部，备记风月繁华之盛，中有所谓大观园者，即余之随园也。”在这座远离红尘的园林中，袁枚过着散淡闲适的生活，他与诗画为伴，有如隐士一般，徜徉其间近50个

南京师范大学被誉为“东方最美的校园”，校舍规划设计者是近代著名建筑师吕彦直和美国建筑师亨利·墨菲，如今校园已整体被列为全国重点文物保护单位

春秋。在那首《杂兴诗》中，他悠然自得地吟道：“造屋不嫌小，开池不嫌多；屋小不遮山，池多不妨荷。游鱼长一尺，白日跳清波；知我爱荷花，未敢张网罗。”

在这座城中山林之中，袁枚精心修葺建造了苍山云舍、香雪海、双湖、澄碧泉、小栖霞等景观，景色之怡人居然让乾隆皇帝心驰神往，专门派画师将随园风景描绘成册，带回宫中观赏。在这个世外桃源里，袁枚潜心读书著文，留下了《随园诗话》《随园随笔》《小仓山房文集》等10余部文集和7000余首诗作。令人惋惜的是，太平天国时期，洪秀全下令废随园为耕地。从此一代名园零落为尘泥。

幸得50年后，一座学校诞生在了昔日的随园一角，悉心修葺着荒芜的精神家园。

南京师范大学发源于1888年创办的汇文书院和1902年创办的三江师范学堂，历经百年风雨和变迁，虽几度院系调整和撤并，但校址从未变更过。今天的南师随园校区是1923年建造的，校舍规划设计者是近代著名建筑师吕彦直和美国建筑师亨利·墨菲，如今校园已整体被列为全国重点文物保护单位。那时学校名叫金陵女子大学，是当时中国唯一的女子大学，许多进步女青年和知识女性都是从这座美丽的校园中走出来的。

遥想当年袁枚爱才惜才，对于上门求学的后生，他都以礼相待，尽心传授知识。南京师范大学秉承了随园老人治学为师的品质，成为中国高等师范教育的发祥地之一，无数南师学子以严谨朴实的学术品格在教书育人的田亩间潜心耕耘，传递着随园的精神内核。

这是一座传统民族风格的校园，古典建筑在绿树草坪的衬托下显得温婉而细腻，处处透露着江南古城的钟灵毓秀和浪漫多情。斗拱宫殿式楼宇按照中轴线对称展开，精巧的回廊将这些建筑连接在一起，花草池沼点缀其间。校园的建筑大部分保存完好，许多仍然是榫卯结构样式。黄墙黛瓦，彩廊红柱，勾檐翘角，古木葱茏，那些描绘在窗栏和穹庐上的五彩纹样仿佛一幅幅云锦，舞动着斑斓与辉煌，将隔世的风华缓缓铺陈开来。

南师的气质中总有一种柔情和诗意，也许是因为当年金陵女大独有的女性气息，也许是因为百年前曹雪芹和袁枚留下的书卷间的清香，总之，这座钟灵毓秀的校园成了南京一处浪漫的地方，是今日辗转于尘嚣中的人们的精神故土。

南京师范大学图书馆大楼

在一片开阔的草坪上，坐落着华夏图书馆，这是金陵女大第一位女校长吴贻芳工作过的地方。她曾于1945年出席联合国成立大会，在《联合国宪章》上签下了第一个女性的名字。浓郁的人文气息呵护着图书馆大楼，正前方的草坪上，学生们在打羽毛球或静静地看书，和煦的阳光透过茂密的树冠洒落在地上，一切都和往常一样宁静。

还有古老的音乐学院大楼和南师随园音乐厅，这里是中国现代音乐教育的发祥地，至今仍有许多国际性音乐交流演出在音乐厅内上演。在那座飘满花香的小山坡上，隐藏着的是文学院。脚一步步走近，心也一步步沉静下来，不再流连于外界的纷扰，所牵系的是那一方诗情画意的别样洞天。

袁枚曾著有一册《随园食单》，生动传神地将南北美食娓娓道来。如今南师随园校区周围也成了南京很有盛名的小吃集聚地，各类土菜、家常菜、面食摊点香飘四溢，当然，少不了的还有南京人最爱的鸭血粉丝汤。

在浪漫中过实实在在的生活，在诗情画意中享受充实而纯粹的时光，这就是南师留给人们的精神文化。

南京师范大学承载了随园的百年兴衰，古往今来，世事变迁，唯有对诗的向往、对画的流连未曾改变。因为，随园所传承的是朴实的爱，是真挚的美。

画影

【明月照时常皎洁】

世纪风云　钟山风雨起苍黄

民国影像　却在灯火阑珊处

离别站台　满川风月替人愁

光影胶片　我亦逢场作戏人

岁月年轮　只是当时已惘然

世纪风云　钟山风雨起苍黄

· 走向共和:光复南京的枪声

1911年10月10日夜晚,发生在武汉三镇的枪声震惊了古老的中华大地,千年古城南京也在开天辟地的枪声中再一次睁开了双眼。南京,这座命运起伏的古都,骨子里终究有一股敢于担当民族责任的勇气,虽是金粉佳丽之地,但不止一次地站在历史的风口浪尖,演绎出锦绣之都绝代的风华。南京让世人看到的,不仅仅有温文尔雅的婉约,更有振臂高呼的豪迈,即使历经劫难,风骨依然如故。

随着武昌起义的爆发,各地新军纷纷起义,上海、苏州、常州、无锡相继光复的消息传到了南京新军官兵的耳中,一场中华民国的奠基之战悄然酝酿着。

南京是清政府两江总督府所在地,是东南地区政治经济中心,也是重兵把守的主要城市。当时驻守南京的有两支军队,一支是以八旗军和绿营军为主的旧军,约有两万人,另一支是由徐绍桢率领的新建陆军第九镇(师),约五千人。新军官兵中有许多知识青年,新军统制徐绍桢本人就是一个思想先进的军官,他们深受民主革命思想的影响,迫切希望改变清政府腐朽的统治;革命党人赵声、柏文蔚等曾在新军中广泛宣传革命思想,许多官兵内心是倾向于革命的。

但是,两江总督张人俊是清廷的忠实走狗,旧军官铁良、张勋等也极端仇视革命,于是南京便以新旧两军为别,形成了两个对立的阵营。张人俊一直对新军提防有加,武昌起义的消息更是让他加强了戒心,经过与张勋的密谋,总督府下令调第九镇部队出城,驻防秣陵关，并派江防营部队驻扎在距秣陵关10公里处，以监视新军。新军的弹药也被扣发，每个士兵只发放了3颗子弹。不久，铁良派出亲信行刺徐绍桢，被当场抓获，这一消息让新军士兵义愤填膺，纷纷要求举兵起事。徐绍桢也知道起义刻不容缓，他当机立断，派人与上海的起义军联络，寻求援助，同时召开军官会议，布置起义计划。

1912年1月1日下午5时，孙中山抵达南京，举行了临时大总统就职典礼。封建君主专制在南京宣告终结

11月8日的凌晨，秋风中带着几丝凉意，淡淡的月色在南京城外广袤的丘陵上铺开了乳白色的地毯。就在东方微明的时候，第九镇官兵突然向南京城挺进，中午各路纵队到达花神庙，开始向聚宝山（今雨花台）方向发起进攻。

聚宝山是位于南京城南的一处高地，与聚宝门（今中华门）相互呼应，构成了南京南大门坚固的防御体系。当新军冲锋到离聚宝山1公里的地方时，士兵的子弹已经用完，敢死队员在手榴弹的掩护下一度登上了聚宝山东峰，但因后续部队未能及时跟上，又被江防营夺回阵地。这一次战斗持续了一昼夜，由于弹药缺乏，起义进展不利，部队阵亡了数百名官兵，被迫退往镇江。

面对紧追不舍的江防营大军，徐绍桢决定火速向上海同盟会总部求援。南京新军的起义对辛亥革命的全国战局具有决定性意义，尽管当时不断有新的省市宣布独立，但是革命力量较为分散，清政府也使用各种手段渗透和破坏革命，尤其是在革命的发源地武汉，袁世凯的北洋军已经将起义军包围多日，还不断派人进入武昌城诱使义军和谈，同盟会领袖黄兴在城内苦苦支撑，形势非常危急。南京起义无疑在长江流域与武汉形成了东西呼应的局面，起义成功将会把武汉与已经光复的上海连接起来，有利于巩固革命成果。对此，粤军参谋长犹龙说："欲定大事，非速攻南京不可。南京一日不下，武汉必危。武汉不支，则长江一带必不能保，满虏之焰复炽，祖国亡无日矣！"

上海同盟会立刻组建了江浙联军两万余人齐聚镇江，准备援助南京起义军。11月15日，清政府海军"镜清""保民""楚观"等14艘军舰投诚革命军，水陆大军在林述庆的指挥下，会攻南京。

尚在武汉围攻黄兴的袁世凯得知南京的消息，大为恐慌，连忙给张勋发来电报说：“东南半壁，悉赖我公。”两江总督府决定以江防营和巡防营为主力，死守南京。

为了切断张勋的退路，联军司令部派镇军和扬军两个营渡江攻下六合，形成江南江北呼应的局面。当时清军在天堡城（今紫金山天文台所在地）、乌龙山、幕府山、狮子山及江浦、下关沿江都设有炮台，清军猛烈的火炮给联军部队造成了很大伤亡。22日夜晚，担任幕府山炮台军官的革命党人宫成鲲率领所属官兵拆除了大炮，不久联军游击队偷袭乌龙山，将炮台占领，驻守下关江面的清军水师十三营的40艘战船起义，下关沿江炮台也停止了对革命联军的攻击，张勋几乎丢失了南京江防。革命军用占领的炮台向驻守仪凤门、太平门的清军猛轰，四天后，革命军相继占领了孝陵卫、马群、朝阳门（今中山门），巡防营统领王有宏也被击毙，守城清军已如瓮中之鳖了。

南京让世人看到的，不仅仅有温文尔雅的婉约，更有振臂高呼的豪迈，即使历经劫难，风骨依然如故

如今张勋的全部家当都依赖着天堡城的炮台了，这里驻扎着张勋一个营的军队，还配有4挺机枪，10余门重炮。天堡城位于紫金山第三峰，占有居高临下的优势，革命军久攻不下。11月30日，革命军组成了两百人的敢死队，冒着寒冷的冬雨强攻，军官杨韵珂在冲锋时身中40余处枪伤，士兵们赶去抢救，他推开士兵喊道：“不夺下这个要塞，就不要收殓我的尸体！”杨韵珂一边呼喊一边身先士卒向敌军冲去，最终倒在了枪林弹雨之中，牺牲时年仅30岁。经过一天一夜的激战，革命军终于攻克了天堡城。

张人俊、张勋见败局已定，丢盔弃甲仓皇出逃。张人俊、铁良乘坐日本军舰逃往上海租界，张勋率领残兵败将2000余人，出汉西门经大胜关渡江，逃往徐州。革命联军一举攻克浦口全境，于12月3日分别从聚宝门、太平门、仪凤门进入南京城，至此南京全面光复。

南京光复后，武昌起义军还在黄兴的带领下与清军鏖战，林述庆马上调兵驰援武昌，并主持召开17省代表会议，商讨建立共和国；17省代表公推林森为议长，选举孙中山为中华民国临时政府大总统，黎元洪为副总统。

1912 年 1 月 1 日下午 5 时,孙中山抵达南京,在举世瞩目中举行了就职典礼,宣誓任职。中华民国临时政府在南京的成立,宣告了清王朝的垮台,封建君主专制在这里终结,一颗振奋人心的璀璨星辰照耀在华夏大地的东方。

南京,播撒了近代中国第一颗民主共和的种子,历史从此走向了更为波澜壮阔的天地,新的传奇正在萌发。

· 中山陵:凝固在建筑里的伟大人格

中山陵是孙中山先生民主共和精神的所在,也是南京城市性格的灵魂。南京人素有浓厚的“中山情结”,他们崇敬和缅怀这位为了崇高理想奋斗终生的先行者。宽容友善、海纳百川,南京读懂了先生的志愿,更将这种精神传承在了城市的脉搏中。拜谒中山陵,在崇山峻岭之中体会先生精神的博大、理想的高远,渐渐明白,先生给予南京的,不仅仅是一次革命的洗礼,更是一段辗转起伏、波澜壮阔的生命历练。

天下为公

1866 年 11 月 12 日,一个乳名帝象的婴儿出生于广东省香山县翠亨村的农民之家。没有人能够预料到,45 年后,这个学名孙文的农家男孩会给两千年的封建中国带来一场翻天覆地的变革。

因家中无田产,6 岁的孙文就独自上山砍柴放牛,或者随祖父去海边捕鱼,10 岁之后,开始踏上求学之路。不久,他在长兄孙眉的资助下到美国檀香山读书,始见“沧海之阔,轮舟之奇”,深切感受到了东西方社会的差距。回国后,他与进步人士陆皓东、陈少白、杨鹤龄等人结为好友,经常一起畅谈国事,将一颗变革的种子悄然埋在了胸中。

1895 年,孙中山在香港中环士丹顿街 13 号正式成立了“香港兴中会总会”,提出了“驱除鞑虏,恢复中华,建立民国,平均地权”的主张,同年 11 月,孙中山剪掉了辫子,改穿西服,辗转于日本、美国、英国、加拿大,积极筹备款项,准备革命。在此期间,他被清廷通缉,遭香港当局驱逐出境,在伦敦被清廷特务机构缉捕,1900 年在广东发动惠州三洲田起义失败后流亡日本。

革命的艰难没有磨灭掉他改变封建中国的决心,1905 年 8 月,孙中山与黄兴、宋教仁等革命志士在日本东京成立了中国同盟会,孙中山被推选为同盟会总理。他在《民报》的发刊词中首次提出了“民族、民权、民生”的思想,标志着“三民主义”的诞生,并正式宣誓进行国民革命。此后,革命党人陆续发动了潮州黄冈起义、安庆起义、七女湖起义、镇南关起义、防城起义、河口起义、广州新军起义，将民主革命的火种播撒在了古老的华夏大地上。

1911年10月10日，武昌起义的枪声震惊了全国，各省纷纷响应。次年，中华民国成立，孙中山抵达南京就任中华民国临时大总统。1912年，这个年份对于经历了2000年帝制的中国来说，是一个开天辟地之年，而南京，亲眼见证了这个年代的诞生。

当《临时约法》在南京城庄严颁布，当崭新的五色旗在南京城上空飘扬时，革命却遭遇了前所未有的劫难。在军阀纷争、西方大国无端干预的情况下，孙中山轻信了袁世凯的承诺，辛亥革命的胜利果实被以袁世凯为代表的北洋军阀窃取，民主共和断然夭折。孙中山先生在挫折中越发坚强，并由此开始了长达十余年的斗争——二次革命、护法运动、第二次护法运动……尽管历经失败和背叛，尽管也做出过不科学的举措，但是孙中山的信念始终没有动摇过，他始终把改造中国政体作为毕生的使命，他的精神是革命后继者的灯塔。

1924年10月23日，冯玉祥将军发动北京政变，推翻了北洋军阀曹锟，邀请孙中山北上商讨国事。此时孙中山的健康状况已经急转直下。他毅然抱病北上，并提出“召开国民会议”和“废除不平等条约”两大号召。第二年初，孙中山在北京协和医院被确诊为肝癌，西医手术和中医汤药均无力阻止癌细胞在先生体内的疯狂扩散。1925年3月12日9时30分，孙中山停止了呼吸，享年59岁。

中山陵依山而筑，坐北朝南，青与白的色彩搭配，显得和谐而庄重

中山陵碑亭，碑文由谭延闿书写

先生直至离去也未能看到真正的共和。

纵观孙中山先生致力于民主共和的一生，是历经坎坷、多舛辗转的一生，他体会到了太多失败的苦楚，

却很少品尝到成功的喜悦。在那个外族入侵、内部分崩离析的年代，作为一个没有经验可循的先行者，势必要付出比后继者更多倍的艰辛和痛苦，他的系统化的革命理论为后来中国革命的发展提供了宝贵的经验。

面对清朝廷的缉捕、反动军阀的围攻、帝国列强的威逼利诱、革命阵营内部的叛乱、同盟战友的分歧，先生“愈挫愈奋，再接再厉”，他积极改造国民党、组建现代化的黄埔军校、倡导国共合作，却抛开了个人名利，先生彰显的是博大的胸怀和大公无私的精神。“革命尚未成功，同志仍需努力”，一句谆谆教诲，道出了这位民主革命的先驱者未了的心愿和无限的希望。

在那个封建专制思想浓郁的旧时代，曾有人劝说孙中山做皇帝，或是担任终身制大总统。以孙中山当时在革命党人中的威望，他是完全可以这样做的，然而先生拒绝了，他始终恪守《临时约法》，虽然这给了袁世凯以复辟之机，但是先生以其高尚的人格将民主共和的理念传播到了中华大地。从这个角度看，先生可称为“中国的乔治·华盛顿”。

孙中山带着遗憾离开了，他给南京留下了博爱、宽容的品格，给后人留下了“天下为公”的教导，还留下了一个孕育着希望的节日——植树节。每年 3 月 12 日，先生的祭日，一株株绿色的生命正在紫金山的林海中蓬勃生长……

中山陵音乐台位于陵园广场以南，台后建有弧形大照壁，台前有弯月状莲花池

奉安钟山

“他日我辞世后，愿向国民在此乞一抔土，以安置躯壳尔……”这是孙中山途经紫金山时说的一句话，也是他的一个心愿。孙中山对南京怀有深厚的感情，虽然他在南京就任临时大总统只有短暂的三个月时间，但这是他的革命理想得以实现的三个月。当时的南京尚处于北洋军阀的统治之下，安葬在南京，恰体现了孙中山先生鼓励同志继续努力的殷切

希望。

南京的百姓真诚地希望先生长眠在紫金山，先生没有能够亲眼看到真正的共和，带着遗憾走了，但是他的这个心愿，人们愿意满足他。

孙中山逝世后，在北京签名的吊唁者达74万多人，30余万人参加了送殡。中山陵落成后，南京举行了隆重的奉安大典，将孙中山的灵柩从北京移送到南京，并从下关码头至中山陵沿线修建了迎柩大道，起名“中山路”，即今天的中山北路、中山路和中山东路。总理奉安委员会由蒋介石、胡汉民、谭延闿、戴季陶、蔡元培、林森、陈果夫、阎锡山、何应钦、张学良、孔祥熙等27人组成。

1929年5月28日，停放在北京西郊碧云寺的孙中山先生遗体由专列运送至南京浦口，抵达下关码头后，停灵于国民党中央党部礼堂，国民党中央委员轮流在礼堂内守灵，直至6月1日的“奉安日”。5月31日公祭活动结束后，蒋介石主持了封棺典礼，参加典礼的有宋庆龄、孙科、孙治平、孙惠英、陈少白、何香凝、孔祥熙、宋蔼龄、宋美龄、宋子文等人，蒋介石、孙科、孔祥熙亲自涂殡。

6月1日清晨，在狮子山炮台101响礼炮声中，孙中山灵柩抬上了缟素的灵车，汽车四周扎挂着白色花球，覆盖国民党党旗和中华民国国旗；铁甲车和骑兵连在前面开道，200余名军校学生组成护灵团，分列两侧，随行护卫，各机关团体人员分成十列，依次加入长达五六里的送殡队伍。上午10时零8分，孙中山灵柩放入墓穴，灵穴上平躺着捷克雕塑家高琪刻制的孙中山汉白玉卧像，陵下矗立一块巨石，上面刻有谭延闿手书“民国十八年六月一日，中国国民党葬总理孙先生于此”。

孙中山手书“天下为公”

80多年过去了，一代民主革命的先行者在连绵的群山中安详地沉睡着。江水拥护着他坚韧的灵魂，青松覆盖着他坚强的骨骼，即使经历了近一个世纪的时代变迁，人们仍然没有忘记这个高大伟岸的身影。曾担任过南京市长的刘伯承元帅特地从湖南运来两万株杉树和梧桐，种植在紫金山上；此后每年植树节，社会各界人士也都会在紫金山山麓种植树木，以特殊的方式寄托对先生的思念。

中山陵是孙中山先生精神的凝结。陵墓入口处的半月形广场上有一座高大的花岗石牌坊，上面有孙中山书写的“博爱”二字，名叫博爱坊。“博爱”是先生生前最爱题写的字，经常题写赠送给友人。唐朝文学家韩愈在《原道》一文中说“博爱之为仁”,仁者,宽厚而友善,智慧而练达,纵观孙中山先生的一生,以天下为己任,包容了所有的艰辛,恰体现了博爱的精神。南京传承了孙中山的博爱精神,坦然接纳了千百年来的沧桑变迁,以豁达的胸怀、平和的生活态度诠释着“博爱之都”的含义。

南京人缅怀这位伟人,他们总会自发地去中山陵拜谒先驱,走过375米长的墓道,登上392级台阶,在行走中体会一代先驱路途的深沉与厚重。中山陵是各地的人们来到南京争相瞻仰的地方,更是连接海峡两岸政治和文化的纽带,连战、江丙坤等国民党领导人都曾拜谒过中山陵,两岸同胞在中山先生的精神中共同体会血浓于水的亲情。

中山先生离开了,但他把闪亮的精神留给了世界,激励着后人。“要立志做大事,不要立志当大官”;“事功者一时之荣,志节者万世之业”;“做人最大的事情是什么呢?就是要知道怎样爱国”;“愿诸君将振兴中华之责任,置之于自身之肩上”……80年来,先生的话,一直在紫金山的上空回荡。

汗青吕生

中山陵是紫金山上一处气势磅礴的建筑群,它依山而筑,坐北朝南,前方山峦排列,后背叠嶂起伏;青与白的色彩搭配,和谐而庄重,仰视它的雄伟壮观,仿佛看到了孙中山先生波澜壮阔、雄浑伟大的一生。从空中俯视,中山陵像一座平卧在绿色绒毯上的警钟,山脚下孙中山先生的铜像是钟的尖顶,半月形的博爱广场是钟顶的圆弧,长长的墓道和台阶是钟摆,陵墓顶端墓室的穹窿就像一颗钟锤,这座与青山融为一体的巨大的“警钟”仿佛时刻激励着后人“仍需努力”。

与这座被誉为“中国近代建筑史上第一陵”的建筑群息息相关的,有一个流星般炫目而短暂的名字——吕彦直。

吕彦直,1894年出生,安徽滁州人。在他短暂的一生中,设计、监造了南京中山陵和广州中山纪念堂,为弘扬民族建筑文化和中国近代历史写下了辉煌的诗篇,他设计的建筑巧妙融会了东西方的技术和艺术,被誉为“中国近现代建筑的奠基人”。

在中山陵环绕墓室穹隆的甬道中,有一组吕彦直的生平照片,清秀的面庞,整洁的西服,一副圆框眼镜,眼神中透露出一种智慧与坚忍,标准的中国近代知识分子的形象。正是这位年轻的设计师,让中山先生的精神化作了凝固的音乐。

1925年5月,孙中山先生葬事筹备处向海内外建筑师和美术家悬奖征求陵墓设计方案,方案评选工作以密封卷的方式进行,南洋大学校长凌鸿勋、德国建筑大师朴士、著名画家王一亭、雕刻家李金发担任评判顾问。在40多种入选方案中,一幅钟形的建筑平面图以及建筑物立面图、剖面图、透视图等9张设计图和1幅祭堂侧视油画、约1000字的《陵墓建筑图案设计说明》脱颖而出，凌鸿勋在设计方案评判报告中称赞这套作品“简朴浑厚，最适合于陵墓之性质及地势之情形，且全部平面作钟形，尤有木铎警示之想”。这套图的作者就是年仅 32 岁、名不见经传的建筑设计师吕彦直。

刚刚从美国康奈尔大学建筑工程专业毕业不久，吕彦直就作为美国建筑师亨利·墨菲的助手，参加过金陵女子大学（今南京师范大学）和燕京大学（今北京大学）校舍的规划设计，还描绘和整理了北京故宫的大量建筑图稿。虽然自己只是一个没有什么名气的青年建筑师，但是满怀信心的他毅然报名参加比赛，凭借出色的创意和才学一举夺魁。孙中山家属代表和筹委会全体委员一致同意他的设计方案，聘请他为钟山陵墓的建筑总工程师，全权主持工程事务。

吕彦直受聘后，立即赴南京实地考察，绘制全部工程详图，同时他还承担了广州越秀山中山纪念堂和纪念碑的设计工作。当时吕彦直已经被确诊得了肝癌，但他仍全身心投入到中山陵和中山纪念堂的工程中，频繁奔走于南京和广州之间。他不分昼夜地推理演算，一丝不苟地挑选建筑材料，甚至强忍着病痛与工人一起住在工地上。

1929 年 3 月 18 日，疾病缠身的吕彦直离开了人世，年仅 35 岁。此时距离中山陵工程竣工只剩下两个月的时间了，这位才华横溢的年轻建筑师却未能来得及看到自己呕心沥血设计和监造的成果。去世前，他在病床上绘制的“首都都市两区规划图”和“国民政府建筑设计鸟瞰图”，成为他一生中最后的遗作。未婚妻严璆（翻译家严复的女儿）悲痛欲绝，在北京出家为尼。人们无不为吕彦直的英年早逝感到惋惜，他和孙中山先生一样，带着遗憾离开，但给后世留下了宝贵的财富。赤子之心，感人肺腑。

中山陵诞生了。整个陵墓以青天之色的琉璃瓦为穹顶，含有“天下为公”的寓意，象征光明磊落、崇高伟大的人格和志气。穿过碑亭，通向祭堂的是 392 级台阶，8 个平台，象征当时中华民国三亿九千二百万国民；站在石阶下端仰望，只见台阶不见平台，而立于平台之上俯视，则只见平台不见台阶，巧妙的设计令人啧啧称奇。位于山顶最高峰的祭堂有三座拱门，上书孙中山先生“民族、民权、民生”的政治理想，祭堂内端坐着孙中山先生大理石像，这座石像是享誉世界的雕刻家保罗兰窦斯基的作品。圆形墓穴内，躺着孙中山先生汉白玉卧像，表情安详，栩栩如生。中山陵四周还散落着音乐台、仰止亭、流徽榭、藏经楼、永丰社、中山书院等纪念性建筑，众星捧月一般环绕在陵墓周围。

著名建筑学家梁思成教授中肯地评价说：“中山陵虽西式成分较重，然实为近代国人设计以古代样式应用于新建筑之嚆矢，适足于象征我民族复兴之始也。”受到中山陵的影响，当时的首都南京以及国内许多城市都涌现出一批中西合璧风格的建筑，形成了中国近代建筑的独特形式。

世人缅怀这位杰出的建筑师，南京国民政府特意发布褒扬令，并在中山陵祭堂的西南角为吕彦直立了一座纪念碑,孙中山卧像的作者高琪为吕彦直在石碑上部制作了半身遗像,国民党元老于右任亲自书写碑文——"总理陵墓建筑师吕彦直监理陵工,积劳病故,特此纪念"。这座碑在抗日战争时期不知去向,至今下落不明。

孙中山未能看到革命的成功,吕彦直未能看到中山陵的竣工,对于理想,他们抱有同样的热情,却又被同样的病患夺去了生命。冥冥之中,仿佛是一种宿命。

钟山有幸埋忠骨,在这片苍翠的山林间,有无数生生不息的精神。不论是革命的先行者孙中山,还是年轻的设计师吕彦直,他们都代表了这个民族的优秀品质。

拜谒中山陵,回味的是一段不寻常的历史,缅怀的是一种高尚的人格。

· 总统府:风诡云谲只是一座庭院

1949 年的 4 月 23 日,人民解放军三野 104 师斗志昂扬的战士们推开了两扇沉重的镂空雕花大铁门,一组恢宏的建筑呈现在人们眼前。这组建筑昔日的主人,已经永远离开了,只在一页日记上留下了墨迹未干的遗憾;人们仰望天空,一面青天白日旗从门楼上黯然飘落。

这一天,陈毅司令员拨通了毛泽东的电话,将战况传递到了北平的西郊。住在香山双清别墅的毛泽东按捺不住激动的心情,挥毫写就一首七律,即《七律·人民解放军占领南京》通过电台向全中国通报了渡江战役胜利的消息。

蒋介石政权结束了,一个斑驳的背影悄然寂灭。

长江路 292 号,总统府。这是一组雄伟宏大的建筑群,它在梧桐的浓荫下显得古朴而庄重,虽历经世事的沧桑和命运的曲折,依然保持着端庄沉稳的气概。它诞生于一个东方帝国封建王朝的鼎盛时期,蜕变在风云际会的近代炮火硝烟中,它目睹了历史的风风雨雨,默默地站立着,这一站,就是 600 年。

这里本是大明王朝的汉王府,清朝时为两江总督府、江宁织造府,也曾做过洪秀全的天王府。1912 年 1 月 1 日,孙中山先生在这里庄严宣誓,就任中华民国临时大总统,并在此起居和办公;南北议和后,这里先后成为冯国璋副总统府、孙传芳的五省联军总司令部、中华民国国民政府、汪伪政府五院(行政院、立法院、司法院、考试院及监察院)……也许,在中国近代史上,再也找不到第二座官府门楼能像它这样如此频繁地变换着名字了。正所谓"城头变换大王旗",它用恢宏的身躯见证了那个动荡年代无可奈何的命运。

一组建筑,缩微了近代中国的影像,也凝固了 600 年历史渐渐隐约的步履。

总统府的建筑风格变化多样,汇聚了不同时期、不同地域的建筑特色。既有江南园林

总统府正门

总统府前厅:孙中山先生曾在这里发表中华民国临时大总统就职演说

的秀丽小巧,亦有传统官府建筑的威严气派;既有私家花园的亲切和蔼,亦有皇家宫殿的恢宏神圣;既有民国时期东方建筑的简朴潇洒,亦浓缩了西方国家巴洛克式、洛可可式、哥特式建筑的特征。这些不同风格的建筑在不大的院落内相生相伴,竟巧妙地融为一体。一座总统府,堪称古今中外建筑风格的一次完美交融。

建筑是凝固的音乐,总统府跌宕起伏的旋律,演奏的是一组扣人心弦的交响乐。

那就从正门前那一对石狮子开始,走进这段历史的序曲吧。

它们曾是清朝两江总督府门前的石兽,数百年来一直端坐在这里,守护着这座府衙。也许是年代过于久远的缘故,石狮的头部已经被腐蚀和风化,曾经炯炯有神的双眼显得有些黯淡了,刚劲有力的绒毛稀疏了,咆哮的狮口也残缺了不少,但是那一对头颅依然高高地扬起,彰显着当年睥睨万物的尊贵之气。

石狮背后,一座西方古典主义风格的门廊建筑巍然耸立,高大粗壮的立柱支撑着券门,恢宏之中不乏江南性情中的俊逸和秀美。这便是总统府门楼原址。这座门楼最初是两江总督府的大门,太平天国建天朝宫殿时改称“真神荣光门”。南京国民政府成立后,于1929年重新修建门楼,也就是今天人们看到的样子,1948年5月“行宪国大”召开后,国民政府主席改为总统,从此门楼中央嵌上了“总统府”三个楷书大字。八根标准的爱奥尼柱上雕刻着精致的卷涡纹样,三扇拱形大门并列排开,镂空的雕花铁门浇铸出巴洛克风格的

蒋介石办公室

线条,流畅优美;大门的南立面呈圆拱形,北立面呈方形,暗含了中国人“天圆地方”的传统宇宙观,可谓东西方建筑文化合璧的典范。只可惜,这两扇铁门在20世纪“大炼钢铁”的狂热年代被熔化在了炼钢炉里,今天的铁门是后来的复制品。

总统府大院遍植茂密的参天古树,浓浓的树荫投落满院历史的古韵。迎面正对的是一间阔大的单顶双檐大堂,朱红色的廊柱拔地而起,像一道道虹连接着头顶上的穹庐和脚下的基石。这间大堂原为太平天国的金龙殿,是天王洪秀全上朝的地方,大堂左右两侧排列着朝房,均为朱红色廊柱,彰显着帝王不可一世的威仪。

洪秀全的朝堂终究只是昙花一现,鲜血只换来了11年半壁江山。在天京,这个高举“均田”大旗的农民起义军领袖逐渐沉湎于奢侈淫靡生活之中,终究走不出从反封建的斗士堕落为封建统治者的怪圈,高尚的理想成了争权夺利、满足私欲的工具。曾国荃的湘军占领天京后,大殿在战火中烧毁。

半个世纪后,这间饱经沧桑的建筑迎来了一位踌躇满志的革命者,他就是孙中山。1912年1月1日,在大堂后的西暖阁,孙中山先生宣誓就职中华民国临时大总统,组建临时政府,签发了《中华民国临时约法》,南京百姓最先剪下了沉重的辫子、解开了长长的裹脚布,看到了代表民主与共和的五色旗。大堂正中的横梁上,悬挂着孙中山的手书“天下为公”的匾额,棱角刚劲的四个大字映衬着一代先行者坚强的身躯。这四个字与总统府内的孙中山史迹展览馆遥相呼应,一同见证了中山先生致力于民主共和的崇高的一生。

“适乎世界之潮流,合乎人群之需要”,在国难面前,孙中山清楚地认识到,要使自己的民族强大起来,必须首先进行社会政治的变革,建立独立统一的人民主权国家,建立真正成为领导民族复兴的中央政府。孙中山在总统府点燃了一个民族的理想之火,从此,这座建筑便和中华民族的命运紧紧联系在了一起。古朴幽静的府邸内,孙中山向世界宣告了中华大地上延续了2000多年的封建君主专制统治的终结。

一条长廊沿着中轴线向里延伸,连接着中堂,当年蒋介石经常与贵宾在中堂八字厅前面的台阶上合影。在影片《建国大业》中,张国立饰演的蒋介石就乘坐专车从总统府正门

总统府的建筑呈现出东西合璧的鲜明特征

一直行驶到八字厅前，下车后，与早已恭候在此的军政要员们合影。在中华民国的历史上，蒋介石是唯一可以坐车到达八字厅门前的，其余官员在进入总统府大院后就必须下车了。

走过八字厅和麒麟门，迎面是一座哥特式风格的建筑，这座建筑是曾经担任国民政府主席的林森设计的。林森字子超，所以这座大楼也叫子超楼。大楼两侧低缓，中间的部分高高地指向天空，仿佛教堂的尖顶，酷似一个“森”字；在大楼两侧，林森还亲手种植了两棵松树。两棵松树，一座“森”字形大楼，暗含了这位国民政府主席的名字，不知道这是巧合，还是林森有意为之呢？几年前，其中一棵松树逐渐枯萎死去，实在让人感到惋惜。

子超楼是南京国民政府中央政府的办公楼，重要党政机关都集中在这里。1948 年 5 月 20 日，蒋介石和李宗仁分别当选为总统和副总统，二人的办公地点就在子超楼的二楼，并且面对面地隔着走廊相望。在总统办公室的墙上，挂着蒋介石一身戎装的巨幅照片，从法国里昂进口的磨砂玻璃吊灯至今仍发出柔和的灯光。办公桌上放着一本台历，日期是 1949 年 4 月 23 日，历史在这一天定格，一个时代从此画上了句号。

无数形形色色的登台与隐退，无数意味深长的会议与茶宴，无数冠冕堂皇的接见与联盟，这一幕幕耐人寻味的政治大戏，都是在这个舞台上登场和谢幕的。隔着岁月的纱帘，朦胧地看着昔日的表演，演员们的面容悄悄模糊起来。

在总统府中轴线两侧，分布着东西两座花园，东花园如今是太平天国和两江总督历史陈列馆，西花园仍然保持着清朝两江总督署花园的旧貌。这是一处典型的江南园林，精致而秀丽，置身于花园内，似乎远离了尘嚣，忽而忘却了这一个世纪的沧桑变迁。园中的一片水域形似花瓶，一座石舫泊于水中，这是总统府内最古老的建筑，当年乾隆皇帝南巡时下榻两江总督府，亲赐石舫“不系舟”的匾额。亭台楼阁、石桥垂柳点缀在岸边，清风拂面，香气袭来，令人流连忘返。

美丽的江南园林终究挽不住时光的流逝，石舫依旧，而天地早已变换。

1949 年 1 月 21 日，黯然神伤的蒋介石来到东院御书楼，在同治皇帝赐给曾国藩的“勋高柱石”碑前久久沉默着。没有人知道这个叱咤风云的一代枭雄在想些什么，人们心里清楚，属于他的历史终究不可避免地要远去了。就在那天下午，面容憔悴的蒋介石穿着浅色长袍、深色马褂，拄着手杖，与送行的官员握手道别，随后抵达明故宫机场，携夫人宋美龄登上“美龄”号专机，匆匆飞向了南方。

阳光照在昔日的临时大总统办公室走廊上，镂空栏杆在地上投射出美丽的纹样。这是一座仿法国文艺复兴样式的建筑，因位于总督署西侧的西花园，又称“西花厅”

三个月后，新的旗帜插上了总统府大楼，这座建筑 600 年的政治生涯就此结束。一本厚重的大书，合上了它壮美恢宏的封面。

余秋雨说，南京是一个值得仰望的城市。千百年来，那些厚重的岁月依然没有散尽，它们如云如雾一般飘浮在城市的上空，让过往的人们瞻仰和回味。总统府门前的长江路上，高高的梧桐遮蔽了街道，茂密的枝叶在空中交织成错综复杂的脉络，仿佛历史的轨迹，那么深邃，又那么随心所欲。

俄国戏剧家果戈理说过，当歌曲和传说都沉默的时候，还有建筑在说话。

总统府，这座特殊的建筑，它辉煌过，显赫过，也沉沦过，哀伤过；它曾经屹立于中国近代历史的风口浪尖，见证了无数叱咤风云的人物，也曾经忍受着战火的洗礼，在火焰与鲜血中抗争与涅槃。今天，总统府有些疲惫了，老态龙钟的面容上残留着斑驳的泪痕。它安详地在梧桐的绿荫下享受着远离世事纷争的日子，如果你愿意聆听，它会把自己的故事慢慢讲给你听……

· 美龄宫：寂寞中的优雅从容

小红山畔，芳草绵绵，山水清幽。故人已逝，风云消散，宫花寂寞，独自红艳。

在人前，她是从容优雅的“第一夫人”，在人后，她是温良贤淑的娇妻。一段特别的历史让她的美丽被世人仰慕，一些不可避免的偶然给她的人生谱写了动人的传奇，她端庄秀丽的容颜从来不曾老去，她是人们心目中“永远的公主”。

美龄宫，这座坐落在小红山山顶的古典别墅，记录了宋美龄一段跌宕起伏的生命历程。

小红山位于紫金山山脉南麓，是一处风景秀丽之所。出中山门，沿着茂盛的梧桐树编织成的环山路缓缓行进，在翠绿的掩映下，一座中西合璧的宫殿式建筑若隐若现在扶疏的花木丛中。这就是建于1931年，耗资36万银元，占地120亩的美龄宫。

美龄宫的兴建，缘于宋美龄在紫金山的惊鸿一瞥。

那是1929年6月1日，宋美龄与蒋介石一起参加孙中山先生的奉安大典，她忽然看到小红山一带林海浩瀚、静谧清幽，不禁怦然心动。次年，宋美龄撒娇地请求丈夫在这里建一座别墅，蒋介石毫不犹豫地满足了妻子的要求。

1934年，这座美轮美奂的建筑竣工了，屋顶覆盖着绿色的琉璃瓦，瓦檐上雕刻有1000多只凤凰，这些传说中的高贵的鸟儿几十年来一直在阳光下闪耀着梦幻般的色彩；工笔画家陈之佛担任内部装饰设计师，他在蓝色穹顶上亲笔创作了精致的云雀琼花图。别墅一楼是接待室、秘书办公室和衣帽厅；二楼是休息室和会客厅，分为大厅、客厅、餐厅和书房；三楼为卧室和起居室，分布着四间大卧室和祈祷室，美国驻华大使司徒雷登、特使马歇尔夫妇都曾在此做过礼拜。别墅背后是一座开阔的平台，平台四周立有34根汉白玉栏杆，栏杆上雕有祥云和凤凰，据说这是工艺美术大师林风眠的作品，寓意宋美龄1897年出生，到1930年提议建造别墅时正好虚龄34岁。

精致秀美的美龄宫

从空中俯视，美龄宫犹如一颗碧绿的翡翠，而环绕别墅的山间公路则好似精致的链子，这条美丽的宝石项链就这样镶嵌在紫金山的怀抱中。

在别墅平台上凭栏远眺，小红山茂密的植被尽收眼底——春看百花争艳，夏享林间清风，秋赏红枫飞舞，冬寻腊梅暗香，风云变幻的岁月里亦能享受到这

蒋介石与宋美龄的居室

别墅平台：雕刻着凤形纹样的石柱彰显着别墅主人高贵的身份

份短暂的快慰。抗日战争期间，遗族子弟学校被日寇的飞机轰炸成一片废墟，只留存了一块校碑，如今移立在别墅旁的梧桐树下。

居室内，不见昔日倾国倾城的女子，却分明感受得到别样的优雅之气。在三楼的宋美龄卧室内，阳光透过落地窗把梧桐的倒影投射在紫红色的地毯上，衣橱、梳妆台、花架、沙发、茶几，考究的红木家具一尘不染；窗前的书桌上放着一幅宋美龄年轻时的相片，相片中的女子穿一件碎花领中装，精致的发髻挽在脑后，一缕刘海垂在额前，秀丽的面庞上露出浅浅的笑容，眉眼间流露着聪慧与果敢。

美龄宫内，有一间宋美龄生平事迹陈列馆，收集了宋美龄各个时期的照片——孩童时期的天真烂漫、少女时代的青涩纯真、三姐妹的亲密无间、与蒋介石的举国瞩目的婚礼、跌宕起伏的西安事变、出使美国寻求国际援助的演讲、抗日战争期间勇挑重建中国空军的重任，还有晚年定居美国时的生活照片。也许是经历了太多的波澜，她已淡然地包容了尘世太多的变迁，宋美龄，这个跨越了三个世纪的女子，留给世人的永远是一抹不俗的背影。

陈列馆的橱窗内挂着一件旗袍，修长的身线勾勒出旗袍主人曼妙的身姿。宋美龄是极喜爱穿旗袍的，据说她是世界上拥有旗袍最多的女人。

2003 年 10 月 24 日清晨，106 岁的宋美龄在美国逝世。

美龄宫，这颗温润的翡翠依然在群山密林之中闪耀着醇厚的光泽。1948 年宋美龄离开南京后，就再也没有回过这里，美龄宫看上去似乎有些孤单，但从来没有落寞——因为陪伴它的，有太多生动的记忆和年华……

· 紫金山：人生处处有青山

紫金山又名钟山，巍峨雄浑，气势非凡，好似一条巨龙盘卧在南京东面，滔滔江水从山脚下奔流而过，载着数千年来无数或婉约或悲壮的故事。钟山风雨，几多沧桑，一百年来，青松翠柏遍布了起伏的山冈，渐渐消沉了近代的硝烟与战火。大江滚滚，把酒凌虚，嗟叹当年英雄谁在。

一座钟山，昭示着一代先行者的精神，也安息着无数不屈的民族英魂。

在北伐战争和抗日战争中，无数将士为了民主、自强和独立的理想，用血肉筑起了民族的脊梁。国民政府先后在钟山山麓修建了南京国民革命军阵亡将士公墓、航空烈士公墓，祭奠在民主革命和民族独立战争中牺牲的勇士。

北伐战争和淞沪会战中阵亡将士牌坊

国民革命军阵亡将士公墓坐落在钟山南麓，由美国建筑师墨菲设计，于1931年至1935年建于灵谷寺旧址上，现在是紫金山灵谷景区的一部分，这里安葬着1029名国民革命官兵，多数是北伐战争和淞沪会战中牺牲的将士。

进入公墓，正前方42级石阶上矗立着一座阵亡将士石兽牌坊，牌坊高10米，外部镶嵌有花岗石，顶部覆盖有绿色的琉璃瓦，古朴壮观。牌坊的正面后背面分别题有“大仁大义”和“救国救民”四个字，均由国民党元老张静江题写，门额上饰有中华民国国徽；牌坊前立着一对汉白玉貔貅，是国民革命军第十七军所赠，石兽历经70余年风吹雨打依然精神抖擞，毫无倦怠的神色。

烈士祭堂由建于明朝的无梁殿改造而成，更名为“正气堂”。大殿东西长50米，南北深34米，中央奉有“国民革命烈士之灵位”石碑，两边是“国父遗嘱”和“民国国歌”碑刻，四周内壁上嵌有110块黑色大理石碑，上面刻着阵亡将士的姓名、所属部队和军阶，共计姓名33224个，全文165000余字，是中国历史上规模最大的阵亡将士名录碑刻。祭堂背后的广场上竖着一对花岗石纪念碑，分别纪念淞沪会战中阵亡的第五军和第十九路军将士，纪念碑附近是三座墓冢，共葬入1029名将士。由于当时阵亡官兵人数之多，公墓无法全部容纳，只能以师为单位，用抽签的方法，从每一军阶将士中抽出一名代表安葬在此。

每到金秋十月，灵谷寺周围桂子飘香，缥缈的香气清澈如水，用无限的芬芳与温柔呵护着山间的英灵。醇厚的空气中，流露出一股高洁之气，恰似烈士风骨的真实写照。

抗日战争阵亡将士纪念塔

在紫金山北麓的山坡上，有一座石塔，塔的四周是苍松翠柏，北边是滚滚东去的长江，一只勇猛的雄鹰冷峻地立于纪念塔的顶端，刚毅有力的翼翅仿佛随时要冲向蓝天，搏击长空。这座塔就是国民革命军航空烈士纪念塔。

纪念塔位于航空烈士公墓的中心部位，这座公墓内安息着北伐战争、中原大战期间战死的国民党空军官兵，以及抗日战争期间牺牲的中国、美国、苏联飞行员。国民革命军早在广东创办黄埔军校时就建立了空军。1931年8月，时任航空署署长的黄秉衡提议在中山陵园范围内的王家湾建一处空军公墓，公墓由金陵大学建筑系教授邱德孝设计，坐北朝南，依山而建，主要建筑包括牌坊、碑亭、纪念塔、墓园等，坐落在群山青松之中，庄重而秀美。

据统计，在抗日战争期间，共有870名中国烈士、2197名美国烈士和237名苏联烈士长眠于此，每座墓碑上都记录着烈士们的生平事迹，包括在上海保卫战和武汉会战中击落11架敌机的英雄飞行员刘粹刚。从那些斑驳的只言片语中，人们还能想见当年那硝烟四起的空中战场。

1937年，日军的炮火逼近国民政府首都南京，8月15日，南京防空司令部获得情报，16架日军飞机从苏州向南京飞来。警报发出后，驻句容中国空军第三大队第17队的飞行员黄拌扬和秦家柱率领数架波音战机迎战，南京空军指挥部也立刻命令5架费亚提战机起飞阻击。在城东南方向，秦家柱和黄新瑞各击落一架敌机，敌机见状分头出击，陈有维和黄居谷合力出击，击落敌机一架，刘炽微、岑泽鎏在溧水上空也合力击落一架敌机。与此同时，中国空军第 4 队、第 23 队和第 34 队也率领战机前来增援，“八一五”南京空战，共击落日军飞机 13 架，中国战机仅 5 架受伤。

紫金山风光

长江流域是中国雄鹰搏击长空的主战场，其中发生在武汉地区的三次大规模空战更是一曲悲壮的史诗。三次壮烈的空战，共击毁日寇飞机 46 架，中国空军损失飞机 19 架。第四飞行大队大队长高志航、李桂丹、第三飞行大队分队长莫休，还有优秀的飞行员梁志航、刘粹刚、乐以琴、刘芳震、吕基淳、王信、王天祥、王志恺、秦家柱、陈雄基、张俊才……这些普通的名字化作了蓝天上的白云，化作了紫金山上永远屹立的石碑。

南京沦陷后，庄严的航空烈士公墓遭到了日寇惨无人道的破坏，灵堂、纪念塔被烧毁，墓冢被夷为平地，尚未来得及下葬的抗日烈士灵柩被践踏得粉碎。1946 年 3 月 20 日，还都南京的国民政府在重建的烈士公墓灵堂举行了抗战胜利后第一次公祭典礼，蒋介石亲笔题赠了一副挽联：英名万古传飞将，正气千秋壮国魂。

埋骨何须桑梓地，人生处处有青山。面对民族大义、国家存亡，每一个血性男儿都历练出了一副铮铮铁骨，纵然沧海桑田，但风骨依旧，气概不朽。

百年易逝，英雄无悔，因为虎踞龙盘处，自有钟山埋忠骨。

民国影像　却在灯火阑珊处

· 长江路：两公里路途，600 年沧桑

600 年前，恢宏的大明王朝将皇家粮仓设在宫殿的西北方向，为方便粮食的运输和守军的驻扎，开辟了一条叫作大仓路的官道；80 年前，南京国民政府在这条路上建立了核心政权，并用了三年时间拓宽这条道路，取名国府路；60 年前，渡江战役胜利，红旗插上了这条路上的总统府，从此这条路改名叫作长江路。

一条长江路，东起汉府街，西至中山路，沐浴了百年风雨，见证了南京城一幕幕风云激荡的历史，在这仅仅两公里的长度上，足足积淀了 600 年的厚度。这条路，是这座城市灵魂的所在。

长江路毗邻繁华的新街口，却少有拥挤的人流和车流，有时候甚至会显得有几分冷清，仿佛大户人家的后院或者书房，带着几分静寂与清幽。漫步长江路，让人无端地萌生一种眷恋与踯躅，总觉得应该有一些美丽的邂逅正在或者即将发生。

这种情调，首先来自于马路两边无数棵参天的梧桐。这些树木出奇的高大，每棵都要有五六层楼那么高。粗壮的枝干仿佛强有力的臂膀，以拥抱的姿态伸展着，敞开胸怀，让一颗宽容的心融入天地；细密的树枝一根根从主干上伸出，直指向又高又蓝的天空，如同一只粗糙有力的大手，五指朝上，将茫茫苍天擎在掌心。

这些民国时期遗留下来的高大茂密的梧桐已经有近百岁的年龄了，它们身上有一种无法复制的美。它们是长江路上的“活化石”，每一根树枝都是历史的积淀，每一片树叶都

长江路街头雕塑，讲述的是南京高等师范学校“首开女禁”实行男女同校的历史事件

长江路上的梧桐树

江苏省美术馆

是默默记录着这座城市昨日喧嚣与今日繁华的册页。20世纪30年代，南京国民政府在长江路上相继设立了总统府、行政院、国民大会堂、国立美术馆、中国佛教会、中央饭店等重要机关和公共设施，并开发了梅园新村街区作为国民政府官员的寓所。如今，这些建筑依然在长江路上安静地立着，与过往的车辆相互映衬，或远或近地让你回味着70年前那兼容并蓄的民国风情。

长江路292号，总统府，民国时期的官邸，多年以前也曾车水马龙风光热闹，军装和手杖，旗袍和高跟鞋，这个大院毫无遗漏地见证了风云激荡的中国近代历史，生活在长江路上的老人们还记得几十年前蒋介石与宋美龄的专车从总统府门前进出时的景象。如今，总统府门前游客络绎不绝，军装和手杖成了历史，旗袍也少见了，而高跟鞋依然寻常。

与总统府相邻的国民

大会堂与国立美术馆的建立，更增添了这条马路的文化气息。

1935年，国民党第四届中央执行委员会通过了"设立国立戏剧音乐院（现在的大会堂）及美术陈列馆（现在的省美术馆）"的决定，推定于右任、孔祥熙等19人为筹备委员，直拨了建筑费20万元。筹委会还聘请专家作为工程顾问，所聘的专家几乎囊括了当时国内文化艺术界的全部精华，如戏剧家欧阳予倩、洪琛、马彦祥，音乐家唐学泳、萧友梅，美术家徐悲鸿、刘海粟，建筑家宋希尚、梁思成等。

美术馆主楼建筑四层，墙体为斩假石，建筑立面呈"山"字形，采用了西方近代建筑常用的勒脚、墙身、檐部三段划分方法，仅在檐口、雨篷、门厅等处雕刻具有民族风格的装饰图案带。主楼突出部分为阶梯回廊，中腰为三条透明玻璃窗，在玻璃窗与檐口装饰图案带之间，镶嵌着时任国民政府主席林森题写的"国立美术陈列馆"七个端庄的楷体大字。今天站在美术馆门口，还可以依稀辨认出这七个字。

南京人民大会堂

国民大会堂也叫国立戏剧音乐院，外形端庄沉稳，建筑立面采用了西方近代建筑常用的勒脚、墙身、檐部三段划分方法，朱红色的大门上雕刻着简约的纹样，充满了浓郁的民族特色，可谓是中西合璧的典范之作。大会堂内有3000多个丝绒弹簧座椅，并设有自动表决器和译音装置，舞台呈前凸半月弧形，显得钟灵毓秀。

国民大会堂也是国民党政治斗争的一处焦点，蒋介石曾在这里与国民党各路派系争夺形式上的最高领导权。影片《建国大业》里有一段蒋介石当选为中华民国第一任"总统"的情节，所展示的正是当年的情景，这段场景是在南京人民大会堂里实地拍摄的，较为真实地展现了历史的原貌。

渡江战役后，国民大会堂改名为人民大会堂，成为召开重要会议、举行庆典活动和文艺演出的场所，唐亮上将代表彭德怀元帅为南京军区驻宁校尉军官们授衔的仪式、梅兰芳先生率团公演的《贵妃醉酒》都曾在人民大会堂的舞台上留下别样的风采。

从民国十七年（1928年）开始，70年来，长江路的风貌不曾有过太大的变动。今天的长江路不仅较为完整地保留民国时期的建筑，修建了500米长的民国文化艺术长廊，精巧的雕塑艺术化地还原了那时候的人和事——齐耳短发的女学生、身着旗袍的新女性、夜游秦淮河的朱自清和俞伯平……漫步在浓荫蔽日的梧桐道上，与昔日的“他们”擦肩而过，仿佛行走在一段泛黄的胶片里。

一条长江路，缩微了近代南京兼容并蓄的文化性情。

· 梅园新村：尘埃已落定

沿着长江路向东走去，在一片茂密的梧桐树的掩映下，一组民国时期的民居建筑群悄悄出现在身边，青灰色或者呈红色的墙砖在绿叶的缝隙间忽隐忽现，木质门窗后的乳白色纱帘在微风中轻轻飘动，几片叶子忽然从枝头落下，躺在镂空的雕花窗栏上，带着几分浪漫主义的诗情画意。

这片区域有一个美丽而平常的名字：梅园新村。行走在这里，人们总会不由自主放慢脚步，这里的阳光和微风似乎还带着20世纪40年代的气息，许多往事似乎刚刚落幕，或者正在上演，让每个人的心情悄悄跌落进一段并不遥远的老时光里。

傍晚的梅园新村

静谧祥和的梅园新村，60年前却演绎过一场特殊的战争——没有硝烟，但惊心动魄。

1946年5月3日，国民政府在抗战结束后将首都迁回南京，周恩来、董必武也率领中共代表团从重庆来到南京，开始了长达10个月的停战谈判。100余名中共代表团成员陆续住进了梅园新村17号、30号和35号，这些既做宿舍也做办公之用的房屋被外界称为“中共代表团南京办事处”，对内则叫作“中共中央南京局”。南京局内部设组织部、宣传部、外交事务委员会、地下工作委员会、群众工作委员会、财经委员会以及第十八集团军驻京办事处等机构，并承担了国统区部分党组织的领导工作。

在国民政府首都，中共代表与国民党进行了面对面的交锋，目的是要停止内战，争取和平，创建联合政府，结束国民党一党独大的专制政体。在谈判中，中共代表就中原内战、东北停战、国民大会等问题与国民党展开周旋，签订了《关于停止中原内战的协议》，推迟了中原内战的爆发，为中原部队的战略转移赢得了时间。

傍晚的梅园新村

在梅园新村陈列馆里，有一辆牌照为“京 1645”的黑色别克轿车，当年中共代表团来到南京，为了工作的需要购买了这辆汽车，在谈判中，周恩来、董必武多次用这辆汽车护送地下工作者和民主人士。就在这辆汽车上，周恩来甩掉了尾随的国民党特务，秘密与地下党员张克侠会面，商讨带领国民党部队起义之事。张克侠时任国民党第三绥靖区副司令员，两年半过后，在淮海战役中，张克侠率领国民党 1 个军部及 3 个师共计 2 万余人在运河前线起义，极大地扰乱了蒋介石的军事部署。后来有一部名叫《利剑》的电视剧，主人公吴克峰的原型就是这位智勇双全的“佩剑将军”张克侠。

梅园新村是一处毗邻总统府的低层建筑，国民党特务在周围安装了各种监视装置，对面的钟岚里就曾是军统特务的监视站。为了防止特务的监视和破坏，中共代表团将院墙加高了一倍，堵死了原先与梅园新村 31 号特务监视站相通的大门，在小院内加盖了两座小平房，以此挡住 31 号特务的视线。在今天的梅园新村 30 号正门庭院内，坐落着一座周恩来铜像，铜像以周恩来当年迈出 30 号大门的照片为原型——微微含笑的面庞，镇定自若的步伐，谈笑风生，处变不惊。

1946 年 11 月，国民党政府召开国民大会，国共谈判宣布破裂。11 月 19 日，周恩来率领部分代表返回延安，临行前赠送给了美国驻华大使司徒雷登一只五彩敞口瓶。司徒雷登极其珍爱这件礼物，返回美国后一直悉心收藏，临终前，他嘱咐秘书傅泾波一定要把礼物归还原主。1988 年，89 岁高龄的傅泾波听说了梅园新村纪念馆落成的消息，致信邓颖超，叮嘱女儿傅海澜女士

梅园新村周恩来图书馆

梅园新村30号正门庭院内的周恩来铜像

带着司徒雷登的遗愿将花瓶送回南京。花瓶先后的主人都已不在，只有那些古老的釉彩依旧折射着40年前的光彩。

梅园新村建筑内的设施基本保留着原来的样子，庭院内的植物也和当初一样蓬勃地生长着，在夏日明媚的阳光里洒下满地的浓荫。1947年2月27日，国民党政府通知中共代表离开南京。3月7日上午，中共驻南京、上海两地人员74人在南京机场撤离，董必武在机场与南京人民告别："再见之期，当不在远。"

弹指一挥间，已是另一片天地。

茂密的树冠悄悄融进了沉沉的暮色里，路灯的光线与夕阳的霞光交织在一起，散发出朦胧的光，迷惑着人的双眼和心情。附近的民居内渐渐飘出了饭菜的香味，一辆辆自行车在树荫下晃悠悠地走着，老人们轻声唤着在小巷间玩耍的孩童，梅园新村的傍晚就这样不知不觉地来了。至于那些慕名而来的游客，依然不忍离去，他们静静地倚着一棵古老的梧桐，回味着那些鸽哨一样悠远又仿佛触手可及的岁月。

· 小黄楼：隔岸的浓荫淡碧

南京的魅力在于隐匿于市井阡陌之间的历史，它们就像20世纪的名媛贵妇，虽已老去，却仍留有往日的优雅和情调，在亲切之余萦绕着陈年的幽香。这种气息会凝固在一些建筑上，用斑驳的苔痕和生锈的雕花栏杆在缥缈的阳光中演绎出隔岸的浓荫淡碧。

如果你从新街口信步朝北走去，很幸运地走上了洪武北路，又如果你不是一个匆匆的过客，而是想要寻找某些独特的风景，我相信你是不会错过那一幢米黄色的小洋楼的。

洪武北路129号，曾经是南京艺术学院尚美学院的校园，如今是一片可以供人们怀旧和享受诗意生活的艺术街区，里面有一座国民小剧场，小剧场的隔壁就是小黄楼。

在附近居住的老南京人似乎已经不记得这座小楼的来历了,他们只是用它的颜色来形象地为之命名。只有那些圆拱形的红色玻璃窗,尖尖地指向天空的穹顶,刻有精致纹样的门券,在半个多世纪的时间里无声地显露出它与众不同的出身——有的时候,侃侃而谈是一种风度,有的时候,沉默不语亦是一种气韵。

小黄楼:圆拱形的红色玻璃窗,尖尖地指向天空的穹顶,门券上刻有精致的纹样

小黄楼的初出茅庐与中国传统戏剧艺术有关。最初它是孔祥熙私人住所的一部分,1934 年,时任国民政府交通部常务次长的张道藩,感慨首都南京在戏剧领域发展滞后,于是建议政府为南京的戏剧事业做点事情,成立公余联欢社。张道藩是国民党早期的元老级人物,其本人也是一个文艺大家,尤其钟情于国画、西画和剧本创作,他曾在无锡梅园休养期间和妻子郭淑媛修改自己的剧作《自救》,留下了一段夫唱妇随的佳话。经过协调,孔祥熙让出这座小楼,供公余联欢社使用。

联欢社成立后,张道藩经常召集戏剧界人士在这里排练和演出剧目,很快,小黄楼就成了国民党军政要员和社会名流非常青睐的文化娱乐场所。1935 年,黄河、长江发生特大洪水,京剧艺术家梅兰芳先生应邀来到南京,在公余联欢社举办了为期六天的赈灾义演,门票收入 3 万多元全部捐赠给了水灾救济委员会。

抗日战争期间,小黄楼成为汪精卫政府"中日文化协会"办公地;抗战胜利后,曾一手缔造了小黄楼的张道藩重新接管这座建筑,作为国民党中央文化运动委员会所在地,公余联欢社仍设在小楼内。当时小黄楼还是一间颇受文化界人士和学生欢迎的小剧院,经常放映诸如《哈姆雷特》《孤星血泪》《翠堤春晓》等美国的文艺影片。

一座小黄楼,似乎从诞生之日起就和文化艺术联系在了一起,与生俱来的是一种远离世俗尘嚣的优雅和淡然。这座已经不再妖娆多姿的老房屋，不论是曾经有过令人仰慕的显赫，还是一直普普通通地过着寻常日子，它大抵都掩藏着一些值得回味的往事——即使故事再平淡，几十年来的酝酿也透露出了阵阵醉人的幽香。

在成为联欢社之前，宋美龄曾在此暂住过，孔祥熙、陈果夫等人也常常出入这里，政治上的波云诡谲往往在一桌牌局、一壶红茶里化作绕指柔。

茶也好，戏也罢，说白了，这都是生活中的艺术。

也许，在这座内敛、雅致的小黄楼里，你与一个世纪前的浓荫淡碧，只不过隔着一壶茶、一段戏的距离。

中山东路237号：中央饭店

中山北路346号：原国民政府海军司令部

白下路155号：原中南银行南京分行大楼

建康路205号：原中央银行南京分行大楼

位于下关滨江风光带的民国海军医院旧址

位于南京大学校园内的何应钦公馆旧址

· 颐和路：蓦然回首，落尽浮华

颐和路，一条不长的道路，从东北延伸到西南不过短短的 1 公里路程，然而这里却浓缩了近代中国一段纷乱诡谲的历史风云。

在南京，有"一条颐和路，半部民国史"的说法。20 世纪 30 年代，颐和路是民国政府提供给政府官员的高级住宅区，军政要员、达官贵人的宅邸云集于此，蒋纬国、陈诚、于右任、顾祝同、汤恩伯、薛岳、周至柔、陈布雷、汪精卫、阎锡山、周佛海以及美国特使马歇尔等都曾在此建造过公馆。由于政要集中于此，美国、加拿大、墨西哥、巴西、葡萄牙、印度、菲律宾等国也在这里集中设置使领馆。这些老公馆和老使馆在建筑上各具特色，有的豪华，有的简朴，有的精细，有的粗犷，半个多世纪的风云中，那些斑驳的砖瓦悄悄刻下了历史的变迁。

颐和路的民国建筑区包括江苏路、山西路、颐和路等主干道以及珞珈路、灵隐路、普陀路、天竺路、琅琊路、牯岭路等掩映在婆娑树影中的小路。在这片纵横交错的街巷里，风格迥异的各式别墅悄然褪去了昔日的盛装，不动声色地偎依在一株株高大的槐树旁。

半个世纪以前，这里建有花园洋房 9200 余幢，宫殿式官邸近 30 幢，至今仍完好保存有 200 多座房屋。今天，这些院落大多为普通百姓所居住，临街的窗户低低地挂在小巷的一边。窗外，是如岁月一样远去的车尾的红灯，以及变得模糊和陌生的街景，伸手可触那雕着碎花的窗棂，却触摸不到窗户里的秘密。

原国民政府湖北省政府主席张笃伦公馆

颐和路 8 号，一座黄色的两层小楼，白色的廊柱，翘角的屋檐，圆形的大露台，精巧而别致。60 年前，这里属于"山西王"阎锡山的官邸——1949 年 4 月 14 日，李宗仁为了拉拢阎锡山，把这所别墅送给他居住。不久解放军发起渡江战役，阎锡山在隆隆的炮声中仓皇逃跑了，只在这里居住了短短的 7 天。颐和路 8 号是阎锡山在南京的三处公馆中目前仅存的一处，公馆主楼

原国民党一级上将薛岳公馆

建于1936年，院子里一株雪松冠盖如伞，已有百年树龄。现在这里是军区老干部活动中心。

与8号相邻的颐和路6号公馆是蒋介石的高参陈布雷的旧居，陈布雷生活简朴，这座公馆也显得朴实无华。不过，不显山不露水的老公馆也旁敲侧击地反映了房屋主人低调城府的心迹。1936年西安事变爆发后，陈布雷无数次走出这座公馆的大门，奔走在周边庭院之间。这些行迹，陈布雷详细地记录在了自己的日记本里。

走到颐和路公馆区的中心位置，有一座广阔宽敞的院落，高大的围墙内一座淡黄色的三层小洋楼至今依然气派非凡。这就是颐和路34号顾祝同公馆旧址。这个昔日的国民党陆军总司令，在1937年南京沦陷后迁居重庆，华丽的公馆人去楼空。

1936年，就在顾祝同公馆的隔壁，一座集合体构架的钢筋混凝土小楼落成了，这座建筑很有几分现代风格，不过在当时人们眼中却显得单调无趣。这座小楼的主人就是抗战胜利后被判处死刑的大汉奸褚民宜。1940年，褚民宜将自己的这幢38号公馆献给了伪政府主席汪精卫，汪在38号一住就是4年，还在这里隆重地举办了自己的60岁生日宴会。1945年以后，这里改为美国军官俱乐部，与街对面的美国使馆（今西康宾馆）仅数步之遥。粉墨登场的滑稽演出换来的终究是人民的唾弃，短暂的莺歌燕舞寂灭后，38号一度陷入萧条。近年经过大幅度修整，现为省对外联络办的办公地点。

另一个大汉奸周佛海的住宅也靠在这里。沿着与颐和路交界的山西路往北走，快到湖南路东北侧的地方有一条幽深小巷，巷内两幢西式洋楼掩映在高大的松柏下，在鳞次栉比的高楼环绕之中越发显得古朴典雅，这便是西流湾9号，当年周佛海的公馆。周佛海在日记中说，他的住宅三面环塘，翠竹垂杨，映着春水绿波，宛若“世外桃源”。周公馆院内原有一座大花园，奇石嶙峋，曲径通幽，另有相对而立的两座洋楼，雕梁画栋，美不胜收，是当时颐和路公馆区最精美的建筑。

日军发动全面侵华战争期间，时任国民党中央宣传部部长的周佛海高谈“抗战必亡”的论调，一些亲日派要员则纷纷来到周公馆聚会，西流湾8号因此被胡适讽刺为“低调俱乐部”,从此臭名昭著。抗战胜利后,周公馆作为汉奸伪产被国民政府没收,改为国民党高级将领招待所,交给黄埔军校励志社使用。周佛海先后被关押在重庆白公馆和南京老虎桥监狱,1947 年因心脏病复发,死于狱中。

普陀路 10 号,陈诚公馆旧址。当时陈诚担任国民政府国防部参谋总长,这处住宅在公馆云集的颐和路区域也显得尤为突出,共有六幢小楼 22 间房屋,青瓦黄墙。1948 年 6 月,陈诚携妻眷离开南京,再也没有回到过这座旧宅。

离陈公馆不远,有一座弧形西式小楼,别致的造型在红色屋瓦的点缀下极富艺术情调,它的旧主人就是曾任国民党陆军副总司令兼南京警备司令的汤恩伯。渡江战役打响后,汤恩伯负责长江沿线的军事指挥,长江天堑也终究无济于事,部队一击即溃,汤恩伯掉头南逃,连这座富丽堂皇的宅子也顾不上了。

漫步在这片街巷间,感受着历史的独特韵味,昔日的繁华已经烟消云散,曾几何时,一缕缕残缺的梦境已悄无声息地湮没在风中的尘埃里了。

宁海路 5 号是当时美国特使马歇尔的公馆,这座建于 1935 年的仿古小楼由建筑师童寯设计,原名金城银行别墅。日军占领南京后,这里是南京安全区国际委员会总部,以拉贝为代表的国际友人保护了大批难民。

位于天竺路 3 号的建筑幽静得让人心旷神怡,这里是原加拿大大使馆,如今院子里梧桐、玉兰、银杏等数十种植物靠着古老的墙壁生长,茂密的枝叶仍然延续着昨日的时光。在这附近,还坐落着当年的苏联大使馆、巴基斯坦大使馆、意大利大使馆、菲律宾大使馆、澳大利亚大使馆、印度大使馆以及蒋纬国公馆、国民党空军总司令员周至柔公馆。

时光到了这里,总会不由自主地缓慢下来,梧桐和洋槐将斑驳的阳光投射在青砖红瓦上,像是还在细数那些渐行渐远但仍然栩栩如生的故事。七八十年前,南京的午后也是这样祥和与安静,但是颐和路上却有一种难以言说的微妙气息。每一座老公馆,就是一座没有硝烟的堡垒,一场场暗战悄无声息地上演着。

颐和路、江苏路、北京西路一带的老别墅

那段动荡的历史里,中国的命运仿佛由一根看不见的细线牵引着,而这根线的一端就

颐和路、江苏路、北京西路一带的老别墅

系在颐和路上。

走上江苏路，车辆渐渐多了起来，距离公交站台不远处有一座鲜艳的两层小楼，尖尖的屋顶灵动秀美，很有几分哥特式建筑的韵味。这座公馆的原主人叫张笃伦，民国时期先后担任过上海警备司令、四川边防区总司令部高级参谋、国民政府重庆市市长、湖北省政府主席。如今，这座建筑已经修葺一新，成为颐和路公馆区内一幢标志性的建筑。

背对着张笃伦公馆的，是一幢浅灰色的小洋楼，四四方方的外形显出古朴严肃的样子，棱角处突兀着几分刚毅，这就是有着“抗日战神”之称的薛岳的旧居。这个国民党陆军一级上将，先后指挥了武汉会战、徐州会战等重大战役，担任第九战区代司令长官时以其开创的“天炉战法”消灭了十万余日军，取得第三次长沙会战大捷，荣膺美国总统杜鲁门所授的自由勋章。然而心高气傲的薛岳经常在作战思路上顶撞蒋介石和顶头上司白崇禧，内战爆发后又与国防部总参谋长陈诚关系不和，不久，蒋介石就以“指挥无力，名声低落”为由将薛岳撤职，成了陈诚莱芜战役失败的替罪羊。如今，风云散尽，青灰色的屋顶显得有些黯淡了，曾经的功过荣辱也在历史潮水的冲刷下露出了沉稳的色泽。

除了这些有名有姓的老公馆，颐和路周围还散落着许多不知名的旧宅子，它们静静地蹲在那些达官贵人显赫荣光的背后，独享一隅浓荫，固守一份宁静，那种悠然自得的神情倒也让人心生艳羡。

街道转角处，粉色的阳伞像一朵独自盛开的蔷薇，有年轻的姑娘身穿旗袍在细碎的阳光下拍摄外景——晶莹的眼眸中闪烁着缱绻温柔，一缕长发被风吹起，掠过青铜色的窗栏，仿佛当年红粉佳人独行丁香雨巷。

历史的风云消散了，浮华落尽后，颐和路凸显的是一派和美与温馨。

余秋雨说："别的古都，把历史浓缩到宫殿，而南京，把历史溶解于自然。在南京，不存在纯粹学术性的参观，也不存在可以舍弃历史的游玩……南京既不铺张也不拥挤，大大方方地敞开一派山水，让人去解读中国历史的大课题。"也许，颐和路并不曾想过自己能承载起一段厚重的历史，那些安静的小院里，晾晒着寻常的衣物被褥，偶有头发花白的老人拄着拐杖在街巷内散步，忽而拐进某一扇雕花铁门，失去了踪影。远处的小洋楼不经意间流露着岁月的痕迹，一时间，竟恍惚了眼前的风景，分不清是此刻还是已经流逝的过往了。

离别站台　满川风月替人愁

· 中山码头:汽笛声消失在风中

浪花从江面一层层扑打而来,敲击着斑驳的石块,碎裂的水珠腾空而起,在阳光中化作一团朦胧的水雾,飘落在岸边的野花上。江畔,一座码头孤零零地立着,阳光把它并不高大的影子拉得老长,码头的候船大厅里,稀稀疏疏坐着不多的人,显得有点冷清。

客轮靠岸了,悦耳的汽笛声从江面传来,清脆得如同来自云间的鸟的鸣叫。候船的人们提起行李,或者推着自行车排在检票口,人们脸上的表情是懒散的、轻松的。对于乘坐渡轮的人来说,时间并不是一个极其严格的概念,码头上的时光总比别处慢许多,当不远处的过江隧道内汽车穿梭如风的时候,这里仍然悠闲地过着仿佛20多年前才有的日子。

对于南京的中年人来说,中山码头的汽笛声是不陌生的。那时候,许多人就是从这个码头往返于长江南北的。20年来,这个码头的样子没变——何止20年,时光仿佛停滞了似的,将同样的风景从大半个世纪前演绎在了今天的生活中。

长江南京段的下关江面历来是重要的军港和渔港,也是长江中下游水上运输的重要枢纽。早在1700年前,东晋王朝就在附近的老虎山一带建造了军用码头,用以运载水军,南宋时设有长江六渡之一的龙湾渡作漕运之用。清代晚期,南京作为长江流域主要通商口岸之一,随着进出口贸易额的激增,现代化渡轮运输呼之欲出。津浦铁路的修建工程便轰轰烈烈地上演了,浦口市场局也于民间筹资开办了一条从下关至浦口的江上航线,称作"关浦线"。民国二年(1913年),津浦铁路局成立轮埠事务所,接管了轮渡事业。

早期的下关码头承担着连接长江南北铁路大动脉的重任，江北的诸多铁路线交会在浦口，要想去往长江以南的地区，旅客须乘渡轮过江，从位于江南的下关火车站（今南京西站）转乘其他线路的列车。当年冯玉祥将军发动“北京政变”后，孙中山先生应邀赴北京商讨国是，便是从下关码头渡江到达浦口火车站，乘坐津浦铁路的列车去往北京的。

此起彼伏的轮船汽笛声划过江面，犹如嘹亮的号角吹奏出生命律动的序曲，崭新的轮船昂首挺胸地在水面游弋，千百年来江天一色的单调景致顿时变得绮丽鲜活了。那时候的下关码头每天人头攒动，热闹非凡，随之而发展起来的则是码头附近大大小小的街市，各种洋行、钱庄、招商公司、投资公司纷纷在这一带设立门面。大马路就是这样的街市之一。南京老百姓将这条不长也并不宽的道路称为“大马路”，形象地叫出了当年繁华的景象。中央银行大楼、江苏邮政管理局、招商局候船楼都坐落在这条马路上，和记洋行大楼、英国人设计的扬子饭店、伪政府时期的汪精卫办公楼也都在下关码头附近，各色欧式建筑、中西合璧风格的建筑如雨后春笋出现在这里。

为迎接孙中山先生灵柩入葬中山陵，1928 年 8 月 8 日，全新的码头竣工，名为津浦铁路首都码头

江面船只密布、灯火通明，江畔楼宇林立、霓虹闪烁，下关滨江区域一时成为民国时期南京亮丽的景致。尽管今天的大马路已经显得衰老而破败，但从一幢幢大楼廊檐下精美的古希腊风格立柱上仍能触摸得到当年的繁华与荣耀。

1925 年 3 月 12 日，近代中国伟大的革命先驱孙中山先生在北京逝世，按照先生的遗愿，遗体将从北京运往南京中山陵安葬。下关码头一夜之间成了举国瞩目的地方，奔腾的江流也忽然显得庄严而凝重。孙中山一生辗转于海内外，从日本东京到美国檀香山，从广东开展国共合作到北京会晤冯玉祥，先生走南闯北 30 年，最终选择了浦口火车站和下关码头作为自己生命旅途最后的站台。

为保证孙中山先生的奉安大典顺利进行，南京当局决定重新修建下关码头以迎接先生的灵柩。1928 年 8 月 8 日，全新的码头竣工，名为津浦铁路首都码头。1929 年 5 月 28

中山码头附近的“揽江台”，用趸船改造的长江观光平台

日，孙中山先生灵柩抵达浦口火车站后转乘渡轮，在“威胜号”军舰的护送下渡过长江，抵达首都码头，沿着新修的通衢大道经过挹江门进入南京城，运往紫金山。灵柩所经过的地方均被冠以中山的名号，如中山大道（今中山北路、中山路、中山东路）、逸仙桥、中山门等，灵柩登陆的首都码头也从此被命名为“中山码头”，这个名字一直沿用至今。

霞光照耀中的揽江台

20年的时光倏忽而逝，1949年4月23日上午，国民政府代总统李宗仁撤离南京，国民政府发言人也于当日中午在何应钦公馆宣布国民政府撤离。此时，人民解放军已在长江沿线发起了声势浩大的渡江战役，35军的侦察人员在长江北岸寻找到一只木船，秘密行驶到中山码头，当天夜里，先遣部队在首都电厂、机务段轮渡管理所工人的帮助下，乘“京电号”“凌平号”等船渡江，在中山码头登陆。次日凌晨，大军突破挹江门。

中山码头的汽笛声仿佛是开启一个时代的前奏，昭告着一段新的历史的诞生。它曾与南京城的命运紧密相连，却又无法挽留地看着昔日的光芒日渐消散。这是命运的一种必然，无限丰荣的今天总是预示着一个逐渐没落的昨天，中山码头也不可避免。

今日的码头还保持着往日的模样，除了外墙上贴上了白色的墙砖，大楼的造型丝毫未变。渡轮已经裁撤了许多，只剩下少许船只运载着不多的旅客，偶有货轮短暂地停靠。江畔厂房的高高的烟囱里冒着灰色或者白色的烟雾，将这座码头映衬得有些寥落。码头不远处，已陆续复原了铁路轮渡栈桥、百年水位站、海军医院旧址等历史景观，成为怀旧的人们观光和凭吊的好去处。

渡轮的汽笛声依然悦耳，繁华的江面上，回荡的是另一种感慨和眺望。

· 浦口老站：未曾落幕的戏台

历史如同一列斑驳的火车，呼啸着行进在通往未来的轨道上。每一个月台边，都上演着一幕幕人间的戏剧，熟悉的、陌生的身影与飞驰而过的列车擦肩而过，那些孤单的影子漫漶在尘烟深处，或沧桑，或迷惘，或黯淡，或依旧鲜活耀眼……

100年前，长江北岸，一幕华丽典雅的大戏拉开了帷幕。

英格兰风格的米黄色建筑优雅地竖立在人潮如流的江畔，伞状的候车长廊连接着渡轮码头，崭新的绿皮火车吐着浓烟骄傲地喊出悦耳的号子；鲜红的墙壁上开着明亮的售票窗口，南来北往的人们排着长长的队伍等待着那一张指向远方的车票。

这座曾经热闹繁华的车站就是于1911年通车的浦口火车站，它位于长江北岸，是当年津浦铁路的终起点站，连接了河北、山东、安徽、江苏等11个省的铁路交通。

当年，悠扬悦耳的汽笛声中，来自蚌埠、徐州、济南、天津的旅客，与经淮南、陇海、胶济、德石铁路中转的客流在这里汇集，日夜不息。火车站周边，煤港、轮渡、驳运、汽车、邮局、医院、学校、饭店等设施一应俱全，南北干果、鲜货、瓷器、玉器、丝绸、药材、茶叶，五光十色；光着膀子、露出黝黑色皮肤的挑夫扛着扁担等候出站的旅客，黄包车夫扇着草帽，将车子擦得锃亮。这个普通的江滩弹丸之地一夜间走向了戏剧的高潮。

如今，浦口火车站依然迎风伫立于江畔，与南京繁华的闹市隔江相望。年迈的老火车站，仿佛一束静谧的玫瑰，你远远凝望着它，不知不觉被一股暗香陶醉；当你慢慢走近它，你会渐渐感受到它命运的沉浮，以及它的忧愁与无奈。

一个世纪的历史如同一张薄薄的纸，轻轻一翻就过去了，可是，一百年间那些跌宕起伏的经历，又岂是轻轻一翻就能翻过的呢？

1908年1月，清政府与英国华中铁路公司、德国德华银行签订了《津浦铁路借款合同》，浦口火车站就在这一纸合同上化作了一张美丽的蓝图。火车站开工的那一年，正是亚洲第一个共和国——中华民国诞生的第一年，在民国首都的北大门建造前所未有的火车大站，可谓是当时举国瞩目的盛事。28岁的年轻设计师王佐卿接下了这个重任。

三年后，一座气派的建筑出现在了人潮如流的江畔。尖尖的屋脊，略微流露着哥特式

1911年，浦口火车站通车，是当年津浦铁路的终起点站，连接了河北、山东、安徽、江苏等11个省的铁路交通

建筑的遗风，窄窄的窗户显得潇洒灵动，铁皮铸造的红色屋顶将整座米黄色的建筑点缀得耀眼而喜庆。虽然火车站主体大楼只有3层，却有一种气势恢宏的感觉，半个世纪里，火车站大楼一直是浦口最显著的地标性建筑。

铁路为名不见经传的浦口带来了勃勃生机，浦口火车站也成了南来北往的交通要道，民国时期，这里更是江北地区通往首都南京的必经之路，甚至去上海，人们也要从这里转乘沪宁线列车。从候车大厅到渡轮码头，旅客、商贩、码头工人，到处人山人海，热闹非凡。各地的人也纷纷来到浦口谋生，据说，哪怕身无分文，到浦口做几年小生意，就能养家糊口，甚至回老家盖房砌屋了。

站台廊柱上的纹样至今清晰可见

对于浦口火车站的重要性，孙中山先生在《实业计划》一文中作了详细的阐述。他将浦口规划为中国铁路的关键性枢纽，是长江以北所有铁路线的最终交会点，并设想在浦口建一条横贯大陆直达海滨的铁路干线。在文章中，孙中山以浦口为中心，雄心勃勃地立下要在中国修建10万公里铁路的夙愿，他懂得，铁路建设对于一个国家的富强、一个民族的崛起会起到多么重要的意义。

中山先生的理想终究未能成为现实，1925年3月12日，先生在北京逝世。遵照先生的遗愿，一代先行者的灵柩在浦口火车站安静地等待过江的渡轮。这位历经坎坷、一生致力于民主共和的革命家将生命漂泊的最后一站留在了浦口，留在了这个遍植法桐的车站。

20世纪60年代中叶，南京长江大桥落成，中央门外，南京火车站在风景旖旎的玄武湖

停靠在站台的蒸汽机车

畔建成通车，此时，浦口火车站望着南边的繁华不知所措地黯然了。它知道，自己不可避免地将被替代，曾经的荣耀终有一天会被封存为历史。2003 年底，随着“8084 次南京北—蚌埠”班车在斑驳的铁轨上缓缓停下脚步，浦口车站站台上昏黄的灯灭了。这座历经了一个世纪风雨的老站悄然归于沉寂。

一些艺术青年会在老车站的墙壁上涂鸦，留下充满趣味的图画

从此，火车站四周没有了喧嚣的汽笛声，没有了来来往往的热闹人群，没有了沿街叫卖的贩夫走卒，形单影只的车站只剩下了一副钢筋水泥搭起的空壳，在不知疲倦的江风中寂寞地回忆着曾经的年华。车站大楼窄窄的窗户外，布满年轮的枕木早已被杂草湮没，交错的铁轨锈迹斑斑，一根根延伸至无垠的远方，如同无法掌握的命运。站台上，一堆堆还未运走的货物摞在墙角；寂寞的梧桐叶在风中飘落，一切仿佛一幅尘封已久的图画。

在中国铁路百年史上，津浦铁路以及它的终起点浦口火车站曾经扮演过极其重要的角色，难道，几十年的繁华，竟是那么轻易地便凋落尽了吗？

一次黯然的落幕，却在另一个戏台上华丽地亮相，繁华褪尽的同时，一台台摄影机将浦口火车站的身影搬上了胶片。作为目前国内唯一较为完整地保存了民国风貌的火车站，浦口车站先后迎来了《国歌》《国宝》《紫蝴蝶》《理发师》《情深深，雨濛濛》《金粉世家》等影视作品的摄制组，成为大批影视剧组的外景拍摄地。在摄影机的镜头前，老蒸汽机车喘着粗气来回奔波，商贩们的叫卖声此起彼伏，鲜艳的旗袍和文质彬彬的文明棍编织着另一个时空的故事。浦口火车站，忽然回到了一个世纪前的时光里。

一个冬天的下午，我再次来到了浦口火车站，走出渡轮码头，一种静谧和安详的感觉立刻充满心头。阳光下，斑斓的梧桐叶掩映着弯曲的柏油马路，纵横的铁轨交错出一幕幕黑白色的记忆。

刹那间，我想起了那段感人的文字——“我看见他戴着黑布小帽，穿着黑布大马褂，深青布棉袍，蹒跚地走到铁道边，慢慢探身下去，尚不大难，可是他穿过铁道，要爬上那边月台，就不容易了。他用两手攀着上面，两脚再向上缩；他肥胖的身子向左微倾，显出努力的样子。这时我看见他的背影，我的泪很快地流下来了。”

一座车站的脉脉温情，因为朱自清的文字在铁轨上生生不息地流淌，车窗外父亲的背影牵动着儿女的柔肠，从此，那个青布棉袍、黑布马褂的身影与浦口老站高高的月台一起成为永恒，无声地定格在了 1917 年的冬天。

浦口火车站留给了人们太多的回忆——有自己的，有别人的，有的回忆已经消散，有的回忆还在继续。一幕幕泛黄的回忆，一幕幕泛黄的故事，在这个未曾落幕的戏台上凝成了一个轮廓模糊的背影……

· 南京西站：追忆隔世的繁华

若问民国时期南京哪座火车站驶出的列车最豪华，那当属下关火车站。

下关地区曾是南京最繁华的贸易通商区域，也是铁路运输、水路运输、江上贸易的重要集散地。从中英《南京条约》签订开始，下关就成了中国“开埠”的首兴之地，历经了中国近代历史的全部过程，成为南京乃至中国一个独特的历史坐标。

回望昔日的下关，扬子饭店、首都饭店、中央银行、德国美最时洋行、日本京宝公司、英国太古洋行、和记洋行，以及法、英、德、荷兰等 30 多个国家的驻华使馆都坐落在这里，国民党和国民政府的一批重要党政机关大楼、军政要员公馆也争先恐后地出现在这里。一个世纪前，这片江流涌动的土地是中国政治、经济、文化、外交的交会点，许多波澜壮阔的故事就曾在这里上演。小小的下关江滨在不经意之间影响着近代中国命运的方向。

就在江畔狮子山附近，有一座客流并不繁忙的老火车站，这幢毗邻挹江门和渡江战役纪念碑的三层楼建筑像一个不问世事的老者，在高高的法桐背后安分守己地坐着，显得朴实而敦厚。这就是位于下关江滨的南京西站，一座渐渐远离了繁华与荣耀却珍藏了许多璀璨记忆的车站。望着它沉默的眉檐，数着法桐树干上突兀的年轮，那些被人们缓缓淡忘的故事正一点点变得鲜活起来。

它是南京最古老的火车站，曾驶出过近代中国最豪华的列车。

下关地区曾是南京最繁华的贸易通商区域，也是铁路运输、水路运输、江上贸易的重要集散地。图为大马路62号：原江苏邮政管理局大楼

100年前，清政府督办大臣盛宣怀决定在江南建设一条较高规格的铁路，以适应日益繁盛的工商业之需。经过与英商怡和洋行的协作，1908年4月1日，311公里的铁路全线通车，线路从下关的南京车站至上海北站，成为今天“沪宁铁路”的鼻祖。与过去乘船往返南京与上海相比，列车运营大大方便了人们出行，通车当年就运送旅客323万人次。

大马路66号：原中央银行大楼，现为长江水源保护局南京检测站

辛亥革命后，孙中山当选为临时大总统。1912年元旦上午，孙中山从上海坐上了沪宁铁路的特快专车，这趟列车行驶了近8个小时，到达下关火车站时已经是晚上了。由于通车初期没有电力设施，照明采用的还是煤油灯，夜间无法行车，南京到上海的列车往往是早上发车，晚间到达，普通列车走完全程需要12个小时。

因为南京是国民政府的首都，这条铁路线在当时被称为“京沪铁路”。随着国民政府与上海的联系日趋紧密，京沪铁路线的改造工程开始加紧进行。当时民间认为夜间行驶火车动静太大，会惊动山神水神，引发车祸，因此夜间是不通车的。时任临时政府交通部

位于下关滨江风光带的民国首都电厂旧址公园

次长的于右任打破了这一迷信思想，开通了夜行货运列车，实现了京沪铁路的第一次运营提速。

1930年，铁道部从德国进口了三套优质列车投入运营，称作“蓝钢专列”，火车头从英国购买，其功率为全国列车之首。从南京西站驶出的蓝钢快车成为当时国内最豪华的高速列车，从南京到上海，停靠镇江、常州、无锡、苏州四站，全程只需要5个半小时。蓝钢快车内部设施也堪称一流，座椅均为软座，罩着淡蓝色或者淡灰色的绸布套，桌上配有小花瓶和茶杯。规范的车厢服务和整洁舒适的环境让蓝钢快车成为上流社会的人们出行的首选。蓝钢快车9节车厢中有两到三节专为外国侨商、各国外交官及家属备留，另有一节车厢为国民政府军政要员、家属等特权人物专用，即使座位空着也不让其他人乘坐。

当时蓝钢快车每天仅对开一班，全程票价约为4元大洋，比普通列车贵了三分之一，按照当时的市价，贵出的一块银元足可以买半石大米了，普通百姓是舍不得乘坐这样的豪华列车的。所以蓝钢快车的旅客多为绅商、工厂主、公司高级职员、大学教授以及演艺明星。

大半个世纪前，胡蝶、舒绣文、吴茵、徐来、梅兰芳、赵丹、金山、王莹等明星常到南京演出，为南京西站点缀了灿烂的星光。1934年1月，影星胡蝶乘坐“蓝钢”到南京拍摄影片《白山黑水美人心》；1936年5月，梅兰芳走出南京西站，去新街口参加新落成的大华电影院开业庆典；1947年底，蔡楚生、郑君里带着《一江春水向东流》从上海来南京参加首映仪式，主演白杨、舒绣文以及剧组30余名演职人员出重金包下一节车厢，在车厢里开起了派对，一路欢声笑语抵达下关车站。

南京沦陷后，京沪铁路线遭到日军的破坏，下关车站的运营受到很大影响，门庭冷落，客源稀少。1945年以后，国民政府重新修整车站及铁路，并将下关火车站改名为南京车站，国民党元老于右任亲笔题写站名，整修工程由建筑大师杨廷宝先生主持，扩建后的南京车站规模为全国之最。随着一批美国生产的大功率机车的投入使用，南京车站和京沪铁路线的各项设备再一次全面更新。高速列车“凯旋”号将全程行驶时间缩短在4个小时之内,受到商贾名流的青睐。当时还进口了流线型机车“太湖”号和“西湖”号,装有最先进的柴油发动机,时速高达100公里,由于时局的动荡,这两辆豪华列车一直未能正式投入运营,直到20世纪60年代它们始终停靠在车站内。

2012年3月25日夜晚,南京西至厦门的K161次列车驶出车站,南京西站从此结束了客运车站的历史旅程

从这座车站里驶出的不仅有华丽的列车,也曾传出震惊全国的“下关惨案”。

1946年6月,国共南京谈判正紧张进行,上海各界群众举行了声势浩大的反内战游行,并推选出马叙伦、胡厥文、阎宝航、雷洁琼等代表到南京向国民政府请愿。6月23日傍晚,请愿团到达南京车站,担任津浦铁路调查统计室主任的中统特务头子陈叔平,纠集了一帮打手将代表们围困在候车大厅内,代表团团长马叙伦、民盟代表叶笃义、《大公报》记者高集、《新民报》记者浦熙修都遭到毒打。在暴徒行凶的5个多小时内,车站附近的宪兵警察竟消失无踪,直到午夜才有一队宪兵用卡车将负伤人员送往中央医院。“下关惨案”发生后,中共驻南京首席代表周恩来亲自赴医院慰问,表达了对暴行的愤慨。

国民党的民心在这座车站里丧失殆尽,随着渡江战役打响,国民政府要员仓皇南逃,撤离前炸毁了车站站房等设施。1950年,南京车站得到修复,一幢全新的三层大楼又屹立在了朝气蓬勃的下关江滨。

20世纪60年代南京长江大桥竣工后,位于玄武湖北岸的新火车站通车,从此,下关老车站就被叫作南京西站了。与浦口车站一样,南京西站逐渐退出了铁路线主动脉,偶有红色和绿色车厢喘着粗气从站台上经过,却从来不曾见过白色动车组流线型的潇洒身姿。

2012年3月25日夜晚,随着南京西至厦门的K161次列车缓缓驶出车站,南京西站从此正式结束了客运车站的历史旅程。

那一晚,古老的车站进入了梦乡。

那一晚,南京西站往返着许多为老站送别的人。

那一晚,无数闪光灯记录了人们怀念的目光。

光影胶片　我亦逢场作戏人

· 大华电影院:流光容易把人抛

在今天繁华的新街口商业区,有一座两层楼的建筑端坐在中山南路的东侧,斑驳的墙体已经无法让人揣摩它最初的颜色。与四周不断拔地而起的摩天大厦相比,这座建筑显得那么渺小和不起眼,然而,它犹如一位落魄之际的贵族,眉宇间仍不失轩昂之气。

对于有些上了年纪的老南京人来说,这座建筑是他们再熟悉不过的了,从 20 世纪 30 年代到 90 年代,这里演绎过无数传奇和故事,流光溢彩的胶片和炫目斑斓的戏台上,曾留下多少影星和名伶的身影。

它曾经名扬整个华东地区——大华大戏院,民国时期南京规模最大、最豪华的戏院。时光回到 1936 年 5 月 29 日,这座由美籍华人司徒英铨集资建造、建筑学家杨廷宝设计的戏院在新街口开业,首映影片是美国米高梅电影公司出品的歌舞剧《百鸟朝凤》。那天晚上,京剧大师梅兰芳等众多社会名流亲临捧场,几乎半个南京城的市民都涌来争睹开业盛况。

不久,梅兰芳先生就在此举办了专场演出,连续演了 5 场。不少南京人为一睹他的风采,连夜排队买票。据说开演那天,大华门口人山人海,硬生生将一扇大门挤塌了。

20 世纪初,饱受了近百年列强掠夺和战火劫难的中国,经济脆弱,文化更是一片苍白,人民精神生活非常贫瘠,当时的新街口也是沉寂萧瑟,了无生气。1928 年北伐战争结束后,国民政府的政治根基得到稳固,于是着手开展“国民经济建设运动”,以推动民族经济的发展。短暂的十年内，南京城市建设进入了一个鼎盛时期，中山陵、音乐台、人民大会堂、国立美术馆、中央银行、交通银行、市邮政局、中央饭店、福昌饭店、首都大戏院、世界大戏院，等等，一大批中西合璧的建筑如雨后春笋般破土而出。大华大戏院也位列其中。

大华大戏院兼具北方端庄大方的气派和南方灵巧秀丽的韵致，堪称早期民国建筑的杰作，与其他民国建筑群共同书写了当时作为国民政府首都南京的豪迈气概。这座集西式的现代华美和中式的典雅古朴为一体的建筑总面积25000平方米，观众座位1300个，每天可接待观众6000余人次。

戏院的内部设计别具匠心，正立面上层为招牌幕墙和横向排列的采光高窗，下层为雨篷和大门，观众沿着三条通道进入门厅，大门左右两侧各有一条疏通人流的辅道。12根朱红色圆柱支撑着厅穹，迎面正中设有宽大的台阶通向二楼平台，左右各有一个门道通向观众厅。门厅内天花板、墙壁、梁枋都彩绘了民族特色的纹样，栏杆扶手都装饰了浮雕，既雍容华贵又大方典雅。观众厅长66米、宽33米，分上下两层，舞台、天花板、墙壁、楼座和包厢的设计完全符合现代剧场的视觉、声学的要求。

大华大戏院曾是民国时期南京规模最大、最豪华的戏院，如今重新修整后依旧表露出不凡的气韵

大华大戏院是民国时期上流社会的重要娱乐场所之一，20世纪30年代戏院就配备了空调，这在当时的戏院、影院中已属于非常奢侈的设备了。大华大戏

院紧跟当时的时尚步伐，一部部进口影片在银幕上交替，流光溢彩的胶片诠释着属于那个时代的潮流。许多政治要员、社会名流频频光顾于此，甚至上海滩的富商巨贾也专程来到南京一睹其芳容。

此后的半个多世纪里，大华大戏院一直书写着南京城电影业的荣耀。1950 年 4 月，大华大戏院更名为大华电影院，主要放映苏联和东欧国家的电影，也有少数国产影片。人们从泛黄的胶片中认识了夏伯阳和保尔·柯察金，大华以其独特的魅力点燃了新时代主流文化的灯火。

十年“文化大革命”是大华电影院沉默无声的一段岁月，进入 20 世纪 80 年代后，大华风韵犹存，老当益壮。1984 年，影院全年门票收入突破 100 万元，雄冠全省；1986 年，大华继实现了放映自动化、光源氙灯化、音响立体化、座椅软席化、空调冷气化之后，再次大规模改造，内部装饰更加华丽典雅。去大华看电影，成了那时候的年轻人最时尚的休闲方式。据说 1982 年放映《少林寺》时，有的市民为了看到电影，提前一天连夜排队买票，有些住在江北的市民甚至坐汽车、搭轮渡，辗转颠簸上大半天，扶老携幼前来观看。可以想见，30 年前新街口的夜晚在大华电影院的衬托下也定如今天一样光影变幻，摇曳多姿。

如花美眷，终不敌似水流年，年华流逝的瞬间，容颜也逐渐衰老。20 世纪 90 年代礼堂式影院逐渐没落，属于大华的时代也渐去渐远了，随着一批崭新的多厅豪华影院陆续出现，去大华电影院看电影的人越来越少，从前的门庭若市终于变得门可罗雀。曾有一段时期，大华被出租给服装批发商，成了市民淘衣料旧货的小市场，二楼观影区也变成了嘈杂的游戏厅。在那段落寞的日子里，只有依旧红得鲜艳的柱子和描绘着精致纹样的墙壁还在隐约诉说着往日的辉煌。

如今，大华终于又重新回到了人们的视野里，重新修整后的影院似乎一夜之间恢复了青春，喜爱电影的南京人终究对大华有着浓郁的情结，他们会在某个闲暇夜晚走进这家年代久远的影院，在光影变换中体味岁月的变迁。

流光散尽，鲜活的故事在泛黄的胶片中渐渐沉寂，一些尘封的怀念与眷恋，会永远定格在银幕的深处。

· 老影院：花样年华

南京的许多老影剧院都曾有过独领风骚的年月，半个世纪前，那些或昏黄或黑白的影像在略微有些粗糙的银幕上晃动，城市的万种风情就悄然掩映在那些旧胶片里了。时光是最坚硬的尺牍，它总是精确地测量出被岁月磨损的一丝一毫的尺寸，然后，静静地看着那些细屑寂寞地流逝,犹如夜空中流逝的星光……

20 世纪 20 年代初期,南京的第一家影剧院诞生了,人们看到数十根碗口粗的木柱支撑着厅堂,端庄大气。这就是曾经位于夫子庙平江府路 11 号的大光明影院,其前身名叫中央大戏院。2009 年 8 月,这座最早出现在南京城的老影院被拆除了,不知道当年给人们留下美好回忆的荏苒光阴飘荡在了何处?

让南京人印象深刻的还有建于 1928 年的人民剧场,它是当时南京城里第一家无声影院。1949 年以后,人民剧场成为戏剧表演的主阵地,许多人民艺术家在这里登台献艺,周信芳、盖叫天、俞振飞、红线女、常香玉、徐玉兰、王文娟、郭兰英都曾在剧场的舞台上给南京百姓带来精彩的表演。

建于 20 世纪 30 年代中期的新都大戏院曾是让国内上流社会瞩目的奢侈休闲娱乐场所,与大华、国民、首都并称为民国首都“四大影院”。新都大戏院位于中山路 82 号,是由毕业于麻省理工学院和哥伦比亚大学的建筑师李锦沛设计,外观非常简洁,很有现代简约欧式风格的味道。新都的魅力在于其内部安装了从美国订购的最新款冷暖气设备,是当时全国各大影院中唯一拥有这种先进设备的,同时,新都的放映机、发音机、吸音纸板均由美国进口,图像、音质效果无可挑剔。抗日战争期间,南京沦陷,新都大戏院被划进了“日

位于夫子庙贡院街84号的首都大戏院是国内第一批将电影放映从室外引入室内的影院,曾放映过阮玲玉主演的《新女性》等影片

人街”的范围。日军及汪伪政府出于粉饰太平的需要，于1939年霸占了新都，改名为东和剧场，专门用于放映日本影片，成为日军和日本侨民专用的剧场。

新都大戏院改名为胜利电影院后，南京城曾经流行过这样一句话：胜利在新街口，曙光在鼓楼。这句话借用了1981年热播的电视剧《敌营十八年》主题歌中“胜利在向你招手，曙光在前头”的两句歌词，意指新街口的胜利电影院和鼓楼广场的曙光电影院。而今，胜利电影院已于2004年10月被拆除，曙光电影院也不复存在了。

1931年南京国民政府的《中央日报》上曾刊有这样一则广告语——“东方最富丽的天国，首都最堂皇的剧场”，这个富丽堂皇的地方就是曾经位于夫子庙贡院街84号的首都大戏院。首都大戏院是国内第一批将电影放映从室外引入室内的影院，其规模在当时的全国是数一数二的，曾放映过著名影星阮玲玉主演的《新女性》等影片。1949年更名为解放电影院，20世纪80年代末改名为解放艺术电影院，放映具有探索性和先锋题材的非主流影片。

如果和上了年纪的老人提起新街口的世界大戏院，也许他会回忆起当年的“追星”经历，因为世界大戏院是一处深受影星名伶青睐的影院，通向银幕的红地毯上曾留下过数不清的耀眼星辉。1934年1月，影星胡蝶到南京拍摄反映东北义勇军抗日的影片《白山黑水美人心》，拍摄之余，胡蝶专程来到世界大戏院与影迷见面，引起了60年前的追星族的狂热追捧；1947年底，白杨、舒绣文等影星来到南京，为他们主演的《一江春水向东流》进行首映宣传，影片首映地点就在世界大戏院；一代京剧大师梅兰芳多次光临世界大戏院，场场爆满。世界大戏院改名为延安剧场以后，经过了多次大规模翻修和改造，演出水准不断提升。1988年，苏联影片《莫斯科保卫战》上映，延安剧场连续放映了62天，观众达30万人次，掀起了80年代末期南京电影业的高潮。如今，走在新街口中山路51号的小巷内，已经寻觅不到昔日世界大戏院辉煌的身影了。

老去的影院犹如老去的胶片，总有一些影像会随着时间的推移渐渐消失。时过境迁，当初的花样年华，也褪去了颜色，弥漫成了桃花源一般的传说。

岁月年轮　只是当时已惘然

· 声色1912：一个年代诠释一座城市

有一些时光是用来沉醉的，有一些夜色不仅仅有温柔，更有几分妖冶和若有若无的暗香。你可以选择孤独地聆听，也可以对着一把木吉他或者爵士鼓倾诉，杯中的液体映着灯光下妩媚的面容，秀丽的长发间还留有昨夜手指的温度。当星光变得缥缈，当月光也在困倦中悄然朦胧时，一些寂寞的或者喧嚣的歌声正在幽暗的霓虹中绚丽地游走。

沉醉，在无人知晓的夜晚，张扬出生活的另一张面孔。

1912，一个永远属于南京的年代。灯红酒绿之间，早已远去的往事与隔世的风情被一点点唤醒，在迷醉的眼眸和柔软的腰肢间款款迈步。

流年可叹，有如一场宿醉中的怀旧。

高大的水杉撑起了一片湛蓝的天空，粗壮的梧桐用斑驳的面容讲述着大半个世纪前的回忆，民国风情的小洋楼坐落在浓荫淡碧之中，仿佛从深闺内走出的女子，带着恬淡与娴静的气息，让过往的人们为之流连。点点阳光轻轻地湿润了白色的云朵，透过树叶的缝隙，落在地上，像年轻的女孩裙角的碎花，揉皱了满腹的心事，落在红砖灰瓦上，浮起一层浅浅的光晕，像一面镜子，照亮了昨日的黑发。

1912，总有一种淡淡的旧日的痕迹。

用一个年代诠释一座城市——南京，就是这样绝无仅有。

毗邻总统府，透过花窗就能看见西花园内扶疏的竹影。1912年1月1日，孙中山在总

毗邻总统府的1912酒吧街

统府发表了临时大总统就职演说，荡气回肠的宣誓依然在廊檐间传递着一代伟人的理想。历史不会如同西花园里的那座石舫，永远静静地停泊在那里；历史的脚步总是那么匆忙，转瞬之间，已是百年沧桑。

1912街区的魅力在于凝结在历史中的时尚，衣袂飘飘的民国风情中流淌着现代生活的气息，她用隔世的空间感抚慰着现代人内心深处的愁绪。

或许，这就是流年的动人心魄之处。

流年有酒的味道，初入口时微微辛辣，咽下后不多久心中就暖了、醉了。所以，1912的酒是怀旧的，是能够读懂一个人的心声的。在微暖、微醉的时候，有如“晚来天欲雪，能饮一杯无”的意趣；如果不小心偶尔酒酣而醉了，说了些失态的言语，但于今夕消了往昔的愁，倒也不算是坏事。

想多了流年，是真会醉的。

幽暗的角落，谁在拨动一把木吉他，用沙哑的嗓音唱着歌——

有生之年狭路相逢/终不能幸免/手心忽然长出纠缠的曲线/懂事之前情动以后/长不过一天/留不住算不出流年……

酒就这样渐渐地浓了，既是流年，谁又能轻易逃脱？

夜色在杯中晃动，恍惚了人的眼。城市的街灯匆匆掠过树梢，寂寞地流逝在道路的尽头。流逝，仿佛流星在天空里的流逝，亦如往事在时光中的零落。

用一场短暂的宿醉，唤醒心头的梦——不为别的，只为今宵的浮光掠影。

每个人的体内都或多或少游动着一些离经叛道的因子，叛逆是永恒不变的本性，少的只是推波助澜的那一点外力。本雅明说:“大多数人寻找一个永久的家园,但还有少数人则寻找永远的漂泊。”

今宵的光影,究竟是永久的家园,还是永远的漂泊呢?

1912仿佛一段乐曲中忽然变奏的节拍,是生命中的转角,为褪色的心灵补上一层不算新鲜的色彩——如果你觉得现代生活越来越显得单调和无奈的话。昨天演绎的剧目只是今宵狂欢的谢幕,每一天的悲伤和快乐不需要过往的理由。华灯初上时,这里展现的是另一个时空,荒诞不经也好,桀骜不羁也罢,同样的皮囊内总包裹着不一样的灵魂。

走进夜幕下的1912,你会发现,这个世界上不是只有你快乐或者不快乐。有太多开心的人在深夜狂欢,有太多不开心的人在深夜发泄,失眠的男人用歌声打动同样失眠的女人,寂寞的女人用一个妖娆的眼神吸引着同样寂寞的男人。

音乐,是最美的鸡尾酒,歌声里,总有一些不愿说出来的心事

酒精融入身体,音乐像海浪一样摇曳,灵动的腰肢在光影间闪烁,一切随风。

心安定了,脚步再繁忙也是安稳的;心若在飘,即使方寸不离,也是居无定所。酒杯中的江湖,给居无定所的心找了一处安身立命之地,让扎了根的脚走上一条奔波行走之路。

不安分的心需要一次放逐,在温柔的梦乡里,聆听来自荒野的呼唤。

夜晚的灯火朦胧而璀璨

远方传来塞壬的歌声,像一匹北方的狼,撩拨着人们内心野性的欲望。一些尘世的束缚与纠葛,一些高不可攀的台阶与围墙,一些恍若海市蜃楼的风景与色彩,此刻在眼前浮现,蹒跚着梦游者的步履,跨过了梦想与现实的界线。

梦醒时分,已是白首迟暮。

酒精抚平不了刻在心里的忧

伤，当天光悄然来临，那些驱赶不尽的情愫又会萦绕在心头。一切，重新开始。

依稀看得见剔透的玻璃杯上手指的纹印，而浅浅的酒痕，已变得混浊。

清晨的1912，人们匆匆走过，一秒钟前的繁华，刹那间销声匿迹，仿佛什么都没有发生，仿佛还未从梦中清醒。

想起了灰姑娘的故事，命运戛然而止在午夜的钟声里。

· 烽火1865：铁血雄心的谢幕

南京。1865创意园。

长久以来，这里高高的围墙透露着拒人千里之外的冷酷，金属打造的外衣闪耀着低调而严肃的光芒。巨变，转瞬已是百年。它曾经承载过一段段波澜曲折的历史，也曾经义无反顾地站在中国近代化浪潮的前端，与它有关的那些显赫的名字、那些扣人心弦的往事为这里的灰砖青瓦披上了耐人寻味的神秘与沧桑。

走近1865，感受一段历史，回味一次从金戈铁马到艺术生命的低调的蜕变。

李鸿章的雄心

那正是1865年，固守天京的太平天国政权在曾国藩湘军的炮火中岌岌可危，金碧辉煌的宫殿笼罩在浓重的阴云之中。

血染城砖，尸横遍野。

当李鸿章带领他的军队踏入残破的南京城，人们看到了这个42岁的江苏巡抚踌躇满志的神情，那一缕微微花白的须发在风中颤动着，眼角的皱纹凝固成了一道道沟壑。他默默地登上聚宝门城墙，眼前到处是残垣断壁，浓浓的硝烟染黑了风雨飘摇的龙旗，战火的伤痕吞噬了秦淮河的流水与烟柳，那座曾让欧洲贵族视为神话的大报恩寺琉璃塔也在太平天国的内讧中坍圮成

金陵制造局旧址

了一地灰烬。

李鸿章决定，他要在这个满目疮痍的土地上建造自己的铁血丰碑。

凭借着在剿灭太平军战争中立下的汗马功劳，李鸿章被清政府封为协办大学士，加署通商大臣、江苏巡抚，并署理两江总督事务。

俯看城墙西南方向已成了一片废墟的西天寺，这个幕僚出身的安徽人在南京城头萌生了一个远大的计划。

南京，即将成为李鸿章一个新的起点。

就在这一年，李鸿章将他一手操办的苏州西洋炮局迁到南京，组建金陵制造局。这是一所以生产近代新式枪炮为主的洋务企业，比上海江南制造总局略小，但一直被李鸿章视为淮军的“命脉关系”，受到这位中堂大人的格外关照。因此在很短时间里，金陵制造局的生产规模就跃为当时中国四大兵工厂之首。

这一切，都被随行的英国人马格里看在了眼里。

马格里是李鸿章的军工顾问，从上海松江兵工厂开始，李鸿章就依托马格里与各国洋商斡旋。金陵制造局成立后，李鸿章继续让这个英国人总揽制造局事务，并对他言听计从。李鸿章不满足于造几颗炮弹、几门小炮和机关枪等轻型武器，他多次派遣马格里出访欧洲，考察西方强国的军务，及时添置最新式的武器装备。

1884 年，金陵制造局生产了中国第一门克鲁森式架退炮、第一架加提林轮回枪。时值中法在广西边陲交战，两江总督曾国荃立即奏报朝廷拨银 10 万两，从美国购进机器 50 多台，扩建金陵制造局，让其“放手制造”武器。李鸿章将这些新式枪炮源源不断运往广西，帮助驻守两广的清军赢得了镇南关大捷。金陵制造局初露锋芒。

1888 年，李鸿章正式组建北洋海军，他不惜从欧洲花重金购买铁甲战舰，并配备了强大的德国克虏伯大炮；不久，金陵制造局最先成功仿制出第一挺马克沁机关枪。这些新型武器从南京城迅速运往北洋水师的基地——威海卫。这支军队，将成为李鸿章手中最有力的王牌，他似乎看到了一个钢铁帝国正在崛起。

位于 1865 创意园内的专门兵工学校旧址

近代中国一直笼罩在内忧外患之中，作为这个风雨飘摇的王朝的中兴重臣，李鸿章感慨颇深，他说："盖目前之患在内寇，长久之患在西人。堂堂华夏，积弱至此，岂一人一时所致，抚髀叹息而已……欲求制驭之方，必须尽其所长，方足夺其所恃。"

在李鸿章看来，救国图存，唯有兵利。

在战争中一步步走向成功的李鸿章深知军事工业的重要，早在1863年，他就在上海松江办了一个小型兵工厂，在洋人的技术支持下制造炮弹和子弹，这些枪炮一出厂就被用于装备淮军。在李鸿章的苦心经营下，1865年，淮军终于在虹桥、北新泾、四江口三场与太平军的恶战中大获全胜，一跃而成为清王朝最精良的近代化军队。而就在几个月前，淮军还被洋人和上海官僚鄙夷地称为"叫花子军"。

光阴荏苒，弹指间就是20余年——1889年，此时的李鸿章早已今非昔比，金陵制造局也在这一年迎来了最鼎盛的时期。

此时，北洋海军正以华丽的阵容登上世界海洋盛典波澜壮阔的舞台。这支舰队拥有30余艘舰艇，共计41000余吨，大炮120门，训练有素的官兵4000多人。全盛时期的北洋海军军力位居世界第六、亚洲第一，舰队装备有9艘铁甲战舰，其中"定远"和"镇远"被誉为东亚第一巨舰。北洋舰队曾先后访问过俄国海参崴港、朝鲜港以及新加坡等南洋海域，令西方列强刮目相看，甚至连称霸海洋的英国人也不得不感慨说："亚洲现在是在三大强国的手中——英国、俄国和中国。"

有关1865的时代已经远去，但这些古老的建筑留存至今

当金陵制造局的机关枪和火炮安装上北洋舰队的甲板，没有人预料到，仅仅五年之后，这支庞大的东方舰队将遭遇覆顶之灾。

1894年，日本入侵朝鲜，中日甲午战争爆发。

同年9月，在黄海海面，遮天蔽日的硝烟掩埋了惊涛骇浪中舰船的残骸。

据史料记载，平壤战役，清军主帅叶志超临阵脱逃，大军一路溃败，丢弃了大炮48尊、步枪10000余支；鸭绿江江防一战，清军丢弃大炮78尊、枪械4400余支；黄海海战结束后，大连老虎滩、旅顺口相继失守，日军缴获大炮270多尊，枪械600支……一场甲午战争，清军遗弃炮弹数百万发，子弹4000万发以上。至于那支承载着清王朝

有关 1865 的时代已经远去,但这些古老的建筑留存至今

残喘命运的铁甲舰队,也在日舰的隆隆炮声中全军覆没了。

面对这个触目惊心的数字,李鸿章心痛至极,淮军在溃败中随意丢弃枪炮弹药的行为让他心寒不已。他哀叹地说:“再发再弃,当如之何!”

几乎在战争打响的第一天,金陵制造局就奉命加工赶造枪炮弹药,锅炉、气泵日夜不息,机器轰鸣声震耳欲聋,可工人们夜以继日赶制的武器反成了敌人的战利品。林立的烟囱、忙碌的厂房终究无力挽回这场败局,救亡图存的理想就此幻灭,“师夷长技以制夷”的洋务运动在这里画上了失败的句号。

命运忽然跌入低谷,辉煌一时的金陵制造局不可避免地走向了没落。

谢幕与回眸

今天的金陵制造局旧址内已难以寻觅到一个多世纪前战争的创伤了,清末与民国时期的厂房安静地坐落在树荫里,灰蒙蒙的玻璃窗上反射着一缕缕阳光,显得那么朴素与祥和。唯有那座后人重建的巴洛克风格的券门,上面的“金陵制造局”五个楷书大字向过往的人们传递着昔日那一段段惊心动魄的往事。

它的谢幕带着末路英雄的悲歌,长风之中不乏悲壮之气。

在甲午战争中遭受重创的李鸿章至死没有放弃富国强兵的梦想,他苦心孤诣地要重整旗鼓,不服输的脸上从未流过灰心丧气的眼泪。

他倔强地加大对金陵制造局的投入,即使在白首迟暮之年,金陵制造局的规模仍然在逐年扩建。到 1899 年时,制造局已拥有机器近 1000 台,工匠 1700 多人,生产规模甚至超过了声名显赫的汉阳兵工厂。

但是,这个古稀老人再也无力亲赴欧洲考察军务了,金陵制造局亦再也没有生产出更先进的武器。英国人贝思福在参观了金陵制造局后说："所有第一流的现代化机器，都用来生产一些无用的军械……很大部分的机器，用来制造抬枪。中国官员很兴奋地展示一些仿造毛瑟枪机的后膛抬枪，一个官员告诉我，抬枪子弹可以穿透 4 寸的木板，他看来既满足又得意，因为全世界没有任何一个其他国家有类似的武器。看到这些官员和工人们得意地尽心尽力地制造一些无用的军械，实在令人心碎。"

在今天展出的有关金陵制造局历史的老照片中，我看到了那些抬枪的照片。姜文导演的电影《让子弹飞》中，为赴任的县长护卫的新军所使用的枪械就是这种笨重的抬枪。这些超过两米长的单发步枪，填装火药的速度缓慢，需要两人配合才能使用，其威力只比火铳略强一些，灵活性则比欧洲先进的毛瑟枪相差甚远。

1901 年，李鸿章离开了人世。此后的金陵制造局走上了艰难的生存之路，辛亥革命爆发后，险些被江南制造总局兼并。随着抗日战争的爆发，金陵制造局又一次站在了民族存亡的浪潮顶端，在淞沪会战期间，兵工厂的工人们加紧生产弹药，每当有敌机飞临南京上空轰炸，工人们便就地取材，从流水线上卸下高射炮和高射机枪，勇敢地还击。

抗战胜利后，金陵兵工厂成为南京晨光集团的厂房，依然是一所军工企业，为共和国之舟的平安保驾护航。

这些老厂房和老机器被人们保留了下来，今天，这里开辟成了创意园，将时尚与艺术融入了历史。

历史不会忘记，在这片土地上，镌刻着一代国人自强的理想。

有关 1865 的时代已经远去，但这些古老的建筑留存至今，它们在历史的长河中完成了悲壮的谢幕，也开启了生命的转折与回眸。

听风

【不劳寻讨问西东】

都市印记　锦瑟年华谁与度

金陵民俗　却把新桃换旧符

百姓速写　犹为离人照落花

箪食瓢饮　饱得自家君莫管

城市脉络　谁见幽人独往来

都市印记　锦瑟年华谁与度

· 博爱之都：永远的“中山”情结

新街口是南京城市的中心，20 世纪 20 年代末在新街口修建了一座圆盘广场，1942 年，圆盘中央多了一尊孙中山先生的铜像，这座塑像面朝北方，是由孙中山先生的日本友人梅屋庄吉先生制作的。塑像在新街口广场矗立了大半个世纪，成为了南京的城市地标，也成了南京“博爱”精神的内核与依托。

南京被称为“博爱之都”，这是一座城市宽厚包容的性格的体现，而让南京以一颗博爱之心去包容万物的人，正是孙中山。

“文化大革命”期间，孙中山先生的塑像被移至中山陵受到特别保护，现在一直收藏在藏经楼内。到 1996 年，由雕塑家戴广文先生设计的孙中山先生铜像重新出现在新街口广场，填补了南京 30 年来的精神空白。让南京市民遗憾的是，这尊塑像的朝向改变了，由原来的面朝北改成了面朝南，这样的变动曾让“中山情结”浓厚的南京人一时很难接受。到了 2001 年，由于地铁 1 号线新街口站的修建，孙中山先生的塑像不得不再次从新街口搬离，怀旧的南京人忽然有了怅然若失的感觉。许多人在网上搜索昔日新街口的照片，他们特别怀念从新街口路过时仰望孙中山塑像的瞬间。

孙中山选择了南京作为自己生命的停留之地，南京也成了孙中山永远的家园，这里是孙中山奋斗过的地方，也是他的理想短暂实现的地方。一个世纪前，孙中山在这座古城里播撒下了民主共和精神的种子，今天，这些种子已破土而出，长成了参天大树，茂密的枝叶在南京百姓的心中织成了一个美丽的结。

在中山陵正门前有一座牌坊，名字叫作博爱坊，牌坊正中是孙中山手书的“博爱”二字，这个出自《孝经》中的词语被先生赋予了新的含义。在古老的南京城，孙中山将现代的民主精神发扬开来，让历经两千年专制统治的中国第一次听到了“民族、民权、民生”的呼唤，他更用自己革命的经历让质朴的南京人明白了什么叫平等和友爱，什么叫愈挫愈勇、愈折弥坚，他们懂得了以平和的心态去对待历史，以饱满的热情来迎接未来。

多么荡气回肠的魄力，却又那么低调和质朴。

总统府内孙中山塑像

博爱的南京人不排外，也不排斥与自己不一样的生活方式，他们明白，自己的日子过得是不是舒坦只有自己才知道。所以，外地人很容易就融入了南京的生活，而南京人在外地也那么轻而易举地就入乡随俗了。

一座城市的品格与精神就这样体现在一位伟人的身上，一位伟人毕生的追求与信念就这样流淌在一座城市的血脉里。

许多城市都有叫作“中山路”的街道，而南京的“中山路”是最长的，这条道路仿佛一具骨架，支撑起了这个城市的躯体。道路上，还散落着中山码头、逸仙桥、逸仙小学、中山南路桥、中山门等建筑，它们从不同的角度诠释着南京人的中山情结，成为南京城市脉络上生动的坐标。

南京人对植树节尤为重视，这不仅是因为热爱大自然的南京人对绿树芳草情有独钟，更是因为3月12日是孙中山先生的祭日。雪松、法桐、水杉，近一个世纪以来，这些葱翠的树木在紫金山间陪伴着先生，年复一年的生命轮回中，明媚的绿意悄悄覆盖了古城。时至今日，人们仍然在初春时节种植下一株株鲜活的树苗，用特殊的方式表达着南京百姓对一代先驱的尊敬与怀念。

在紫金山西麓，有一座植物园，这是中国历史上第一座国立植物园，建于1929年，前身是“中山先生纪念植物园”。80多年来，中山植物园不断修缮和扩建，不仅植物种类年年增加，园中的环境也越来越幽雅。深秋时节，遍植于山间的红枫尽显生命的热情；隆冬之际，一株株腊梅萦绕着幽幽的暗香；初春伊始，杏花春雨诉说着江南的柔情；仲夏之夜，

中山陵博爱坊:“博爱”一词最早出自《孝经》“先王见教之可以化民也,是故先之以博爱”,博爱坊附近的孝经鼎也暗示了“博爱”与《孝经》的关系。这种传统文化理念在孙中山的实践中被赋予了新的内涵,即无私、平等、互爱

坐落在明孝陵梅花山上的博爱阁

满湖的荷花摇曳着动人的倩影。

从 2001 年算起,到 2010 年,差不多又过去了一旬年轮。就在这一年的 6 月,一尊全新的孙中山先生的塑像重新出现在了新街口的中心。

孙中山先生塑像的回归也是南京城市灵魂的一次回归,让今天的南京获得了精神上的一种归宿。当行色匆忙的人们走过新街口,目光在先生的塑像上短暂停留时,他们的内心总会悄然泛起一丝波澜。从这尊塑像上,人们懂得了一个伟人对于一座城市的意义,懂得了一座城市对于一个国家的意义。

· 中央商场:新街口的起点

中央商场,是新街口商业圈走向繁华的起点。

新街口是南京的一个古老地名,如今在这块不到一平方公里的地方,就集中了超过 1000 家商店和近 30 家大中型商业企业,以及 20 多万平方米的地下商业设施;各大金融机构也纷纷进军新街口,50 多家银行和证券公司的营业网点将这块弹丸之地打造成了江苏省最繁华的商业和金融中心,俨然一条南京的“华尔街”。

然而在 80 年前,新街口还只是一片旧式街区,冷清又破败。那时候南京的市中心在鼓楼，从明朝开始，鼓楼的大鼓就每天为南京城报时，古老的城市就在这鼓声中安详地度过了一年又一年。新街口默默地望着鼓楼的繁华，它不曾想过在接下来的一个世纪里，自己会成为这座城市最引人注目的焦点。

中华民国的成立对于经历了2000年封建君主专制统治的中国来说是一件翻天覆地的大事，众多仁人志士从国外返回祖国，投身于国家建设。在这期间，一批欧美留学的建筑师们也纷纷云集于首都南京，形成了近代中国第一代建筑师群体。他们的设计理念既受到欧美建筑风格的熏陶，也积淀着中国传统建筑风格的底蕴，因此设计出的作品不拘一格，体现了中西方文化的巧妙融合。这些年轻的建筑师的实践工作，就从新街口开始了。

1929年年底，在国民政府第96次国务会议上修正通过《首都大计划》，以孙科为主任的“国都设计技术委员会”逐渐对南京的城市建设进行因地制宜的改造，美国的建筑大师墨菲、古力，以及吕彦直、杨廷宝、李锦沛、童寯、刘敦桢、奚福泉等一批留学归来的中国建筑设计师都参与了首都的建设规划。不久，在这片普通的旧街区上，四条宽达40米的干道交会在这里——中山路、中正路、中山东路、汉中路形成了新街口最壮观的经纬线，新街口迅速成为南京的交通枢纽。随后，国货银行、交通银行、浙江兴业银行、福昌饭店等大楼拔地而起，呈现出一派欣欣向荣的景象。

鼓楼：南京的标志性建筑，明清时期南京的城市中心，起报时作用，浑厚的鼓声能传到城里的每一个角落

繁华的南京新街口商圈

在“国民经济建设运

南京的韵味,不仅是古典的,也是现代的

动”大潮中,一批民族工商业崭露头角,中央商场应运而生。

20 世纪 30 年代中期,国民党中央委员张静江、曾养甫等在《中央日报》刊登启事,招股集资在首都筹建大型商场,以抵制“洋货”,发展民族工商业,并将商场命名为中央商场。一年后,商场董事会成立,三层崭新的大楼顺利竣工。

1936 年 1 月 12 日上午,新街口锣鼓声、爆竹声震天动地,处处彩旗林立。中正路西侧,在欢快的乐曲和热烈的掌声中,南京第一家综合型商场开业了。那一天,门前车水马龙,场内人山人海,盛况空前。国民党元老于右任先生题写的招牌在彩旗中熠熠生辉。

这是一家由民间集资成立的商场,并不直接经营商品,而是出租场地招商经营。这是现在许多大型商场普遍采用的一种经营模式,在当时代表了最为先进的经营理念。一时间,北平、上海、浙江、福建、广东等地的各大商号纷纷前来承租,杭州张小泉剪刀、亨得利钟表、景德镇瓷器、湖南刺绣、皖南茶叶琳琅满目,各色餐馆、茶社、书店、花木店、理发店、银行、旅社也接踵而至,中央商场一度成为亚洲地区规模最大的百货商场。如此丰富的商品汇聚在一处,这在南京的历史上是前所未有的事情,具有传统商业迈向新型商业的里程碑的意义。那时候,南京市民有“不到中央心不甘,到了中央心才宽”之说,甚至上海的富商贵妇也乘坐“蓝钢快车”专门到南京挑选商品。在中央商场的带动下,大华大戏院、新都大戏院等现代化的剧院如雨后春笋出现在新街口,点亮了新街口近一个世纪的繁荣之光。

1937 年 12 月,南京沦陷,大小商店都遭到日军洗劫,中央商场也未能幸免。商场的门窗、柜台等设施被破坏,商品洗劫一空。为掩盖抢劫的罪行,满载而归的日寇放火烧毁了商场的二楼和三楼。此后,日军占领了新街口的中心位置,大华、新都先后成为日军的俱乐部,中央商场一楼营业大厅甚至沦为日寇的军用养马场。抗日战争胜利后,中央商场重新营业,由于国民政府经济金融政策的调控失败,国统区物价飞涨,市场混乱,商品被疯狂抢购,昔日的大商场顿时货源不足,一片萧条。

1949 年 4 月,解放军攻克南京后的第三天,中央商场就率先恢复营业,从此揭开了南京商业发展新的一页。在那个百废待举的年代,中央商场成了国内商业企业的领军者,与西安民生百货大楼、哈尔滨第一百货商店、天津百货大楼、北京百货大楼、武汉商场、广州南方大厦百货商店、长沙中山路百货大楼、重庆百货大楼、上海第一百货商店并称“全国十大百货商店”。

70 多年过去了，历经风雨的中央商场依然在新街口商圈扮演着举足轻重的角色，它以不老的身姿跻身于一家家综合性大型连锁商场之中，仿佛年轻的弄潮儿，那么英姿勃发。

商场内，几排老式观光电梯在浮光掠影中上下穿梭，电梯门开启的刹那，恍惚了时光的轨迹，仿佛重又回到了大半个世纪前的年代——翩跹的旗袍，锃亮的手杖，还有回荡在耳边的百老汇的歌声……

· 金陵饭店：仰视与俯视之间

30 年前，一幢俊朗挺拔的建筑横空出现在人们的视野之中，将南京的天际线托向了前所未有的高度。110.4 米，这在当时的中国内地是一个鹤立鸡群的高度，这幢大楼被誉为“中国第一楼”，成为国内超高层建筑的一座里程碑。

金陵饭店——时至今日，在南京人的心目中，它依然是一个传奇。

刚开始施工时，21 天建造一层楼，到后来 5 天就能建造一层楼，金陵饭店在建造速度上也开创了一个纪录。大楼的设计单位香港巴马丹拿国际公司在对大楼进行质量检测时惊讶地发现，各项指标都达到了国际先进水平，楼体最大偏差不超过 3.1 毫米，已经超过了英国的皇家标准。

1983 年 10 月 3 日，金陵饭店开业，无数市民见证了这个奇迹的诞生。当时对于这幢建筑的称呼，并没有太多人叫它“金陵饭店”，人们更愿意把它叫作“37 层大楼”。

对于刚刚打开国门的中国来说，37 层楼的数目毫无悬念位居国内第一；除此之外，金陵饭店还是国内第一座可以停直升飞机的高楼、第一座有旋转餐厅的高楼、第一座带 12 层车库的高楼、第一家利用外资兴建而没有外国人经营管理的酒店……太多的第一聚焦在金陵饭店身上，让这座建筑在不经意间创造了属于那个时代的历史。

20 世纪中叶以来，南京最高的建筑是 1975 年建造的丁山宾馆，只有 8 层，8 年后，金陵饭店给了这座古城一个高不可攀的仰视的角度。

仰视，是一个方向。

人们聚集在大楼下，以崇敬的目光仰望这座白色的建筑，这种淡雅的颜色在人们的心中是那么神圣。30 年后的今天，在一篇回忆金陵饭店历史的通讯报道中，作者这样写道：“金陵饭店建成后，与其说是饭店，不如说是景点。当时每天都有围观者聚集在栅栏外，凝

新旧两座金陵饭店大楼比肩而立,浓缩了一段城市建设的历史

傍晚,南京城将倦怠的身影投射在波光粼粼的玄武湖上

视着这座矗立于市中心的白色巨柱。”

据说,那时候金陵饭店门外的照相馆的生意也很红火,到南京观光的游客谁不愿意跟这幢大楼留个影呢?就算是南京本地人,能在金陵饭店前拍一张照片,那也是一件非常值得自豪的事情了。

其实何止南京,整个中国都在仰视它,它甚至吸引了无数来自海外的仰视的目光。

1980年前后,金陵饭店从规划、开建,到竣工、开业,每个细节都被海外媒体津津乐道。新加坡媒体评价说:“这个省幸运的是有一家由中国人管理并达到了国际管理水平的国营饭店——金陵饭店。”香港《文汇报》拟出了“办成了中国一流饭店”的大标题,日本的《东京新闻》、英国的《卫报》也对金陵饭店作出了好评。

旋转餐厅在高空缓缓转动,到37层大楼顶层的旋转餐厅喝一杯咖啡是当时的人们一个奢侈的梦想。当然,人们更愿意花3块钱买一张观光票,在旋转餐厅眺望南京城全貌,他们兴致勃勃地在高空寻找自己的家和自己的工作单位——绝大多数80年代的南京人是不舍得在这里点一杯饮料的。

风景在旋转,悄悄地,一切都在改变。

金陵饭店在南京的至高地位保持了15年——1998年,216米的金鹰国际大厦打破了曾经的高度;此后短短几年内,南京国际金融中心、商茂世纪广场、新世纪广场、新百商场主楼、德基广场主楼等摩天大厦接踵而出,在新街口上空250米以上的高度展开了角逐;

随后，南京国际广场又创造出了346米的全新高度。2008年9月，位于鼓楼的紫峰大厦封顶，这座比紫金山还高一米的世界第七摩天楼以450米的身姿为南京的天际线画上了一个暂时的休止符。

短短15个年头，南京的高度翻了两番。曾经俯瞰南京城的金陵饭店，如今已被林立的高楼大厦遮挡，不再那么引人注目了。

紫峰大厦：2008年9月，位于鼓楼的紫峰大厦封顶，这座比紫金山还高一米的摩天楼以450米的身姿为南京的天际线画上了一个暂时的休止符

不过，金陵饭店仍然是南京人心中的城市地标，也仍然是当代南京最经典的建筑。

今天，金陵饭店再次“拔高”了自己的身姿，位于老楼北侧的一幢新金陵饭店大楼破土动工。新大楼仍然由香港巴马丹拿国际公司设计，主楼57层，高238米，与南边的“老前辈”比肩而立，两幢楼风格统一，同时在细节上表达出新老之间的跨度，实现了两个时空的交融。

新旧两座金陵饭店大楼，浓缩了一段历史的进程。

在仰视与俯视之间，城市在悄悄成长，在一幢幢拔地而起的摩天楼上，人们看到了一个生机勃勃的千年古城。

金陵民俗　却把新桃换旧符

· 南京云锦：云中谁寄锦书来

一座用五彩祥云织就的江南古城，一段如锦绣般灿烂的辉煌历史，缤纷的云翳缥缈着天宫衣袂飘飘的华美，沧桑的手指诉说着人间别具匠心的传奇。南京云锦，云如锦，锦如云，织就了一朵瑰丽的千古奇葩。

清雍正六年(1728年)，一纸锦织的诏书从北京紫禁城发出，沿着大运河千里迢迢来到南京江宁织造府上。江宁织造曹頫匍匐在地上，战战兢兢地听着宦官念道：“曹頫行为不端，织造款项亏空甚多……”曹頫知道，整个曹氏家族的命运将从此迈向一个深渊。他摘下顶戴花翎，回头望了一眼雕栏画栋的织造府，那些华丽缤纷的祥云多像府库中的云锦啊，曹家的命运因为云锦走向了富贵的巅峰，却也如这锦织的缎子一样，不可避免地黯淡和破败了。

曹府随即被查抄，曹家迁居北京。这突如其来的变故成了一个5岁男童心上永难磨灭的烙印，这个年幼的男童，名叫曹雪芹。

一部《红楼梦》，到处可见云锦的影子——“镂金百蝶穿花大红云缎窄肩袄”“二色金百蝶穿花大红箭袖”“玫瑰紫二色金银鼠比肩褂”“水红妆缎狐嵌褶子”“大红金线蟒引枕”“秋香色金钱蟒大条褥”“锁子锦引枕”“金线闪大坐褥”……这些云锦织就的华丽衣物都是曹家曾经锦衣玉食的生活和显赫家世的写照。

《红楼梦》里有一段晴雯为宝玉补裘的故事。贾母送给宝玉一件珍贵的孔雀羽披衣，宝玉刚穿上不久就被手炉中迸出的炭火烧了一个洞。宝玉非常心疼，到处寻觅能工巧匠织补，然而这披衣不是寻常之物，是用孔雀羽毛上的翠绒捻成线织成，街市上的“织补匠，能干裁缝、绣匠并做女工的，问了都不认得这是什么，都不敢揽”。心灵手巧的晴雯得知后，拿来了家中的孔雀金线，细心地将披衣补好，一段情缘也就这样密密地织在云锦里了。

其实，孔雀羽衣并非曹雪芹的虚构，而是南京云锦的一种极其考究的工艺。云锦从元朝开始就被用于皇家服饰，用料非常精细，丝毫不惜工本。金线、银线、铜线、绢丝等都是织造云锦的常见材料，而妆金、妆彩、妆孔雀羽则是皇家云锦绣品所用的“三妆”技法，即在薄如蝉翼的纱上用金线、五彩丝和孔雀羽线织出云纹或龙形，让绣品上的图案看上去更加富丽堂皇，并呈现出浮雕镶嵌式的立体效果。

绚丽的云锦是古老的东方帝国雍容华贵的点缀，那些精益求精的技法、纷繁复杂的工艺、别具匠心的原料，曾是这个封建古国雄厚国力的象征。200多年前的康乾盛世，秦淮两岸各色染坊鳞次栉比，机杼林立，一匹匹彩云随风飘舞，霞光漫天，大半个南京城都沉浸在五光十色的锦绣祥云之中。郑板桥在《长干里》一诗中写道：“缫丝织绣家家事，金凤银龙贡天子。”南京云锦，用无与伦比的辉煌绚丽满足着一代代帝王君临天下的虚荣与欲望，粉饰着并不长久的盛世华章。

在安享了康乾盛世的繁荣后，随着清王朝国力的衰弱，云锦的命运也一步步走向了没落。光绪皇帝面对内忧外患、国库空虚，下诏说：“现物力艰难，自应力除冗滥，用资整顿，着将江宁织造裁撤，以节虚糜。”至此，历经元、明、清三代，延续了620余年的江宁官办织造事务宣告结束。瑰丽的云锦黯淡了昔日倾城的容貌，然而那一抹灿烂的霞光仍然闪耀在天边，若隐若现，如梦如幻，让世人在平淡的岁月里怀想那段传奇般的前世今生。

今天的南京仙鹤桥附近，流传着这样一个传说：有一个穷苦老艺人每天披星戴月给财主织锦还债，贪婪的财主却利息滚利息，这债怎么也还不清。财主要过生日，命令老艺人连夜织出一幅“松龄鹤寿”挂锦为他祝寿。就在老艺人累得奄奄一息的时候，屋内突然彩云翩跹，两个美丽的姑娘坐在机杼旁飞快地织出了熠熠生辉的绣锦。一匹匹绣锦像潮水一样堆满了屋子，异彩纷呈的景象让周围的百姓惊叹不已。财主听说了这台神奇的织机，带着家丁来抢。忽然，绣锦上的仙鹤活了，啄瞎了财主贪婪的眼睛，色厉内荏的家丁落荒而逃。百姓们说：“这是云锦娘娘下凡来帮助穷人啊！”从此，老艺人家附近的这座桥就叫作了仙鹤桥，而南京也诞生了一种名叫云锦的美丽绣品。

美丽的云锦，寄托着江南百姓对锦绣生活的纯真祈愿，人们相信，这华美的绣锦只应天上才有，人间哪得几回见呢？

南京云锦的历史，距今已有1580余年了，一根根细若游丝、璀璨如星的生命穿越了十几个世纪的时光，今天，依然灿烂着。

南京江宁织造博物馆：由吴良镛院士担纲设计，取中国山水画深远、高远、平远之意境，结合江南园林造园手法，将现代建筑和传统园林艺术巧妙结合

云锦的生产与南京丝织业的发展密切相关。东晋义熙十三年（417 年），权臣刘裕北伐中原，将长安的织锦工匠带到了建康（今南京），并在秦淮河岸边设立官办锦署，专门管理织锦事务。这些织锦工匠继承了两汉、魏晋以及北朝十六国的少数民族织锦技艺，他们将各种特殊技法结合在一起，不断创新和改进，成为南京云锦的滥觞。元朝以后，织锦工艺日臻成熟和完善，逐渐成为皇家服饰专用品，并以丝织提花锦缎为特色，开创了云锦独树一帜的局面，南京云锦从此与成都蜀锦、苏州宋锦、广西壮锦并称“中国四大名锦”。

“江南好，机杼夺天工，孔雀妆花云锦烂，冰蚕吐凤雾绡空，新样小团龙。”这是明朝诗人吴梅村赞美云锦的诗句。云锦工艺复杂，所用的织机为斜身式大花楼提花织机，这种巨大的织机高 4 米，长近 6 米，由 1924 个机件组成，是世界上体积最庞大、结构最精妙的手工织机。在这样的机器上以“通经断维，挖花盘织”为工艺织出的妆花云锦更是我国独有的丝锦织造工艺，至今仍只能由人工完成，无法用现代化机器代替。

在大花楼提花织机上织锦，必须两个人协作才能完成，坐在织机上端的织工叫拽花工，负责提起经线，坐在织机底部的织工为提花工，负责织造纬线和妆金敷彩。“远看颜色近看花”，这是云锦艺术品鉴的准则，花团锦簇、色泽浓艳、金碧辉煌的绣锦带给了人们强烈的视觉冲击效果，而用“色晕”手法处理出的多层次色调又给了人们“远近高低各不同”的感受；在云纹设计上，艺人们巧妙地创造出四合云、如意云、七巧云等动人造型，更是让人叹为观止。这些色彩、云纹用金线绞边，灿烂如迢迢银河边织女织出的“天衣”。民国时期的工艺美术大师陈之佛先生评价说：“（云锦）虽然采用强烈的色彩，由于利用对比的调和，不但不至于过于强烈刺激，反而感觉鲜明、愉快和庄重。”

江宁织造博物馆内展出的江南地区纺织品

云锦的技法令人惊叹，而最能体现云锦绝妙工艺的，则是帝王龙袍的制作。

这是一项浩大繁杂的工程，通常制作一件龙袍需要一年左右的时间。制成的龙袍华丽恢宏，祥云缥缈，金龙翱翔，彰显着帝王不可一世的威仪。明朝皇帝的通天冠冕服上共有 17 条龙纹——肩部两条游龙盘绕，领部三条飞龙盘旋，袖口两条升龙在天，膝间十条行龙戏珠，神态各异，五彩缤纷。这些龙纹的制作须天衣无缝，尤其是龙的眼睛，必须目视前方，炯炯有神，十多万根耳子线交织在一起，不能有丝毫的差错。就这样，南京的织锦工匠们依靠手传口授，传承着来自民间的血脉，创造着中国民间工艺史上的奇迹。

江宁织造博物馆的云锦纹样地面浮雕

清朝时，南京作为东南地区的政治中心，除设有两江总督府外，还驻有江宁布政使、江南将军等高级官员，江宁织造位列其中。康熙二年(1663年)，皇帝亲自委任内务府郎中担任江宁织造，这个人叫曹玺。从此，曹家的命运就和云锦联系在了一起。曹雪芹的曾祖父、祖父、伯父和父亲先后三代人担任江宁织造长达59年之久。太平天国时期，这座江宁织造府在战火中毁于一旦，昔日的繁华胜景，只能从半部《红楼》中细细体味了。

从市井民间到皇城侯门，一匹轻薄的织锦，一跃而成为显赫身份的象征。

千年的兴衰印证了一段段锦绣故事，五彩的祥云恰如一首首恢宏壮丽的史诗。从远古到今宵，它诉说着那厚重绚丽的历史，更传唱着跨越了时空桎梏的传奇。

· 秦淮灯会：人约黄昏后

元宵佳节去秦淮河观灯，是千百年来流传于南京民间的一大盛事。

火树银花，龙腾狮舞，长街闾巷，一路张灯结彩，绚丽的彩灯照亮了古城的夜空。碧水清波，画舫明月嬉戏，平日里温柔婉约的秦淮河在元宵之夜呈现出一派明媚鲜妍的景象。月上柳梢头，人约黄昏后，总有无尽的秋波在灯火阑珊处悄悄传送。

秦淮灯会源于吴宫灯彩，发展于南朝，鼎盛于明清。

元宵节别称上元节，燃灯的风俗始于汉朝宫廷禁苑内，供帝王以及王公大臣赏玩，民间百姓是无缘欣赏到花灯明媚的景象的。1800年前，孙权在南京称帝，将中原的赏灯习俗带到了江南。那时候，位于今天四牌楼地区的东吴宫殿内，每到农历新年，彩灯绽放，焰火冲天，五色琉璃瓦闪耀着绚丽的色彩，恢宏的太初宫被华美的灯光映衬得如同仙境；瑞雪在璀璨的光芒中纷纷扬扬地飘洒，装点着祥和吉庆的节日气息。

东晋时期，秦淮河一带成了门阀士族的聚居地，燃灯习俗渐渐从深宫走向了官宦家族的院内。刘宋初年，为求风调雨顺、天下太平，灯会走出了深宫豪宅，“灯火满市井”的盛况将秦淮河点缀成了流动的珍珠。南朝时期灯会规模达五天之久，人山人海，流光溢彩，堪称全国第一盛况。陈后主在《宴光壁殿咏遥山灯》一诗中描绘道：“照耀浮辉月，飘飘落烬烟。枝多含树影，烟上带佩生。杂桂还如月，依柳更凝星。园中鹤采丽，池上凫飞惊。”梁朝简文帝也曾写过一首《列灯赋》，“斜辉交映，倒影澄鲜”的美妙景象让帝王也忍不住惊叹，萌生出无限的感慨。就在这无穷无尽的光影变幻中，不论是王侯士族，还是布衣百姓，凡尘间的忧愁与烦恼都化作了一阵清风，狂欢的人们沉醉在了灯火组成的幻境里。

那时候的秦淮两岸还飘荡着超然脱俗的魏晋遗风，人们生活在柴米油盐之中，灵魂所关注的却是竹林深处的鸟鸣和高山之巅的云烟。南朝诗集《玉台新咏》收录了王筠描写元宵灯会的诗:“百华耀九枝,鸣鹤映水池。朱光本内照,丹花复外垂。”精美绝伦的彩灯为俗世生活构建了一个虚幻的世界,让沉重的双脚变得轻快,仿佛瞬间步入了另一个时空之中。

秦淮河上的花灯

隋朝以后,金陵被帝王所冷落,昔日耀彻云霄的焰火寂灭了近900年。尽管隋文帝要让南京这个城市从帝国版图上消失,但是古城的文明却坚强地生存了下来。钟灵毓秀的江南百姓将元宵燃灯赏灯的风俗薪火相传,每年春节,秦淮沿岸的百姓们总会自发地扎起灯笼悬挂在空中,来自民间的美好祝愿伴随着秦淮河的水绵绵不绝地流淌。

当恢宏的大明王朝在南京定都,秦淮河重新变得光彩熠熠,摇曳多姿。

南京人对元宵灯会有着难以割舍的情结

明太祖朱元璋沿袭了南朝正月放灯的年俗传统,将秦淮灯会列为每年的重大节日。为了招揽天下富商到南京经营,朱元璋特意下旨,将元宵节灯会时间延长至十天,他要用耀彻夜空的明灯谱写一曲盛世华章。洪武五年(1372年)元宵节,朱元璋别出心裁地下令在秦淮河里燃放万盏河灯,一时间,十里秦淮波光潋滟,仿佛银河从天而降,带着满天繁星照耀着千年古城,柔美的光辉宣告了一个盛世的来临,也抚慰着古城昔日的寂然。这个放牛娃出身的布衣皇帝对来自民间的习俗似乎更感兴趣,将猜谜与观灯结合了起来,创造了灯谜,秦淮灯会的内容与形式更加丰富多彩了。

永乐年间,明成祖朱棣集能工巧匠筹办灯会,将数千盏花灯叠摞起来,仿佛一座金碧辉煌的小山，叫作“鳌山万岁灯”。这座“灯山”在明故宫午门外燃放了10天之久，都城百姓争相观看，盛况空前。秦淮河畔也年年张灯结彩、歌舞升平，让无数文人名士缱绻流连。明朝初年，“吴中四杰”之一的高启在《正月十六日夜至京师观灯》一诗中写道：“天街争唱落梅歌，绛阙珠灯万树罗。莫笑游人来较晚，春风还似昨宵多。”此时的南京已是世界上屈指可数的大都市，一时间，秦淮灯火甲天下的美誉名传神州大地。

桨声灯影中的秦淮河

秦淮灯会渐渐成为南京特有的民俗，不只在元宵佳节，就是平日，秦淮水畔也常常灯火绵绵——水映着天，天映着星，星映着灯，好一幅江南水乡的绝美画廊，处处浸透着温婉如玉的清澈凉爽。

曼妙的灯火照彻秦淮曼妙，朦胧的月色隐显杨柳依依。80多年前的夜晚，两个青衫白袖的文人泛舟秦淮河上，看凉风汩开绵密的波纹，听笑语传递落花的幽香。他们是朱自清和俞伯平。阑珊灯火中，二人相约，各写一篇《桨声灯影中的秦淮河》。

朱自清写道：“灯与月竟能并存着，交融着，使月成了缠绵的月，灯射着渺渺的灵辉；这正是天之所以厚秦淮河，也正是天之所以厚我们了。”

俞伯平亦写道：“灯光所以映她的秾姿，月华所以洗她的秀骨，以蓬勃的心焰跳舞她的盛年，以涩的眼波供养她的迟暮。必如此，才会有圆足的醉，圆足的恋，圆足的颓弛，成熟了我们的心田。”

那个流光溢彩的夜晚，那条脉脉含情的秦淮河，成就了文坛的一段佳话。

元宵灯会是南京百姓生活中不可或缺的盛宴，它流淌在秦淮文明的记忆里，流淌了何止千年……

· 天落雨花：聆听一块石头的心跳

雨花石，这三个字有一种质朴而空灵的美，呈现出澄澈清凉的质感，馨香如花，温润如玉,剔透如心。仰望青天渺远,细雨依稀,一滴滴滋润了大地,也孕育出了这千古奇石。握于手心,静静聆听,听得到石的心跳与呼吸,听得到天地广袤处神来之笔的幻化。

无端地相信,雨花石是雨与花凝固在石头上的因缘,亦是南京起伏命运的历练。

传说1400年前的南朝梁代,高僧云光在石子岗设坛讲经,微言大义,探本溯源,一时震撼天地。在一派祥和的气氛中,天空降下了一场五彩的雨,珠帘玉带悬挂在天地之间,美不胜收;雨落地后幻化成了五彩缤纷的奇石,如玛瑙一般湿润璀璨。后人便将讲经处称为雨花台,这天降的奇石也从此成了上天馈赠给人间的珍品。

一个美丽的佛教传说,让这美丽的石子,也让古城南京萦绕着佛性的宁静。

万般生命皆出自平凡,想要挣脱出平庸的桎梏,唯有耐得住寂寞,忍得住煎熬,在黑暗与孤寂的时光长河中坚守着心中信仰。

岁月的流逝是那样迅速,却又如此漫长——200万年,在那些无可比拟的混沌的黑暗之中,你听不到斧击锤凿之声,但生命正将自己的血脉浸透在顽石里。炙热的熔岩在大地深处沸腾,坚硬的身躯在焚烧中变得绵软而坚韧,那些不朽的灵魂倔强地生长着,跋涉出一幅幅生命的图腾。

终于,渐渐冷却,热量散尽,寒冷袭来。粗粝的石块与岩层分离开来,它们默默地等待,守望着地老天荒的传说。生命有时候总是这样残酷,美丽的光华需要自己去磨砺——在肉体上凿刻出绝美的纹样,需要的不仅仅是勇气,还有梦想。水悄然而至,一点点渗透到岩层中。晶莹的水滴滋润着石块斑驳沧桑的面容,日复一日的抚摩慰藉了石头荒凉的心,当它看到那一缕久违的阳光时,它忽然发现,温柔的水已在它的身上化作了世间最美的花。

世人惊叹雨花石的美丽,人们说这美丽是天地的造化,是自然的恩赐;人们不知道,这美丽更是生命在千锤百炼之后凝结而成的舍利。

也许是心怀着这样一份敬重,六合地区的远古居民北阴阳营人在6000年前就对雨花石钟爱有加。他们将奇石珍藏,不打磨,不雕琢,不制作成工具,悉心保留着石头最初的模样。浑然天成的艺术让江南的先民们为之倾倒,一双双懵懂的眼眸里闪耀着对自然伟力的敬仰。

如今,柔软的手指抚过优美的纹样,微凉的温度传递着远古的心声。在那些图案上,有江天一色的苍茫,有霜染秋枫的热烈,有夏夜的繁星,有林间的鸟鸣,有故土的乡音……当凡尘中的喧嚣一天天拥堵了人们的心灵,雨花石却以其独特的视角为人们开启了遐想的门窗,每一道纹样都与深藏在心中的某个故事不谋而合,于是——欣喜,感动,流连,仿佛经历了一场前世分离后的今生的重逢。

从灰头土脸的砂石到光洁明媚的珠玉,雨花石将漫长的磨炼过程铭刻在了躯体上。

雨花台梅岗，自古就是南京著名的赏梅胜地

南京百姓对雨花石的喜爱超过了其他可以衡量价值的财富，他们深深爱着雨花石化腐朽为神奇的力量。那种执着与渴望，如此蓬勃地在一块顽石上生长，让人们在观赏奇石的时候品味着点点人生的真谛。

命运总有太多的起伏与波澜，即使此刻如日中天，彼时也可能一落千丈。身居深渊之中，如何怀抱一份永不泯灭的希望呢？回首南京的历史，不能不感叹这是一座创造了人类的辉煌文明却又多灾多难的古城，它有过最为耀眼显赫的荣光，它有过全世界难以超越的文化奇迹，它也经历了一次又一次让人不忍回忆的伤痛。很多人说，南京是一座忧伤的城市，因为它的身上有太多的伤疤；可是，当雨花石将绝美的纹样呈现在世人面前时，人们终于明白，南京并不忧伤，它只是有着诗人一般的忧郁和善感，而它的内心深处，洋溢着的依然是无限的乐观与希望。

荣耀也好，伤痛也罢，无须太多的矜持，只洒脱地将一切过往化作历史烟云中的化石。

天落雨花，是上苍赐给南京的福祉，是南京的灵魂在天地间的结晶。

· 溧水追思："吴头楚尾"话端午

南京自古有"吴头楚尾"之称，因其恰位于春秋时期的吴国与楚国的交界处，于是兼具了吴风和楚韵，在历史的册页上筑就了一座独特的金陵城。江南吴地自古灵动勇武，荆楚之国则处处萦绕着浪漫和神秘的气息，吴楚皆是长江流域的诸侯国，“君在长江头，我在长江尾”，可谓一衣带水，然而它们偏偏是宿敌，于是“吴头楚尾”的背景里便少不了一些金戈铁马的呼啸之声了。

这一段故事就发生在吴楚交界的地方，与之有关的是一个名为“端午”的节日。

在今天的南京主城以南约60公里处，有一个名叫溧水的地方，如今是南京的一个区，而在2000多年前的春秋时期，这里只有一条河，河的名字就叫溧水，溧水的支流往北流淌，就流成了日后大名鼎鼎的秦淮河。

春秋时期的溧水没有想过千年之后起伏无常的命运，它只是在日复一日的平静中等来了一个命途多舛的人。

他叫伍员，后人习惯叫他伍子胥。

当伍子胥如惊弓之鸟，一路躲躲藏藏终于逃到楚国边境时，他的形象在溧水河畔的浣纱女的眼中是落魄和潦倒的——浣纱的姑娘不知道这个男人曾在昭关一夜之间白了头，她只是从他枯槁的神情和握着长剑的手指上看出了这个男人尊贵的气质。姑娘没有多言，继续低头浣纱，在那个纷争的年代，王侯将相如走马灯般登台和谢幕，姑娘看多了，溧水也看多了，眼前的这个人亦不过是众多落难公子中的一个吧。

饥肠辘辘的伍子胥已顾不上贵族的尊严，低声向浣纱女讨一口饭吃。填饱肚子后，伍子胥叮嘱浣纱女：“若有人问起，千万不要说你见过我。”姑娘答应了。或许是经历了遭人陷害和一路逃亡之苦，伍子胥变得多疑起来，离开不久又折回到水边，再次叮嘱姑娘不要泄露他的行踪。性情刚烈的姑娘说：“我既然已答应你，就一定会守住承诺。既然先生不信任我，我只能以死作为回答，只有我死去你才会放心。”说罢，姑娘自沉溧水。

后来，伍子胥投靠吴国后，率兵大败楚国，报了家仇。据说他率军返回吴国途经溧水时，为当年的浣纱女痛哭了一场，在水中撒下金瓜子作为祭奠。

纵观伍子胥的一生，总在经历生与死的考验，仇恨贯穿了他的命运。对于人来说，生与死永远是最为宏大的课题，人生的过程中所产生的道德感，也是通过生与死得以体现的。生的时候，人们渴望认真地安排好死亡，死的时候，人们希望圆满地回顾一生。活着的伍子胥，还没来得及安排自己的死，便先后遭遇了家破人亡和头悬吴都的悲剧，倒是死了以后的伍子胥被百姓奉为潮神，管辖钱塘江，算是给这一生交了一份答卷。

在江南一带，老百姓在过端午节时会把伍子胥作为祭祀的对象，而溧阳、溧水一带的人们在说起伍子胥时总不会忘记那个投水而死的浣纱女。溧水无想山下的村子里，许多老人会在端午节的时候蒸青团，松软黏糯的团子散发出淡淡的香味，和粽子有许多相似，据说这个习俗就与纪念伍子胥有关。

可当我听说了浣纱女自沉溧水的故事后，我更愿意相信，江南百姓心里所挂念的并非伍子胥，而是这个无名无姓的刚烈的女子。在这个姑娘身上，体现出一种春秋时期的贵族精神，那是对于承诺的敬重，是以死来证明自己品格的从容。相比而言，多疑的伍子胥是渺小的，他的人格在浣纱女的对照下显得孱弱而卑微。贵族出身的他竟不如一个贫家女子恪守生死大义，也许当历史的车轮驶向春秋晚期，贵族的精神也一点点涣散了吧。

中国人的节日，庆祝往往是次要的，节日所要表达的更多的是一种精神层面的教诲。人们需要这样一个日子，能够以它的传说或者内涵展示昨天的记忆，激活今天的理想，祈祷明天的幸福。所以端午的主角终究成了楚国的屈原，名垂江南的伍子胥演了一场有些尴尬的龙套。命运就是这么奇怪，在政治上吴楚是宿敌，在文化上，吴楚也撞到了一起。只是，政治上的输赢取决于兵强马壮，文化上的胜负则是公道自在人心了。

传说伍子胥死后被抛尸于钱塘江中，钱塘江潮由此而生，涌潮时，可以看见伍子胥白马素车奔驰于潮头之上。伍子胥最终被他因权力纠葛而家破人亡，因争霸角逐而尸首异处，到头来，依旧是“体制内”的神，权力成了他生生世世摆脱不了的宿命。反观屈原，死后再无什么头衔，当他在酩酊大醉中沉于汨罗江时，他早已看清了浮华背后的混浊，他以一个浪漫诗人的身份了无牵挂地去往了芳草美人的世界。

关于端午节的由来，南京溧水一带的百姓有着自己的解读方式。在他们口耳相传的故事里，端午节的主角不是屈原，而是伍子胥。溧水人用浣纱女和伍子胥的传说诠释出了人性深处的美好与无奈

我突然替伍子胥悲哀起来，无端地觉得他是那么孤独。一个攫取住权势、地位和虚名的人，其实他失去的东西更多。钱塘、汨罗、溧水，它们都被长江连在一起，如果有一天，伍大夫、屈诗人、浣纱女在长江“吴头楚尾“处相遇，诗人和女子或许会相爱吧，他们会对伍子胥行个礼，道一声“别来无恙”，而后怕是难有知心话可说了。

民间的传说，从来不立文字，就像说书人的心情，略过无数阡陌，吹遍江河高山，悠游缱绻，一过就是千年。

这样的端午，在溧水畔，你会追思谁——屈原的诗，伍员的剑，还是那个浣纱姑娘清丽淡然的背影？

百姓速写　犹为离人照落花

· 金陵性情：南京人的“烟水气”

该怎么评价南京人呢？总觉得南京人似乎缺少什么特点，他们没有北京人的豪气、没有杭州人的秀气、没有苏州人的文气、没有上海人的傲气、没有广州人的阔气、没有武汉人的痞气，也没有东北人的爽气、湖南人的匪气、陕西人的老气、山东人的义气、四川人的贵气，以及没有西北人的霸道气、山西人的谨慎气、重庆人的江湖气、天津人的圆滑气，但是南京人又似乎跟什么“气”都沾了一点边，这些“气”凑在一起，在南京人身上形成了一种独特的气——烟水气。

南京人的“烟水气”是有出处的，《儒林外史》写到才子杜慎卿与友人游雨花台，日渐西斜时，看见两个挑夫担着粪桶在山上休息。其中一人拍着另一人的肩膀说道：“兄弟，今日的货已经卖完，我和你到永宁泉吃一壶茶，回来再到雨花台看落照。”这一幕悠闲自得的场景让杜慎卿感慨道：“真乃菜佣酒保，都有六朝烟水气，一点也不差。”

烟水气是什么气？就像刚刚睡醒的样子，用一组词来概括，是懒散、淡泊、随遇而安、知足常乐、安于现状、不在乎、不讲究、不计较、不滑头。这些特质结合起来，让南京人获得了一个响当当的外号——“大萝卜”。“大萝卜”的南京人憨厚、朴实、不讲究外表，他们想到一出是一出，说干就干，不想干了就收，你说他无厘头，他觉得你想得太多。所以外人眼中的南京人，总有一些二五兮兮，摸不着头脑，难怪南京连区号都是025。当然，这是说笑了。

"烟水气"也许是最能概括出南京人性格的词,说到底其实是传承了六朝的魏晋遗风

南京人的"烟水气"说到底是传承了六朝的魏晋遗风。

在积极进取者眼中,魏晋遗风是萎靡不振、苟且偷生、偏安一隅,只剩下半壁江山了,还有心情把酒啸歌、焚香诵经、吟诗作画、对弈抚琴。其实,魏晋遗风是存在于乱世中的宁静、正统中的怪诞、克己中的放纵、礼乐中的异类、痛苦中的自娱、失落中的慰藉、正襟危坐中的一点嬉皮士式的小情调。

不要小看了这一点小情调,几乎从1600年前司马睿五马渡江开始,南京就被塑造成了实实在在的文人坯子,你看他一副事不关己高高挂起的样子,其实骨子里的清高和狂傲是任何一个地方的人都不能比的。

清高、疏狂,宽容、谦让。这两组词语看似矛盾,但是在南京人身上却是统一的。这四个词融合在一起,就成了一个词——隐忍。

隐忍,这才是"烟水气"的核心,也是能够概括南京人以及南京这座城的最恰当的词。

隐忍不是城府世故,不是韬光养晦,隐忍是一种对俗世的突破,对世事变迁和起落沉浮的更高层次的感悟。柴米油盐为"隐",坦然面对为"忍",大隐隐于市,大忍忍于忘。

庄子说:"相濡以沫,不如相忘于江湖。"

林徽因说:"真正的平静,不是避开车马喧嚣,而是在心中修篱种菊。"

明代文人洪应明在《菜根谭》中收录了这样一副对联:"宠辱不惊,闲看庭前花开花落;去留无意,漫随天外云卷云舒。"宁静致远的境界跃然于纸上,让凡尘中的人们读来心气顺畅,豁然开朗。能够达到这样境界的人,离"圣人"的标准也不远了,只可惜世人多为俗人,能够在为琐事困扰时用这副对联开导一下自己已是豁达之举,至于真要做到这种超凡脱俗的境界则是太不容易了。然而,南京人的骨子里倒有几分这样的豁达淡泊之情,似乎是与生俱来的,这种洒脱常常让外地人羡慕——"多大事啊!"南京人总会这么说。

出门在外,每每遇到纠纷时,劝架的南京人常爱说一句"哎哟,多大事啊!"往往此话一出,本来争得面红耳赤的双方就会相视一笑:是啊,多大事啊!在南京人眼中,生活就是平平常常的,什么惊心动魄都是过眼云烟。

也许，只有经历了高空与低谷之间的频繁的起落，才会明白生命中的起伏其实就和河水中的涟漪一般平缓。

南京的百姓正是从他们的历史中练就了这种特殊的气韵。

两千年来，南京创造了令人惊叹的辉煌，不论是政治还是文化，南京都有过独领风骚的年华。当紫金山上的祥云普照长江两岸时，人们以景仰的目光瞻仰这座象征福祉的大地，不可一世的帝王们也将宝座放置在了南京，他们希望这座城市能够永远庇佑着自己的皇权。

虎踞龙盘的威名仿佛一个一厢情愿的希冀，一代代王朝在这里兴起，也在短暂的辉煌后湮没在了历史的尘埃里。丰荣的背后，是刀光剑影的哀伤，在滚滚的江水中，在斑驳的古城头，总流传着太多悲戚的传说。

当绮丽的六朝宫殿在隋文帝杨坚的烈火中化为灰烬，恢宏壮美的六朝文化灰飞烟灭，江南最繁华的都市在一夜之间回到了农耕渔猎的荒蛮社会。这是南京百姓目睹的一次浩劫，浓烟散尽，他们在残垣断壁间寻找到一株幸存的桧柏，人们小心呵护着这棵生命，今天，这棵 1500 多岁的古树仍然传递着有关魏晋遗风的往事。

刀剑与烈火能让一个城市变得坚强，而江南的风和水能让一个城市充满诗意，在诗意与坚强中，南京人渐渐练就了一种隐忍，在内敛之中书写生命的荡气回肠。

200 年后，南京成为了南唐的国都，挥毫写就了中国诗歌史上唯美的篇章，然而不久城破，那个孩子一样多情和天真的李煜被押往开封，从此南京再度沉沦。又过了 600 多年，大明王朝将南京重新推向了政治中心，然而一场“靖难之役”，让古城百姓生灵涂炭、血流成河。至于近代，南京更是承担了太多的国仇家恨，枪林弹雨中，一具具孱弱的身躯在战栗中倒下……80 多年后的今天，警钟依然会在那一天鸣响。

刀剑与烈火让一个城市变得坚强，而江南的风和水让一个城市充满诗意，在诗意与坚强中，南京人练就了隐忍的性格，他们学会了在内敛之中抒写生命的荡气回肠。对于这一切，南京人不怨恨，他们从来不埋怨命运的变化无常，他们知道，怨恨只会让人丧失创造的信心和勇气。南京人是自信的，一次次跌倒，就一次次站起来，拍拍身上的尘土，继续用双手绘制出让世界瞩目的辉煌。一座历经了诸多劫难的城市，却依然保持着乐观的宽厚的心态，这本身就是一种让人崇敬的品格。

所以，南京人淡然，南京人懒散，南京人懂得活在当下的乐趣。

这不是对命运的逃避，而是对有限的生命的觉悟和珍惜。

南京人的文化气息是在历练中传承下来的，对于文化，浸淫在“烟水气”中的南京人格外珍惜。不信你仔细想想，在当今经济高速发展、社会日趋浮躁的背景中，哪个城市的书店能有南京这么多？在南京，很少听过哪家书店干不下去关门了。从传统的新华书店，到

林徽因说:“真正的平静,不是避开车马喧嚣,而是在心中修篱种菊。”在南京人身上,我能看到这样的平静

面向市场的大众书局、凤凰书城,再到文艺范儿的先锋书店、古籍书店,以及遍布街头巷尾的小书屋,南京的书店从来不缺读者。甚至茶楼、酒吧、咖啡屋,没有一架子上档次的书,南京人是不屑去坐的。读书,是南京人的气韵,文化,是南京这座城浴火重生的精魂。

其实,可供南京回忆的历史太多了,南京人并不经常把过去的辉煌挂在嘴边上,他们知道,数不尽的风流人物,终究是“名士青山,美人黄土”。他们怀旧,但是怀旧的情愫是放在心里的,更多的时候,他们会好好把握当下的时光。

没有谁是靠回忆过一辈子的,过往的历史仿佛大树的年轮,既定的已无法改变,任由你怎么诉说,年轮依旧一圈圈生长着。这个道理,南京人无师自通。

所以,你看看今天的南京人,他们的脸上很少一筹莫展,他们知道,不管是荣耀还是伤痛终究是会过去的。昨天是今天的过去,今天是明天的过去,再美的风景,也不可能永远停在这里,一程山水尽时,另一程景致就在脚下。

· 绰号拾趣:“大萝卜”的魅力

南京人有一个响当当的外号——“大萝卜”,对于这个不怎么雅观的称谓,南京人似乎并不在乎,“大萝卜就大萝卜呗,多大的事啊……”南京人这样说。

大萝卜是什么意思?憨厚、朴实、不讲究外表,还略微有一点愚钝。

明朝的顾起元在《客座赘语》中说:“南都(南京)风尚,最为醇厚。”这里的老百姓自古就习惯踏踏实实地生活，不浮华，实惠是最重要的。

据说早些时候，南京姑娘在夏天经常吃大白萝卜解渴，于是便成了南京人“大萝卜”这个特殊称谓的起源。想象当年繁华的街头，年轻漂亮的姑娘们旁若无人地啃着大萝卜，该会吸引外地人多少惊愕的眼光。在外人看来，江南的女孩子应该是矜持和优雅的，就算是吃水果也是兰花指尖拈樱桃一枚，怎么能肆无忌惮地啃大萝卜呢？好在南京姑娘们并不在乎，大白萝卜最解渴嘛，有什么好做作的呢？

如今南京大街上已经看不到啃大萝卜的年轻姑娘了，但是南京人实实在在过日子的方式依旧年复一年地传承着。

在秋日的阳光下休憩，不失为一种惬意的生活方式

南京人的小日子其实是很悠闲的

其实，南京人爱吃萝卜的说法古已有之，清代的袁枚在《随园食单》里就赞颂过承恩寺（今中华门外大报恩寺旧址）附近的醋泡萝卜干，夸其“甜脆可爱”。清末的龚乃保在《冶城蔬谱》中也写道：“萝卜，吾乡产者，皮色鲜红。冬初，硕大坚实，一颗重七八两，质粉而味甜，远胜薯蓣。”这种在别的地方不登大雅之堂的食物到了南京立刻成了文人笔下的可爱之物，倒也看出了萝卜与南京这座城市的缘分。

叶兆言在文章《六朝人物与南京大萝卜》里写：“南京大萝卜从某种意义上来说，是六朝人物精神在民间的残留，也就是所谓‘菜佣酒保，都有六朝烟水气’。自由散漫，做事不紧不慢，这点悠闲，是老祖宗留下来的。”所以，大萝卜在南京人眼中就有了形而上的意义，没准就有了惺惺相惜之感呢。

叶兆言还说："南京的特点是宽容，南京从来就是一个宽容的城市。"南京人也就像个大萝卜，对土壤没有什么特殊的要求，随便往地里一埋，圆滚滚的萝卜就长出来了。南京是适合过日子的，南京的日子也最和普通的生活相近。很多外地人到了南京以后很容易就融入了这个城市，他们对南京最多的评价是：南京很适合生活。

作为长三角经济圈的核心城市之一，南京彰显着一种不显山不露水的低调，南京人也乐于在这种低调的氛围中本分地生活。南京位于长江边上，由于这个特殊的地理位置，南京人有些"不南不北"，北方人认为南京是南方，南方人认为南京是北方，四季分明的气候也让南京冬天冷得要死，夏天热得要命。所以南京人集南北特点于一身，恰如南京方言，南方人北方人都听得懂，这让南来北往的人们都觉得南京是个容易亲近的城市。

南京人不精明。精明是聪明加上斤斤计较，南京人聪明，但不计较。聪明的南京人创造了灿烂的六朝文化，不与人计较的南京人继承了超然脱俗的魏晋遗风，所以南京人总有一股闲适之气，仿佛天生的名士。这股气是学不来的，更是装不来的，学来的和装来的气是酸气，只有与生俱来的才是大气。

古都南京是一个充满浪漫气息和活力的城市

南京人勤劳，懂得生活。在南京，几乎听不见稀里哗啦的搓麻将的声音，也听不见噼里啪啦打扑克的声音，南京人习惯在工作的时候认认真真地工作，休息的时候健健康康地休息。他们不会做工作狂，也不会在休息的时候消耗时光。南京人爱看书，爱读报，爱去郊外享受绿色和阳光，他们崇尚的是亲近大自然的劳作。

南京人知足，不爱炫耀。南京人不在乎别人评论自己城市的经济发展是不是够迅速，也不在乎别人评论自己的生活是不是够精致，他们自顾自地伏在路边的小地摊上喝鸭血粉丝汤，他们觉得很满足。拔地而起的摩天大楼、一条条高速铁路、老祖宗留下来的文化脉搏对于他们来说已经司空见惯，懒得挂在嘴边唠叨和炫耀，他们的心胸足以包容得下这些辉煌。

这就是南京人特有的诗意，不够高雅，但足够平实。

民间有个说法：三只萝卜顶人参。萝卜的随和有目共睹，生吃熟吃、凉拌热炒、熬汤油煎，都行，也不分四时节令和男女老少，总之，虽难登大雅之堂，却显得朴实亲切。

“不登大雅之堂就不登呗，多大的事啊……”南京人说。也许，这就是南京“大萝卜”的魅力所在吧。

· 火炉之城：老城门的消暑时光

南京是老牌的火炉城市了，与武汉、重庆并称“长江流域三大火炉”。对于在南京的外地人来说，夏天的南京就像一口大锅，小火慢工地炖着你，一点点把人“蒸”到熟。

由于地处长江流域，河湖众多，南京的空气中是不缺乏水分的，所以南京的热不像北方的热——北方的热是炙热，如同烧烤摊子，南京的热是湿热，如同泡澡堂子。这就使得汗液蒸发减慢，难以下降体温，常常汗流浃背，觉得异常闷热。

很多人说，南京的夏天比别处难熬。我倒是觉得，难熬的不是温度高，而是时间长。南京的夏季来得迅猛，去得缓慢，往往前一个星期还是梅雨纷纷，清爽宜人，夜间还透着几分凉意，第二天就突然烈日当空，温度骤然升了十几度，让人猝不及防。接下来就是连续蒸上三四个月，蒸到你焦头烂额了，秋老虎仍然兴致不减。

因为夏季漫长，避暑就显得尤为重要。现在的年轻人爱去游泳馆，或者逛商场、泡咖啡厅和茶吧，一些宅男宅女则干脆开了空调赖在家中不出门了。

城门外阳光晒得猛烈，城门里却是一片阴翳的世界

早在70多年前，张恨水就在小说《如此江山》里写到了南京的热——“这椅子却是火烤过的。再把手去摸那大理石的桌子面时，那大理石，在冬天像冰块一样，现在也是烫人的手。”那时候殷实的人家会在夏天购买冰块，放在家里降温，也有有钱

人用得起电风扇，但对于一般百姓人家来说这就太奢侈了。

傍晚的时候在老城墙下散步拉家常，这份闲适让老南京人感到心满意足

长满爬山虎的汉中门

经历过半个世纪夏天以后，上了岁数的老南京人都有一个心照不宣的去处——老城门。城门外烈日当空，寻不到半点儿风，而城门底下却是一片阴翳，凉丝丝的穿堂风吹得人浑身上下既惬意又舒坦。

每到酷暑难耐时，舍不得开空调的老人们就不约而同地搬一张小竹凳，坐在城门洞子里纳凉了。南京城门多，老人们可以"就近纳凉"，尤其是对于挨着城墙根住的人们来说，城门洞子就成了自家得天独厚的避暑胜地了。

清代的吴敬梓在《儒林外史》中把南京老城门编了个顺口溜："三山聚宝临通济，正阳朝阳定太平，神策金川近钟阜，仪凤定淮清石城。"如今，虽然明代的老城门只剩下了朝阳门（今中山门）、聚宝门（今中华门）、神策门、仪凤门、清凉门这么几座了，但是加上清朝和民国时增开的汉中门、武定门、玄武门、挹江门，以及 1949 年以后开设的解放门、集庆门、水西门，南京的城门依然多得让人眼花缭乱。新旧城门围着古城，仿佛几世同堂的一大家子，想想也觉得妙趣横生。

南京城墙砌得高，所以城墙脚下也就得到了非常慷慨的阴翳。老一辈的南京人都学过这样的童谣——"城门城门几丈高？三十六丈高。骑白马，带把刀，城门底下走一遭。"带着这样的历史文化情结，老人们很爱靠在城门里的石头旁，安静地打着盹儿，或者老哥儿几个泡一壶茶，杀两局象棋，聊聊过去的事儿。

城门洞里是一个清凉的世界。厚实的城墙隔开了阳光的辐射，穿堂风完全是自然风，

今日的明城墙，已经成了南京人假日休闲和怀古的好去处

没有如今空调风那样赤裸裸的凉，也不像电扇的风那样莽撞。老城墙上遍布绿色植物，尤其是爬山虎更是给墙体通身穿上了一件隔热的绿袍子。南京人可以很自豪地说：“夏天的南京城是绿的。”——可不是吗？你去看看汉中门、清凉门、西安门，哪一处石块上不匍匐着让人心醉的绿色呢？在钢筋水泥构成的城市中，能够欣赏到满眼的绿色，本就是一件让人心情舒适的事，心不由分说就静了，凉了。

傍晚时分是老城门最热闹的时候，老人们惬意地扇着扇子，热恋中的情侣在夕阳的余晖中散步，孩子们在父母的保护下练习溜旱冰。

老城门里，你还能看到许多别处看不到的情景。须发花白的老师傅支起了木头箱子，专心致志地捏面人儿，绿色的鹦鹉、金色的黄雀、腾云驾雾的孙悟空、偷西瓜的猪八戒就从苍老的手指间变戏法似的冒了出来。还有制作糖艺的老师傅，用金黄色的糖汁绘制出散发着香味的十二生肖，惹得蹒跚学步的孩童用好奇的眼神聚精会神地看着，大人们也不忍离开，麦芽糖的清香带着他们回到了渐渐远去的童年时代。

夏天的夜晚来得迟，太阳落山以后，天还是亮的，但是老城门里的风越发变得凉爽了。附近的街灯亮了，吃过晚饭的人们爱到城墙脚下走一会儿，听老人们讲讲南京城的传说，放松了一天忙碌工作后的身体。

夜深时，人们陆陆续续回家了，老人们说：“这里的风比别处凉，太贪凉了会冻出病来的。”他们摇着扇子，拎着小竹凳，回家睡觉了。

城墙下安静了下来，月挂天边。仿佛丰子恺的那幅画：人散后，一弯新月凉如水。

也许，南京的夏天并不难熬，有这样的老城门在，夏天的日子倒显得那么纯真、质朴和可爱呢。

箪食瓢饮　饱得自家君莫管

· 鸭宴文化:春江水暖鸭先知

南京人酷爱食鸭,朋友小聚,寻常家宴,或者傍晚时候的点心小食,都能见到餐桌上有鸭子。常常是一只盐水鸭剁成块,切一盘水煮鸭肫,再配两个素菜,炖个汤,就能凑成个宴席了;至于解饥的点心,街头巷尾随处可见的鸭血粉丝汤则是最能吊起南京人胃口的美食。在南京有这样一个说法:南京人不是在吃盐水鸭,就是在吃烤鸭,如果两样都没在吃,那就在去吃鸭血粉丝汤的路上。

中医讲究按照时令节气滋补进食,南京位于长江中下游地区,夏季偏热,是国内传统的"三大火炉城市"之一,而鸭子性凉,可以调理内火,补体液。如此看来,南京人嗜鸭也是情理之中的事了。

南京人养鸭吃鸭是有悠久历史的,春秋战国时期的《吴地记》中就有金陵百姓筑地养鸭的记载。到了明朝,江浙一带成为贡鸭的产地,也孕育了一种新的职业:赶鸭人,民间有句俗语"赶鸭子上架",我猜测没准就是从这个职业中来的。明朝南京有一首民谣:古书院,琉璃塔,玄色缎子,盐水鸭。古书院是明朝中央政府的国子监,琉璃塔是明成祖朱棣建造的大报恩寺琉璃塔,玄色缎子是给皇帝织龙袍和皇冠用的云锦,在老百姓眼里,盐水鸭是足以大大方方登上大雅之堂的。

盐水鸭中的佳品是桂花鸭,古时候吃桂花鸭的最佳时间是在中秋前后,正好是桂花香时,《白门食谱》记载:"金陵八月时期,盐水鸭最著名,人人以为肉内有桂花香也。"《红楼梦》第六十二回中写到宝玉生辰，与众姊妹行酒令，“湘云吃了酒，拣了一块鸭肉呷口，忽见碗内有半个鸭头，遂拣了出来吃脑子”，众人催他“别只管吃，到底快说了”。湘云便举着筷子说道：“这鸭头不是那丫头，头上讨那桂花油。”不愧是金陵的“十二钗”，如此对桂花鸭情有独钟。

传统的桂花鸭是用花毛麻鸭制作而成，现在也常常用瘦型鸭代替。先将腌制风干后的鸭子放在大锅中焖煮，鸭子必须完全焖在水里，待鸭子被水完全浸润时，将鸭子拎出锅，把鸭肚子里的水沥清，再重新放入锅中焖煮。如此反复数次，等到轻戳鸭腿处有清黄色液体涌出时，盐水鸭就制作完成了。至于桂花鸭独特的桂花香味则是来自于老卤，老卤是用刚刚煮过鸭子的血水配上花椒、八角、姜汁、桂皮等数十种香料熬制而成，不下一番功夫是熬不出这绝美的味道的。曾经有人用桂花鸭来比喻南京姑娘的模样——“身长玉立，不肥不瘦”，细细品味，还真有几分神似。

现在提到烤鸭，人们往往就想到了北京烤鸭，其实北京的烤鸭技术最初是从南京传过去的。据说朱元璋在南京建都后，亦喜爱吃鸭，御膳房就不断变着花样给皇帝做鸭子。一次御厨用炭火烘烤鸭子，烤出的鸭子外皮酥脆，内肉香嫩，皇帝吃了龙颜大悦，并赐名“烤鸭”。后来明成祖朱棣迁都北京，烤鸭的技术也随之流传到了北方。

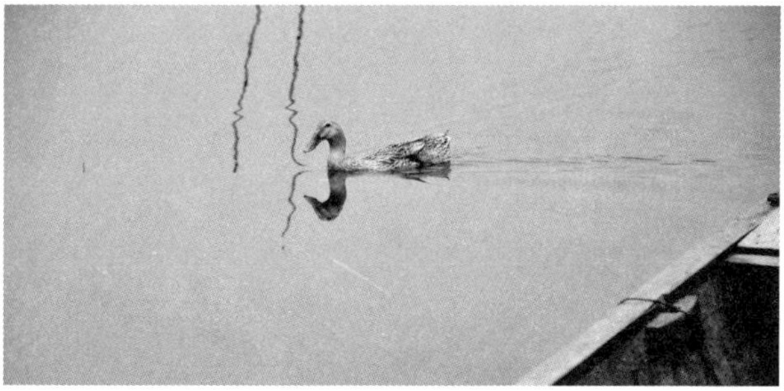

南京人养鸭吃鸭历史悠久，《白门食谱》记载：“金陵八月时期，盐水鸭最著名，人人以为肉内有桂花香也。”

北京烤鸭是叉烤，而传统的南京烤鸭则是焖炉挂烤。先将鸭子去除内脏，在开水里快速烫一下，叫作“走水”，然后将鸭子风干，上糖稀，再风干。上糖稀是有讲究的，要根据季节调配水的量，一般冬季水要多一些，夏季水要少一些。糖稀上得好坏，关系到鸭子的色泽，这就是“卖相”，通常以均匀的枣红色为佳。接下来的工序是“吊胚”，就是将鸭子挂在炉子里用三四百度的青石火（特制的一种炭火）烤，这一工序有助于控制鸭子的油腻程度。梁实秋说吃烤鸭就是要吃“那层油”，广东烤鸭烤制得过干，吃起来没有油分，北京烤鸭又过于油腻，吃多了也坏胃口，所以“那层油”的多少是至关重要的。南京的老师傅们会在鸭后座上开一个小洞，用竹签堵住，烤熟后拔去竹签，如果鸭油流去后余下的水不带血丝，那烤制的火候便是到家了。

还有一种极具南京特色的菜肴叫“板鸭”。板鸭有“六朝风味”“白门佳品”的美誉，清朝时期被列为“贡鸭”，每年要向紫禁城纳贡。与桂花鸭、烤鸭相比，板鸭的制作工艺就比较简单了，通常是将腌制好的鸭子用老卤浸泡后阴干，再放进缸中，用青石板压住继续腌制十数日而成。板鸭做法简单，吃起来却要下一番功夫。板鸭，顾名思义，腌制出来的鸭子定是硬邦邦的，所以先要用温水浸泡四五个小时，一方面使鸭肉变软，另一方面也能降低咸度。接着在鸭子后座上开一个洞，放入姜葱一起煮，让水在鸭子体腔内形成流动，烹煮 40 分钟左右即可食用了。

近些年吃板鸭的人渐渐少了，也许是生活节奏越来越快，很少有人能腾出这么长的时间吃一顿饭了。板鸭“落伍”了，悄然淡出了人们的视线，一起从人们生活中消失的，还有那段悠闲的旧日光阴。

民以食为天，鸭子可以顶得上南京饮食的半边天。明清时期，盐水鸭一直是各级官员馈赠礼品的上选，所以南京又有一个雅号：鸭都。

鸭子不仅自古为普通百姓所喜爱，帝王使弄权术也倚仗着它。在南京民间，一直流传朱元璋毒杀大将徐达的故事。朱元璋定都南京后，为防止功臣造反，逐步铲除跟着他打天下的大将，据说与自己结为亲家的中山王徐达也未能幸免。有一次徐达患疮疾，大夫嘱咐忌食禽鹅，朱元璋心生计策，以慰劳徐达为名御赐熏鹅一只。御厨吕春良不忍心害死开国功臣，调包了一只鸭送给徐达，徐达吃了鸭，身体日渐好转，竟能起床走动了。朱元璋再次下旨赐鹅，并派心腹太监监厨，送到徐达的中山王府。徐达无可奈何，只得在宦官的监视下含泪吃了下去，不久毒疮发作，不治而亡。

不过在普通百姓眼中，鸭子可不是明争暗斗的工具，它就是一道人人都喜爱的美食。据说以前南京人的幸福标准就是左手拿一碗鸭子，右手拎个酒瓶，一边吃一边晃晃悠悠地回家去。曾经看过一则新闻，说南京城一天能吃掉 8 万只鸭子，每年能创造出 30 亿元的“鸭子经济”。这个数据是不是有点夸张，我无从考证，不过土生土长的南京人嗜鸭如命的状态确是有目共睹的。

南京人一天的生活是从吃鸭子开始的。你看看清晨的早点铺子，排着长长的队伍，那是在买鸭油烧饼，包子铺里卖得最俏的是鸭肉烧卖，老南京人就喜欢这种微醺的鸭肉香，他们边走边吃，脸上的表情是满足的。晚上回家，不想做菜了，就买一根鸭脖子，再拎半只盐水鸭,到家配个青菜豆腐汤,一家老小就吃得心满意足了。

如果家里临时来了客人,就去店里斩一碗烧鸭或者板鸭,南京的鸭子店随处可见,方便得很。斩鸭子也是有讲究的,可以斩半只,也可以斩四分之一,一般是将整只鸭子分成四块,也就是两个“脯子”(鸭胸脯以上部分)和两个“座子”(鸭胸脯以下的鸭腿部分),买“脯子”要搭半根鸭脖子,买“座子”要搭半个鸭头,这是鸭子店一直流传下来的不成文的规矩。除了吃鸭肉,南京人还特别喜欢吃“鸭四件”,也就是两只翅膀和两只鸭掌。至于鸭肠、鸭肝、鸭肫、鸭心、鸭血,都是南京人非常爱吃的,如今南京的食品加工厂还把盐水鸭肫和鸭心做成了真空包装的小零食,开袋即食,随时随地都能解馋。所以有人调侃,南京人跟鸭子有仇,除了鸭毛不吃,其余统统吃光。

老鸭汤也是南京人餐桌上常见的家常菜。鸭肉味甘性寒,极适宜炖汤,是上好的滋补佳品。如果火候到位,烹出的老鸭汤呈乳白色,口感醇厚,香味平缓;鸭肉酥软,鸭皮柔嫩,入口即化,唇齿间隐约留有奶香。老鸭汤是民间家常菜之一,各家各户做法不一样:有的人家喜欢油重一点,煮汤的时候就不去除鸭皮;有的人家喜欢喝清汤,就把鸭皮剥去后炖汤;有的人家喜欢在汤里加一些白菜、香菇、竹笋、山药,烹煮出来更有一番别样的风味。

南京人最爱的小吃是鸭血粉丝汤,三五元一大碗,足以让你大快朵颐。总觉得鸭血粉丝汤体现了南京百姓朴实聪慧的内心,那些被人们弃之不用的鸭肠鸭血鸭杂碎,到了南京人手中便成了独特的美味佳肴。只需将粉丝用竹篓兜着在开水中“过”一下,盛进早就熬好的醇厚的老鸭高汤中,配上鸭血的嫩,鸭肫的鲜,鸭肝的香,鸭肠的脆,再加点香菜、蒜泥、辣油,闻一闻都让人垂涎欲滴。南京人平时不怎么吃辣,但吃鸭血粉丝汤的时候一定要把辣油放得足足的,那种风卷残云的架势让人看了叹为观止。真的可以说,一碗鸭血粉丝汤囊括了鸭子的全部美味,也囊括了南京这座城市全部的生活情趣。

鸭血粉丝汤是南京人最爱的小吃,那些被人们弃之不用的鸭肠鸭血鸭杂碎,到了南京人手中便成了独特的美味佳肴

南京人鸭子吃久了,就自然吃出了一套文化。过去男女青年谈恋爱,感觉火候差不多了,男方要主动上门拜见未来的岳父岳母,中午吃饭时第一道菜就是鸭子。这个时候男青年就要紧张了,因为如果端上来的是一盘鸭翅膀,那么婚事就没戏了,翅膀是飞走的意思,

表示婚事告吹,吃完饭走人吧;如果端上来的是一盘鸭屁股,就表示女方父母认可婚事了,屁股就是“腚”,意思是婚事定下了。未来女婿就要高高兴兴夹起一个鸭屁股吃掉,这样就尘埃落定,皆大欢喜了。

细细想来,其实南京人爱吃鸭子的习惯是和他们朴实的生活态度、内敛的性情息息相关的。鸭子不是什么珍馐佳肴,它是以物美价廉的亲切感在南京百姓的寻常生活中获得了无可替代的地位。南京人喜欢安安稳稳地过日子,那些名贵的食品,他们浅尝辄止,并不挂念,唯有鸭子,让他们感受到了熟悉的乡土气息,那么淳朴,那么亲切,他们吃在嘴里,回忆在心里,踏实在梦里。

·《随园食单》:菜谱里的南京味道

南京有一位美食家,他就是自称“随园老人”的袁枚。

作为清朝乾隆年间的才子,袁枚的诗文在当时可以数得上是江南之冠了,与京城里的纪晓岚素有“南袁北纪”之称。

袁枚是一个寄情山水田园的闲适之人,辞官赋闲后,在南京小仓山上建随园,过着隐于红尘的悠游的生活。大抵爱生活的文人都好吃,袁枚也不例外,一本薄薄的《随园食单》记录了326种大江南北的美味佳肴和美酒名茶,其中不乏流传于南京市井街巷间的菜肴小食,既有山珍海味,也有粗茶淡饭,可谓包罗万象,生活的情趣跃然于笔墨之端。

袁枚不会烹饪,但这并不妨碍他成为一代美食大家。美食家最重要的是挑味不挑食,只要是能吃下肚的东西都来者不拒,不过对口感、味道、刀工、火候倒是要有几分挑剔。南京恰位于长江南北的交界处,许多南方北方的食物都能在这里寻得到踪迹,各种风味的菜系也在这里聚汇,对于袁枚这样的老饕来说,住在南京,绝对是人生中的一大幸事。

在《随园食单》里,袁枚记录了许多南京人至今耳熟能详的菜肴,细细读来,顿觉得妙趣横生。

南京人爱吃蟹,每到中秋时节,固城湖的大闸蟹就成了饭桌上一道必不可少的美味。袁枚对吃蟹颇有研究,在食单中写了《蟹》《蟹羹》《炒蟹粉》《剥壳蒸蟹》《假蟹》五篇短文,来记述蟹的美味。与北方人习惯蒸蟹不同,南京人烹饪蟹喜欢用淡水煮,而且不搭配其他辅菜,袁枚对这样的做法很赞赏,他说:“蟹宜独食,不宜搭配他物。最好以淡盐汤煮熟,自剥自食为妙。蒸者味虽全,而失之太淡。”

另一位久居金陵的美食家李渔也对蟹情有独钟。李渔自称“蟹痴”,在他的《闲情偶寄》中说道:“独于蟹螯一物,在我则为饮食中痴情。”他把买蟹的钱称为“买命钱”,他的一个擅长制作糟蟹、醉蟹的仆人则被他唤作“蟹奴”。尽管李渔推崇的是清蒸螃蟹,但他和袁枚一样主张单独烹饪,他的理由是“世界好物利在孤行,蟹之鲜而肥犹之以,甘而腻,白似玉而黄似金,已造色香味三者之极,和以他味,犹之以爝火助日、掬水益河”,反而是画蛇添足,多此一举了。

南京人用淡水煮蟹的方式是和江南百姓爱食汤汤水水的习惯分不开的,这在面食上也可见一斑。北方人爱吃拌面,南方人爱吃水面,北方人吃的是蒸水饺,南方人吃的是水煮的小馄饨。

“小馄饨小如龙眼,用鸡汤下之。”袁枚在书中惟妙惟肖地记录下了江南百姓细腻生动的生活状态。即使是现在,南京街头也常常能见到冒着腾腾热气的小馄饨摊子,摊主左手手心一转,一张薄薄的馄饨皮稳稳地躺在手掌中,右手中的竹筷挑起一点馅,飞快地蘸在皮中间,随即手心一合,轻轻一抹,一枚小馄饨就跃入锅中了。南京人看重的不是馄饨馅,馅料仅仅是点缀,南京人看重的是汤头——鸡汤或者猪骨汤最佳。尤其是在冬天的傍晚,就着小摊边昏黄的低瓦数白炽灯,吃一碗鲜香的高汤小馄饨,真是暖到了心窝窝里。

南京人的饕餮大餐中还有一样不可或缺的菜肴,那就是野菜。南京向来有吃野菜的传统,甚至能将野菜吃上豪门盛宴。幼年居住在金陵的曹雪芹就把野菜请进了大观园,那些锦衣玉食的少爷小姐们对这山野之物竟是非常喜欢——“姑娘们天天山珍海味也吃腻了,这个吃个野意儿。”野菜的趣味就在“野意儿”上,“野”是一种对大自然的亲近之感,是一种万物和谐共生的生存之道。

随园如今已寻觅不到踪迹,人们只能从南京师范大学以及其他私家花园里感受那座名园的风采了

野菜味鲜,南京人最爱的就是鲜味。在南京有“旱八鲜”和“水八鲜”一说,“旱八鲜”是芦蒿、菊花脑、马兰头、枸杞头、荠菜、马齿苋、鹅儿肠、香椿头;“水八鲜”是菱、藕、慈姑、茭瓜、莲蓬、水芹、鸡头果、鱼。除了鱼,几乎大部分鲜味都是在野地里长出来的,所以有民谣唱道:“南京人,不识好,一口白饭一口草。”

袁枚对南京人爱吃的“草”也很感兴趣,在食单的“杂素菜单”一章中就记录了

随园如今已寻觅不到踪迹，人们只能从南京师范大学以及其他私家花园里感受那座名园的风采了

芹、茭白、苋羹、煨鲜菱、马兰、杨花菜、瓢儿菜、香干菜等，这些在山野村头风餐露宿的草木经了袁枚的点化，顿时成为人间别具一格的美味佳肴了。

地处水网密布的长江流域，江鲜必然是餐桌上的重头戏，河豚、刀鱼、鲥鱼便是“老南京”津津乐道的“长江三鲜”。或许是因为河豚有毒，袁枚未将其写入书中，而在刀鱼和鲥鱼身上用了不少笔墨。

刀鱼和鲥鱼虽然味道鲜美，但是多刺，吃起来费劲。宋代有个叫彭渊才的文人说人生有五恨：一恨鲥鱼多刺，二恨金橘味酸，三恨莼菜性冷，四恨海棠无香，五恨曾子固不能作诗。宋朝人对鲥鱼的推崇在苏东坡的诗中也能见到：“芽姜紫醋炙银鱼，雪碗擎来二尺余，尚有桃花春气在，此中风味胜莼鲈。”明清以后，鲥鱼被列为皇宫贡品，那时候在南京设有专门的冰窖用以保鲜，三千里路水陆并用，马不停蹄，船不泊岸，三天内必须送达京城，“白日风尘驰驿站，炎天冰雪护江船”刻画的就是往北京进贡鲥鱼的场景。

刀鱼则在六朝时期就为江南士人所喜爱，曾被李渔誉为“春馔妙物”。在《闲情偶寄》中，李渔说：“食鲥报鲟鳇有厌时，鲚(即刨鱼)则愈甘，至果腹而不释手。”李渔著文总有些夸张之趣，世间的美味哪有食而不厌的呢？

还是袁枚的记述更加客观一些，他承认刀鱼和鲥鱼多细刺确实是一件麻烦事，所以南京人习惯“油炙极枯，然后煎之”，“临食竟不知有骨”。袁枚对南京人油煎刀鱼的吃法不以为然，认为这样做破坏了刀鱼的鲜味，不过时至今日，南京的卤菜店似乎还保留着油煎刀鱼的吃法，咬一口，虽鲜味不足，但香脆得很。

流行在南京市井街头的各类杂食小点心也被袁枚囊括进了他的书中，比如莲花桥的松饼、报恩寺的软香糕、朝天宫的芋粉团、被誉为“白云片”的白米锅巴、牛首山僧人做的豆腐干、承恩寺的大头菜和醋泡萝卜，有不少糕点现在在老城南及夫子庙一带还能品尝得到。

《随园食单》中的南京菜肴少有什么名贵的大菜，南京的菜肴是以亲切、舒缓打动人心的，其乐融融的餐桌上，萦绕着的永远是脉脉的温情。

· 秦淮八绝：寻一份朴实的趣味

到江南，不可不到南京；到南京，不可不游秦淮河；游览秦淮河，不可不品尝一下最具南京风味的特色小吃；而品尝南京小吃，则千万不可错过“秦淮八绝”。

秦淮河的小吃历史悠久，从六朝时期流传至今，少说也有 1700 个年头了。从东晋开始，秦淮两岸就呈现了热闹繁华的景象，商铺林立，画舫翩跹，豪门士族纷纷在此处居住，著名的大将军王导、宰相谢安、大书法家王羲之父子都在秦淮岸边毗邻而居。明清时期，这里更是充满了书香与风流，书生王孙流连忘返，青楼佳人秋波暗传，轻歌袅袅，丝竹绵绵，留下了无数脍炙人口的故事传说。

一方的文化总会孕育出一方的饮食。千百年来，秦淮一带的小吃品种层出不穷，多达 80 多种，其中精致细腻又不乏市井风味的“秦淮八绝”就是让人们赞不绝口的佳肴。

去魁光阁必须品尝一下五香豆和五香蛋

奇芳阁的鸭油酥烧饼、什锦菜包、麻油素干丝、鸡丝浇面皆入选“秦淮八绝”

久居秦淮河桃叶渡的吴敬梓在《儒林外史》中有这样的一段描述——“传杯换盏，吃到午后，杜慎卿叫取点心来，便是猪油饺饵、鸭子肉包烧卖、鹅油酥、软香糕，每样一盘拿上来。众人吃了，又是雨水喂的六安毛尖茶，每人一碗。”书中提到的猪油饺饵、鸭肉包烧卖、鹅油酥、软香糕便是“秦淮八绝”的雏形。

“秦淮八绝”是八套荤素搭配的民间点心，与它们相伴相生的是老南京城久负盛名的老字号餐馆——第一绝，永和园的蟹黄壳烧饼和开洋干丝；第二绝，蒋有记的牛肉汤和牛肉锅贴；第三绝，六凤居的豆腐涝和葱油饼；第四绝，奇芳阁的鸭油酥烧饼和什锦菜包；第五绝，奇芳阁的麻油素干丝和鸡丝浇面；第六绝，莲湖糕团店的桂花夹心小元宵和五色小糕；第七绝，瞻园面馆熏鱼银丝面和薄皮包饺；第八绝，魁光阁的五香豆和五香蛋。

只有经得住老百姓的口碑，才是真正流芳百世的佳肴。这八套小吃并不是什么名贵的食品，相反却是再寻常不过的了，在调料上也仿佛邻家女子略施粉黛，并不浓妆艳抹，让人觉得淳朴可爱。

蒋有记的牛肉汤和牛肉锅贴久负盛名，秦淮小吃发源于民间，彰显出的是一种随意随性的乐趣

比如那开洋干丝，从豆腐店挑选老而不干、嫩而不碎的豆腐干，细细切成，热锅中稍微烫过，配上小磨麻油或者“三伏抽秋”酱油，味道清爽宜人，保持了干丝的原汁原味。如今，

秦淮河畔的干丝品种也在不断翻新，烧鸭干丝、春笋干丝、冬菇干丝、蟹黄干丝、鸡肉干丝以不同的魅力各领风骚，满足着人们舌尖上的需求。

和干丝搭配的蟹黄壳烧饼是南京人喜爱的茶点之一。蟹黄壳烧饼本是诞生于泰州的黄桥烧饼，黄桥烧饼向来以皮脆馅香面酥软而闻名，到了喜爱吃蟹的南京人手里则将黄桥烧饼描摹出了蟹的形状。这种烧饼外壳呈现橙红色，微微突起，仿佛煮熟的螃蟹，馅料种类繁多，吃完后仍然唇齿留香。

如今许多民间小吃的艺人已经不多见了，偶有制作糖画的艺人出现，总会吸引人们驻足旁观

生于江南的南京百姓对甜食也情有独钟，桂花小元宵和五色糕团就是秦淮小甜食中的上品。桂花小元宵俗称“乌龟子”，小如糖丸，馅料精细，入口充满了轻盈的桂花香。五色糕团的颜色充满了民俗风情，采用青菜汁、薄荷、鸡蛋黄、红曲米、赤豆、饴糖等食品的自然色来搭配，以桂花、玫瑰花、麻油作香料，还塑造出马、牛、鱼、寿桃等造型，拙朴可爱，栩栩如生。

蒋有记的牛肉汤和牛肉锅贴则是典型的清真风味的食品。清真美食是南京饮食的一个代表类别，大名鼎鼎的绿柳居、马祥兴、安乐园都以清真菜著名，善于创新的老百姓在传统的牛肉汤内加入鸡蛋清和银鱼，汤更加浓稠和鲜美。

“秦淮八绝”是真正发源于民间的小吃，凝结的是江南百姓朴实的日子里的那份乐趣和满足。小说家张恨水很欣赏和怀念南京的小吃，他回忆说：“上夫子庙吃茶，这是南京人的趣味之一。”其实，这也是张恨水的趣味，更是所有朴实无华的老百姓的趣味。

秦淮河的小吃，品尝的是美味，感悟的是扑面而来的喷香的生活。

· 素年禅斋：一蔬一饭中的人生信条

登临鸡鸣寺，只为在佛陀慈悲的眼神中体悟饭蔬饮水的真谛。

无须刻意挑选某个日子，既是参禅拜佛，随了缘分造化岂不是更好？一顿简单的斋饭，不觉间拉近了佛陀与红尘的距离，融融的暖意透露着人间烟火的亲切，薄薄的碗碟不饰一缕纹样，仿佛提醒着人们这一蔬一饭的简单中蕴含着人生的信条。

坐在桌前，身心却容不得自己放纵。在酒肆茶楼里，你可以随意喧嚣，或斜倚着桌脚，或翘着二郎腿，而在这里，总会不由自主正襟危坐。端得正形方能端得正心，红尘世界里的酒囊饭袋竟在佛陀不经意的指点之间忽然顿悟了。

食斋饭，其实是一场修行，修的是人间的真实和简朴。

鸡鸣寺的斋饭由来已久，早在1500年前的南朝梁代就已声名远扬。南朝的江南，是佛法的圣殿，在那个崇尚佛法的时代，一个在政治上并没有什么作为的皇帝却成了开创寺院素斋的第一人。

梁武帝萧衍，四次出家为僧，他无心批阅大臣的奏折，一心盘坐在青灯旁吟诵经文。有一天，梁武帝阅读《涅槃经》，忽然从轮回之说中有所顿悟，于是倡导佛家弟子不食荤腥，从此素食便成了佛门的一种美德和操守。

长久以来，鸡鸣寺的素斋以味道清淡可口、做工精致细腻而著名，颇受人们的好评。坐在百味斋窗前，品素食，饮香茗，远观玄武湖烟柳轻飏，聆听佛塔上风铃清脆，似乎一下子把灵魂从喧闹的城市中剥离了出来，做了一回南朝烟雨的梦。

近几年，素斋种类也不断推陈出新，有些游客进得山门，烧完三炷香，热热闹闹地点上一桌子菜肴，看上去丝毫不像是吃素斋，这样的斋饭与红尘间的酒宴又有何异呢？也有游客喜欢点卤制的素鸡素鸭或者面与豆腐做成的鱼肉模样的菜肴，这些素菜做工精巧，看上去与鸡鸭鱼肉无异，可既是吃素，内心又何必念念不忘荤腥的美味呢？

我唯独喜欢一碗平安面、一碟素什锦、一碗香菇豆芽汤，在简简单单之中回味着清爽宜人的宁静。

也许说到底，久居凡尘的人们心中已经有了太多放不下的东西，尽管很多东西并非必需。一味地攫取，忘记了丢下，这正是内心疲惫的根源。

其实真正的禅者并不在意吃的是荤还是素，“酒肉穿肠过，佛祖心中留”的苏东坡以豪放洒脱之姿包容了世间的种种荣辱、命运的次次起伏，他吟诗、作画、题字、赏竹、饮酒、食肉，但谁能否认他的文章里沁透着的悠悠禅意呢？

荤也好，素也罢，都是人间的菜肴，能否悟得真谛，还在于心是否玲珑。

想那一心向佛的梁武帝，终究折腾得民不聊生、萧墙祸起，最终凄惨地饿死在台城上。而本是古印度迦毗罗卫国国王的释迦牟尼却终成佛教的鼻祖，本是南天竺香至国王子的达摩则被后人尊为中国禅宗的宗师。同是生于王侯之家，释迦牟尼能舍弃万般富贵，独坐菩提下舞蹈，萧衍皇帝终究在修行与皇宫之间徘徊，差之毫厘，谬以千里。食素斋不也是

梁武帝萧衍是开创寺院素斋的第一人，有一天他在阅读《涅槃经》时，从轮回之说中有所顿悟，于是倡导佛家弟子不食荤腥，从此素食便成了佛门的一种美德和操守

如此吗？若无法舍弃红尘中的妖娆，又怎么能品得出淡泊的真味呢？

生命就像树叶，久居凡尘，难免会被灰尘遮盖，黯淡了剔透的光泽，但是，一场清澈的雨就能将叶子重新洗得透亮。

清心方能寡欲，朴实的人间烟火与寺院斋饭本质上是一样的。

朴实无华方能长久地存在。生活中，人们总在追求绚丽的色彩，异彩纷呈的色泽争相炫耀和欺骗着我们的双眼，看似丰富多彩的背后却往往显得空洞和乏力。浓艳，终究招架不住光阴的洗涤，转瞬即逝——生命尤其如此。

一箪食，一瓢饮，不为外物或悲或喜，不为内心或忧或怒。斋饭本是质朴之食，并无什么神秘之处，一切只看食者的心境。

莲花即道场，莲池即心池，莲子即本心。朴素才是最真实的美丽。

素日年华，怀一颗禅心，品一杯淡淡清茗，且将惶惶背影抛却。生活中，需要这样一些清朗洁净的日子，在朴实的箪食瓢饮中，体会内心的甘之如饴。

· 京苏大菜:此情可待成追忆

京苏大菜,也就是老南京人津津乐道的"金陵菜",是江苏菜系的四大地方菜之一。在南京的饮食文化里,京苏大菜曾经扮演过不同寻常的角色,代表了名贵、典雅、华美、大气的古都风范。

京苏大菜以选料严谨、做工精细、讲究刀工而闻名江淮大地,大半个世纪前,到绿柳居、马祥兴、安乐园点一两道正宗的南京菜,是老食客们乐此不疲的事。打开食谱,看一看琳琅满目的菜名——太极湘莲、香炸云雾、炖生敲、荷花白嫩鸡、瓢儿鸽蛋、贵妃鸡翅、蟹粉狮子头、烤菊蟹、菊花锅、叉烧鳜鱼、金钱鱼肚、雨花凤尾虾、知了白菜、酒拧今腿、咖喱童鸡、文武鸭、杏仁粉冻……轻轻念出这些美丽的名字,顿时觉得唇齿留香,还未品尝,味蕾就似乎察觉到了那不同凡响的香醇,让人回味无穷。

金陵菜与清真菜有着深厚的渊源,南京自古就是南方穆斯林的聚居地,明朝的航海家郑和就是一个穆斯林,在今天江宁区还有一个郑和村,据说是郑和嫡系兄弟的后代。江南的菜肴讲究精细的做工和观赏性,清真菜则讲究保持菜肴的原味,金陵菜将两者结合起来,并且汇聚了官府菜、市肆菜、民间菜、素菜、船菜等特点,集众家之长,独创了令人啧啧称奇的金陵菜系。

"京",是指六朝和明初的京都南京;"苏",则是指江苏,长江流域得天独厚的自然环境孕育了物产丰富的鱼米之乡,也孕育了繁华的市场贸易、深厚的历史文化底蕴、精致细腻的民风民俗和南京的饮食文化。

肉厚而嫩的龙池鲫鱼、叶肥香脆的矮脚黄青菜、细腻酥软的湖熟麻鸭,都是江淮大地的特产,还有乌龙潭的青鱼、紫金山的云雾茶、南乡的薄皮猪、长江的刀鱼、鲥鱼……这些出产于近郊甚至城内的物产成了南京饮食文化的源头。

吴楚珍馐自古为人们所喜爱,一部薄薄的《楚辞》,就记录了牛筋、叉烧羊羔、清炖甲鱼、烩水鸭等极具江南水乡风情的美食。六朝时期,南京社会经济和文化快速发展,那时候的金陵豪客"珠服玉馔",秦淮两岸酒香缥缈。南齐时的大厨虞悰以擅长调味而闻名市井,据传他制作的江鲜胜过宫中太官膳食。清朝江南才子袁枚辞官赋闲于小仓山,写出了一本《随园食单》,精美的食物在文字的衬托下越发显得款款多情。在南京度过锦衣玉食的童年的曹雪芹,迁居北京后仍然念念不忘故乡的饭菜,《红楼梦》中那些人们闻所未闻的名菜佳肴,其实就是以京苏大菜为原型创作出来的,处处充满了金陵菜的影子。

京苏大菜,以生动感性的形式演绎出了江南百姓优雅、细腻、诗意的生活片段,这是人生画卷中精致的剪辑。

南京是一座懂得生活的城市，看似“大萝卜”的南京人总会将平淡朴实的日子过出味道来。作为长江三角洲经济区的一座核心城市，南京的生活节奏往往显得有些慢悠悠的，与上海、杭州比起来，南京人的步伐是悠闲的，在南京人眼里，“慢”才是会生活。诞生于南京的京苏大菜就是慢工细活做出来的珍馐佳肴。

京苏大菜最早形成于清朝，民国时期发展到了鼎盛。厨艺高明的老师傅们选料严谨、制作精细，注重季节分明，尤其擅长炖、焖、煨，菜肴上桌时“酥烂脱骨不失其形，滑嫩爽脆不失其味”，可谓是色香味俱全。

民国时期，南京本帮菜馆主要集聚在夫子庙一带。擅长烹制本地菜肴的厨师自称是“京苏帮”。第一春、海洞春、共和春、老万全、长松东号、嘉宾楼、大集成、老宝新、金陵春等老字号饭店都打出京苏大菜的招幌，吸引各地食客。在京苏大菜的传统食单上，蒸鲥鱼、酥鲫鱼、凤鱼、凤菜心都已超过600年的历史，镶丝豆腐、火腿炖黄芽菜、葵花圆子、八宝一棵松、松子熏肉、扁大肉酥等菜肴也有200多年的时光了。饮食中的历史与人文最为感性，它以最直接的方式触动人们的味蕾，撩拨着人们敏感的神经，斗转星移后，在不一样的时空里回味着古人的旧梦。

京苏大菜在继承了祖辈的工艺技法后，也在不断推陈出新，烹制出新的菜肴。从20世纪50年代开始，马祥兴、华乐园、六华春、绿柳居、永和园等菜馆推出了双尾虾托、兰花肉卷、瓢儿鸭舌、清炖鸡孚、蟹粉扒白菜等新金陵菜，以及由叉烤肥鸭、叉烤鲫鱼、叉烤酥方组成了“金陵三叉”，至于

如今许多制作京苏大菜的传统老字号很少烹制正餐了，曾经名气响亮的马祥兴、绿柳居、安乐园转而烹制成本较低的卤菜小吃，南京城里已很难看到正宗的南京大菜了

南京老饕们最爱吃的鸭子更是在烹饪技法上百花齐放，全鸭席、燕翅烤鸭席、鱼翅烤鸭席让“鸭都”南京获得了“金陵鸭馔甲天下”的美誉。

回看一个世纪以前，江南地区的名门望族在设宴招待宾客时无不以京苏酒宴为荣，然而对于今天的南京人来说，京苏大菜已经变得有几分陌生了。京苏大菜是典型的慢工出细活，像安乐园的焖驳牛肉圆就有七道制作工序，要将老牛肉做成豆腐那样滑嫩必须小火慢炖好几个小时；狮王府饭店的鸡包翅是采用独特的整鸡脱骨工艺去除草鸡的全部骨架，而鸡身不见任何伤痕，然后再放入砂锅中兑高汤久炖。这样做一道菜往往需要好几个钟头，菜肴的成本也就不菲了。

面对追求精细工艺的京苏大菜，不少人笑称“看得起但吃不起”，这种“纸上富贵”的尴尬让本是百姓生活一部分的金陵菜成了束之高阁的阳春白雪，不能不说是几百年来南京饮食文化的一种遗憾。许多制作京苏大菜的传统老字号如今也很少烹制正餐了，曾经名气响亮的马祥兴、绿柳居、安乐园转而烹制成本较低的卤菜小吃，尽管生意依然红火，但是南京城里看不到正宗的南京大菜了，不少老人的心里都觉得有点失落。

夜晚的狮子桥美食街

年轻的南京人对于京苏大菜并没有什么深刻的印象，他们走在繁华的新街口、夫子庙、杨公井、狮子桥，看到来自五湖四海的各色菜肴轮番登台：有铺天盖地的粤菜、鲁菜、川菜、湘菜、海派菜、杭帮菜、淮扬菜、新概念的私房菜，有眼花缭乱的印度菜、泰国菜、英伦烤鱼、法式浓汤、韩国烤肉、日本料理，却很难看到本地大菜独树一帜的身影了。

京苏大菜默默地看着其他菜系反客为主、各领风骚，而它，正悄然将自己的精髓撒落在市井民间，撒落在普通百姓的锅碗瓢盆里，也撒落在其他流派的菜肴中。比如许多南京人都会做的腌菜排骨汤，以及响油鳝糊、芙蓉鱼片、鱼翅捞干丝等杭帮菜、粤菜里的“新秀”都是脱胎于京苏大菜。

京苏大菜并没有没落，它发源于民间，是普通百姓在寻常生活中的灵感的迸发，在百姓的追捧中走向辉煌，今天的京苏大菜以另一种形式实现了从民间到庙堂，再到民间的回归。对于热爱生活与美食的南京百姓来说,何尝不是一件幸事呢?

追忆往昔,此情可待。

一方水土孕育了一方的饮食,一方饮食造就了一方的文明,无论是过去、现在还是未来,在南京人的血脉里永远流淌着属于他们的独有的记忆。

城市脉络　谁见幽人独往来

· 秋声赋:南京的秋天

南京是一座秋天的城市,它有太多属于这个季节的性格。

南京的秋天仿佛一个极富耐心又极具慧心的女子,将清秀、湿润、温文尔雅静悄悄地渗透进每一丝空气中。

意象中南京的秋,是斑斓的梧桐叶缤纷出蝴蝶的舞蹈,是阳光下的银杏渲染出点彩油画,是满山的红叶摇曳出生命的韵律;意象中南京的秋,是石头城外伤感的夕阳幻化出温婉的星光,是明故宫石碑上的冰霜湿润了斑驳的纹样,是莫愁湖的涟漪里渐渐枯萎的荷塘;意象中南京的秋,是秦淮河的流水中一页风流的诗歌,是精巧的机杼上一方巧夺天工的绣锦,是丝竹震颤、水袖翩翩时一句"良辰美景奈何,赏心乐事谁家院"的昆曲的念白。

不得不承认,南京的秋是短暂的。正因为短暂,古城的每一寸秋意都变得灿烂,因为短暂,南京的秋成为生命中一次弥足珍贵的守候,成为了岁月里一场翘首期盼的等待。

秋天的南京是一本别样风情的书,薄薄的,可每一个字都值得你去细细品读。

当温暖湿润的东南风慢慢地转向了西北,当清晨的草尖上悄悄闪耀着白色的露珠,当天空厚厚的云朵变得白而稀疏,当阳光把树木投在地上的影子拉得老长老长,秋的脚步就一点点地近了。这个时候,天空就像一面巨大的玻璃,白云是拭净的布,雨珠是洗涤的水,风潇洒地将天空烘干后,太阳就出来了,将这面玻璃晒得一尘不染;这个时候,曾经在电线杆之间绅士一般优雅地踱着舞步的燕子们不见了,它们已经飞走,飞到南方的海边去了,抬起头，偶尔还能看到湛蓝的苍穹下一群大雁排着“人”字渐渐远去。

秋日里的南京是绚烂斑斓的。在秋风的吹拂下，整座古城的色调变成了暖暖的金黄或者橙红，仿佛慈祥的老者抿了一口浓郁的高粱红，脸颊上泛起了满足的红晕。是的，漫步在这样的色韵里，你是会不由自主地陶醉的。明净的天空下，硕大的梧桐叶悠然飘落，层层叠叠铺满了街道，充满了隔世的诗情画意，光与影在纵横交错的叶片间穿越或折射着，堆砌出浓重的油彩，仿佛置身于一幅立体的后印象主义油画中。

高大的梧桐几乎遍布了南京街道，仰望那些树梢，好比在观赏一只只五彩缤纷的万花筒，无数片三菱镜在光影中闪烁着，换步移形之间，尽情变幻着一个又一个别致的世界。阳光仿佛中了魔法一样在大树繁茂的怀抱里改变着颜色和形状，每一种色彩都是那么干净，纯洁得像一尘不染的童话；微风簌簌时，每一片叶子都在轻声歌唱，像一只只精致的绿蝴蝶在花的芬芳里翩翩起舞，让你看得清微风曼妙的身姿；而当风刮得猛烈时，树叶翻飞，仿佛大片的海浪在头顶上起伏涌动，潮声回荡。

秋日里的南京是沉静安稳的。这个时候，携一壶淡淡的菊花茶，在甘熙大院的回廊里坐下，看池沼中几尾游鱼安静地吐着泡儿，它们仿佛也感受到了秋日的寂静，悄悄收敛了盛夏时节欢腾跳跃的身姿。一夜霜降，嘈杂的蝉鸣渐渐稀疏了，偶有微黄的杂草间一两声苍老的鸣唱。蝉是这个季节最后的歌者，尽管薄薄的翼翅阻挡不了袭来的西风，但它们仍旧高居树梢，餐风饮露，从不委身于人间的烟火——蝉亦是禅的化身。这时候的天空也是安静的，天淡淡地蓝着，那么高，那么开阔，好似一尊元代青花瓷瓶，氤氲着雨后的温润。

古老的庭院里，碎槐如坠玉般纷纷而下，撒落一地的馨香。柔软的花瓣蜷缩着，触摸不到曾经饱满多汁的身体了，昔日光洁的面容上也不知不觉浮起了道道皱纹，但是它们依然美丽，依然保持着一朵花应有的芬芳和娇艳。阳光透过瓦檐上紫藤的缝隙窸窸窣窣地洒落在地上，璀璨，却沉默着，有如年轻女孩的碎花裙角和揉碎了的心事。

秋天的南京是一本别样风情的书，薄薄的，可每一个字都值得你去细细品读

雨花台附近的道路上植被茂盛，每到深秋，总是一幅绚丽斑斓的画面

秋日里的南京是婉约伤感的。台城下的烟柳总有太多的故事想对游人诉说，它们在轻柔的雨中湿润了眼睑，饮泣着六朝如梦的回忆，那些浑厚的钟声，那些艳丽的词曲，都化作了胭脂井畔的叹息，渐渐淡忘在了斜风细雨之中。“深院静，小庭空，断续寒砧断续风。无奈夜长人不寐，数声和月到帘栊。”秋雨中的古城怀念那个叫作李煜的君王，他在瑟瑟的秋风中尝尽了国破家亡的凄苦，背井离乡去了北国。他留下了无数动人的诗篇，让江南故土从此变得善感而多情。

“商女不知亡国恨，隔江犹唱后庭花。”这是唐诗里的感伤，悠悠秦淮河，流逝的是水，感怀的是岸。“淮水东边旧时月，夜深还过女墙来。”这是梦醒时分物是人非的感伤，今宵的风景已无力承载昨日的风月。“白骨青灰长艾萧，桃花扇底送南朝。”这是芳心侠骨长歌当哭的感伤，一朵艳丽的桃花让一个消亡了的王朝变成了丝竹间的千古绝唱。

秋日里的南京也回荡着黄钟大吕之声。紫金山间，明孝陵斑驳的神道上浸染着银杏的金黄，那一尊尊神兽静默地屹立了600余年，你忍不住伸手抚摩它们粗糙的脊背，于是感到一股力量从冰凉的石块内迸发而出，沿着指尖一根根细微的血脉流淌到体内。深秋的紫金山上，有太多的风景值得你去品读，高耸的雪松守护着一代先驱的足迹，浑厚有力的“博爱”二字在清凉的空气里越发让人心生敬佩。更有那漫山遍野的红枫，将青翠的山峦一夜之间染成了鲜艳的红，一层层叠加出历史的厚重，让你惊叹这座金粉之都竟能如此豪情万丈，迸发出磅礴大气的手笔。

携着仆仆的风尘，去长江边上走一走，清凉的水中沉淀着秋的清幽与怀想。江水独对空濛的苍天，洗净了千百年来的浮世铅华，满目的芦花流苏一般飘摇着，绵延至远方，漫漶在如纱似雾的白云中。远古的造山运动曾在这里爆发着大自然的伟力，一座座山从大地深处高耸起来，一道道峡谷引着湍急的水流汇聚成汪洋恣肆的大河。苍穹间仿佛悬挂着一幅巨幕，历史在天地间上演着跨越时空的传奇，那些金戈铁马、刀光剑影、帝王风流、王侯逐鹿、佳人红颜、英雄血泪，一幕幕铺向远方，与天空融为了一体。

有一种美甘醇如酒，厚重温暖，色泽和香味都积淀得那么纯粹和深沉，浓得有些化不开。这种美，正属于秋天的南京，属于南京的秋。

· 地铁百年：城市时空的脉搏

地铁，是城市的另一副筋脉，它们有时从宽阔的马路和林立的高楼下穿过，有时如一道光从飘浮在空中的高架上倏忽而逝，它们交替穿梭在光明与昏暗之间，让人品味到城市的另一种性格。

南京地铁站将民俗文化融入了现代生活，在地铁站里能欣赏到诸如剪纸、云锦、篆刻、年画等风格多样的艺术形式

如果说，地表的南京是温柔的、婉约的、古典的，那么地面之下和悬浮在空中的南京则是坚硬的、简约的、现代的。地铁，这张连接着139个站点258公里长的网络，揭示出现代生活匆忙、奔波的节奏，以及一点点不能自已的迷茫。2005年9月，南京地铁1号线投入运营，南京成为内地第6个、世界第136个拥有地铁的城市。面对城市的扩张，越来越多的人游离在城市的边缘，地铁，以改变速度的方式缩短了人们的时间概念，也将空间的蔓延压缩在了另一个维度中。

感知南京，可以从某一个地铁站台开始，也可以从某一个站台结束。

曾经有一段时间，我居住在张府园附近的一处小区内，步行不多久就到了地铁站。这是一个不大的站点，乘客不多，安静得能让人入睡，甚至列车呼啸而过的声音到了这里也

地铁站台掠影

变得温柔了起来。乘上列车——往南可以到达夫子庙、秦淮河、中华门,往北可以到达新街口、鼓楼、玄武湖。这条特定的轨迹,在城市的腹地穿行,将起点与终点相连,有条不紊地重复着,每一个停顿的关节,人们都已了熟于心。

清晨的地铁是急促和匆忙的,来来往往的是笔挺的西装和坚硬的高跟鞋,细密的脚步声组成了一支清脆悦耳的踢踏舞,但是舞者的面容是干枯的,舞姿是僵硬的,女人们仍然鲜艳的妆容也遮不住残夜的倦意,人们的眼神中还游离着昨夜并不精彩的梦境。只有周末的清晨,地铁站里会显得有几分寂寞,拖着行李箱的远行者在默默等待列车的到来,将自己带往可以通往更远处的车站。

下午的地铁永远是活泼和轻快的,有许多年轻和微笑的脸,他们是背着旅行包拿着地图的游客,他们的相机镜头永远好奇地闪着灿烂的光,将许多笑声定格在了画面上。流浪的街头艺人背着木吉他在地下通道里歌唱,唱着他们自己创作的歌曲,有时歌声是潦草的、凌乱的,带着敷衍的味道,有时却唱得那么忘情,仿佛自己已经拥有了整个世界。歌声正在讲述谁的故事——你的,我的?关于命运,关于爱情?

晚上的地铁是一杯五光十色的鸡尾酒,缤纷,也容易让人迷醉。下班时间车厢里总是很拥挤,疲倦的人们或是浏览着手中的报纸、杂志,或是对着手机窃窃私语,更多的人就那么安静着、孤独着,在自己的心事中梦游;胖的瘦的身体相互碰撞和避让着,女人们的长发掠过男人们的金丝眼镜,男人们的鼻腔内呼吸着女人们的香水味——夜晚的车厢里,总有一些暧昧的空气在游离。夜色渐渐浓重时，女人们拎着购物袋走出了商场的旋转门，她们心满意足地在列车车厢里整理新买的连衣裙；中年男人的衬衣领口沾染着暗红的酒渍，他们带着刚从酒吧结识的年轻女子去往某个隐秘的寓所。

新街口站是一个巨大的地铁交换站，交织的线路仿佛一个地下迷宫，成排的电梯不知疲倦地滚动着，人潮涌动的瞬间，无数个肩膀向着不同的方向擦肩而过。在这里，你能真切地感受到，地铁就是一个浓缩的小世界。

南京的地铁，连接的不仅是城市空间上的躯体，更延续了100余年的时间脉搏。

让我们从今宵回到往昔，寻找这条城市轨道的源头——

大马路：一个世纪以前，大马路附近的市内小火车已初具规模，名为“京市铁路”，是南京城市交通的主线之一

清光绪三十三年（1907年），时任两江总督的端方上奏清政府，恳请修建市内铁路。端方委任江南商务局总办王燮为工程总办，聘请英国人格林森为总工程师，于当年10月破土动工，次年12月建成，共花费公帑40万两；宣统元年（1909年）全线通车，取名为“宁省铁路”，俗称“小铁路”或“小火车”。这条市内铁路全长11.3公里，起自下关滨江码头，由金川门入城，经三牌楼、丁家桥、无量庵、北极阁、两江师范学堂，跨珍珠河后，经过两江总督署（总统府），到万寿宫（后改名为中正街，今白下路）止。通车初期，配有英制机车2辆，头等二等联合客车2辆，三等客

遗留在下关江边的老铁路栈桥

车6辆，货车4辆，还有花车1辆、铁质水车1辆。花车专供两江总督出行使用，水车专供总督衙门到江边汲水使用。

1912年1月1日，中华民国成立，孙中山由上海乘列车抵南京后，即改乘市内小火车直达两江总督署，就任临时大总统。1936年，市内铁路向南延伸3.8公里，增设了武定门、中华门两站，与江南铁路（今宁芜铁路）接轨，并改名为“京市铁路”。此时的南京市内铁路已初具规模，成为国民政府首都城市交通的主线之一。到1949年时，京市铁路已纵贯全城，经过的市区道路口达30多处。为避免交通安全隐患，于1958年11月拆除了这条在南京城内开通了50年之久的小铁路。

地表的南京是温柔的、婉约的、古典的，地面之下和悬浮在空中的南京则是坚硬的、简约的、现代的

在今天的下关区中山码头附近，有一条叫作“大马路”的民国老街，街面上还匍匐着一条条锈迹斑斑的老铁轨，它们被时光废弃在城市生活的角落，远离了人们日新月异的步伐。曾经光洁的轨道辗转之间浸染了岁月的印渍，层层叠加处，发出幽微的光亮的涡轮，如一面铜镜反射着过去的面容。粗糙的石子将枕木填埋，一些不知名的野菊花倔强地从石子缝隙间生长出来，绽放在尘封已久的记忆的脉搏上。铁轨附近，一根刷着红白线条的水泥杆斜立着，顶部还挂着一块“小心火车”的黄色警示牌，显得有几分滑稽；过往的人们早已忘却了这块牌子的存在，孩童们熟视无睹地奔跑在轨道上。

如今，南京地铁三号线正沿着100年前宁省铁路的轨迹从城市躯体内穿过，仿佛一次重生，这条沉寂了60余年的铁路再次睁开了惺忪的睡眼。昔日冒着黑烟的老火车头已经被流线型的电力机车所替代，笨重的车厢也变得轻巧而时尚。再过20年，一张由25条轨道构成的超过1000公里的交通网络将更加广泛地覆盖着南京人的生活，疾驰而过的身姿不仅点亮了现代化的城市生活，也让人们在某个悠闲的午后不经意地回味起那些微微有点缓慢的、祥和的过往时光。

老去的是不再鲜艳的年华，生生不息的是这座古城充满活力的脉搏，再回首，往昔的路途都已化作了绝美的风景。

记得某个诗人说过,“错过一次不会错过所有,错过了停留也能回到原点”。如果要给出一个喜欢南京地铁的理由,我觉得这是一个不错的答案。

南京城的故事,还在继续着……